车载网络技术

——基于 Simulink 仿真设计

肖广兵 主 编

孙 宁 吕立亚 副主编

陈 勇 主 审

電子工業出版社

Publishing House of Electronics Industry

北京 • BEIJING

内 容 简 介

本书以通信技术为基础，对车载网络技术进行详细介绍，并通过 Simulink 仿真实例将作者长期实践中积累的经验和心得融入书中。全书共 7 章，按内容的难度不同划分为两部分：第一部分为有线车载网络技术，主要介绍车载网络通信技术的概念、基础知识、模型和基本应用等，包括传统车载网络的结构和模型、控制器局域网 CAN、TTCAN、局部连接网络 LIN 等；第二部分为无线车载网络技术，主要介绍当前新型智能无线网络在车辆通信中的应用，包括蓝牙、射频通信 RFID 技术、自组织车载网络 VANET，以及车载 WLAN、车载 WiFi 和 MOST 网络技术等。

本书通俗易懂，内容由浅入深，尤其是结合 Simulink 实例进行仿真和分析，有利于帮助读者理解和掌握车载网络技术的基础知识和应用。本书适合作为车辆工程、交通工程相关专业的本科生、研究生的教学用书，也可作为广大科研工作者、工程技术人员的自学用书和解决工程实际问题的参考书。

图书在版编目（CIP）数据

车载网络技术：基于 Simulink 仿真设计/肖广兵主编. —北京：电子工业出版社，2016.4
ISBN 978-7-121-28365-9

Ⅰ. ①车… Ⅱ. ①肖… Ⅲ. ①汽车－计算机网络－系统仿真－Matlab 软件 Ⅳ. ①U463.67-39

中国版本图书馆 CIP 数据核字（2016）第 055490 号

策划编辑：陈韦凯
责任编辑：万子芬　　特约编辑：徐　宏
印　　刷：三河市华成印务有限公司
装　　订：三河市华成印务有限公司
出版发行：电子工业出版社
　　　　　北京市海淀区万寿路 173 信箱　邮编　100036
开　　本：787×1 092　1/16　印张：12　字数：307 千字
版　　次：2016 年 4 月第 1 版
印　　次：2016 年 4 月第 1 次印刷
印　　数：3500 册　　定　　价：35.00 元

凡所购买电子工业出版社图书有缺损问题，请向购买书店调换。若书店售缺，请与本社发行部联系，联系及邮购电话：（010）88254888。

质量投诉请发邮件至 zlts@phei.com.cn，盗版侵权举报请发邮件至 dbqq@phei.com.cn。

服务热线：（010）88258888。

前　言

随着通信技术和汽车行业的迅速发展，早期的车载网络技术已经颇显陈旧。特别是随着智能汽车、智能交通的兴起和大面积推广，新一代车载网络技术已经开始得到长足的发展，并表现出迅猛的发展势头。

传统的车载网络技术以有线数据通信为主，如 CAN 总线、LIN 总线等，虽然在安全性和可靠性方面有较大的优势，但其智能化程度低，兼容性较差。事实上，随着智能汽车的发展，多种智能网络并存、优势互补的要求也越来越明显。在传统有线车载网络的基础上，作为智能汽车、智能交通标志性通信传输方式的无线车联网技术也跃跃欲试。虽然目前无线车联网技术还没有大规模投产应用，但部分领头羊，如 Google 公司，已经在其 Smart Car 中率先大面积集成了无线车联网技术，在未来汽车的发展方向上做了初步的尝试。

当前市面上有很多有关车载网络的书籍，书中的内容主要以传统的有线网络为主，集中对 CAN、LIN 等网络的介绍，存在一定的局限性。部分书籍只讲解了最基本的入门知识，还不能真正为读者在以后的工程实践中提供最好的帮助，而有些书籍则主要面向业内专业人士，内容相对晦涩难懂，而且往往仅限于在某个很窄的工程应用领域进行分析介绍，很难拓展到其他分支学科中；而从国外引入的部分书籍，在翻译的过程中，有的是简单的字面翻译，甚至只是把所有的知识点简单地罗列在一起，不便于读者的学习。

本书由浅入深地讲述车载网络技术的知识点，以 Simulink 实例讲述科学和工程常用实例的仿真应用。书中所有的实例仿真都以 MATLAB 7.x 为版本，基本覆盖了从事车载网络工程研究所需要的知识点。

在本书的撰写过程中，得到了很多同事、友人的帮助，他们不仅为本书的编写提供了大量有关的参考资料、实验数据，还综合自身第一线的课堂讲授经验，为本书提供了不可多得的宝贵意见。本书还融合了作者在新西兰奥塔哥大学攻读计算机博士学位期间的研究成果和在平时实践项目中的实战经验，并把它从整个项目体系中抽象出来，用于教材中知识点的示例讲解，让读者能在学习书本知识的同时了解一定的工程实践内容，从而提高自己的动手操作能力。

本书从最初的酝酿、编写到最终的出版，得到了新西兰奥塔哥大学计算机系、南京林业大学汽车电子与交通工程学院各位领导、老师的大力支持和鼓励，他们也为书中的内容提出了很多宝贵的建议，在此深表谢意。同时，更要感谢我的家人，如果没有他们在背后的默默支持，这本书也不能如期出版。

由于时间紧迫，加之作者本人水平有限，书中难免会有疏漏和错误之处，真诚地恳请各位读者、同行批评和指正，同时也希望和大家一起学习和交流。

编著者

目 录 Contents

第 1 章　初识车载网络 …… 1

1.1　车载网络简介 …… 1

1.2　车载网络的发展历史 …… 3

1.2.1　车载网络的背景 …… 3

1.2.2　车载网络的发展历程 …… 4

1.3　车载网络的分类和功能特点 …… 8

1.3.1　车载网络的分类 …… 8

1.3.2　车载网络的功能特点 …… 11

1.4　车载网络的应用仿真 …… 13

1.4.1　车载网络的仿真平台 …… 13

1.4.2　车载内部网络及其 Simulink 仿真实例 …… 16

1.4.3　车载外部网络及其 Simulink 仿真实例 …… 17

第 2 章　车载网络的基本结构与模型 …… 20

2.1　车载网络的结构与组成 …… 20

2.1.1　有线式车载网络的拓扑结构 …… 21

2.1.2　无线式车载网络的拓扑结构 …… 22

2.2　现场总线技术 …… 24

2.2.1　现场总线的基本概念 …… 24

2.2.2　现场总线的功能和特点 …… 25

2.2.3　几种常见的现场总线 …… 25

2.3　车载网络的参考模型 …… 30

2.3.1　有线车载网络的参考模型 …… 31

2.3.2　无线车载网络的参考模型 …… 32

第 3 章　控制器局域网络（CAN） …… 34

3.1　车载 CAN 网络的基本概念 …… 34

3.1.1 CAN 网络的发展历程 …… 35

3.1.2 CAN 网络的结构特性 …… 37

3.1.3 CAN 网络在车载数据通信中应用 …… 40

3.2 CAN 网络通信协议 …… 42

3.2.1 CAN 的分层结构及功能 …… 42

3.2.2 CAN 协议的消息帧 …… 44

3.2.3 非破坏性仲裁 …… 47

3.2.4 抗干扰位填充技术与 CRC 校验 …… 48

3.2.5 远程帧、出错帧和超载帧以及帧间结构 …… 49

3.3 CAN 网络的物理层 …… 51

3.3.1 标准网络模型 …… 51

3.3.2 物理信令 PLS 子层的网络规范 …… 52

3.3.3 物理介质附件子层的网络规范 …… 55

3.4 CAN 总线的故障界定与总线管理 …… 58

3.4.1 故障界定的规则 …… 59

3.4.2 CAN 总线故障的管理 …… 61

3.5 基于 Simulink 的 CAN 网络通信协议仿真 …… 62

3.5.1 Simulink 模块的建立 …… 63

3.5.2 Simulink 网络性能的评价指标 …… 64

第 4 章 基于时间触发的 TTCAN …… 67

4.1 车载 TTCAN 网络的基本概念 …… 68

4.2 TTCAN 的时间触发通信 …… 69

4.3 TTCAN 的参考时间和参考消息 …… 71

4.4 TTCAN 中的基本循环 …… 72

4.5 TTCAN 中基本循环的时间窗 …… 73

4.6 TTCAN 的系统矩阵 …… 75

4.7 TTCAN 的全局系统时间 …… 76

4.8 TTCAN 的容错功能 …… 78

4.9 TTCAN 的应用和 Simulink 仿真 …… 79

4.9.1 TTCAN 的 Simulink 仿真 …… 79

4.9.2 TTCAN 的应用场合 …… 81

第 5 章　局部连接网络（LIN） ······ 83

5.1　车载 LIN 网络的基本概念 ······ 83

5.1.1　LIN 网络的发展历程 ······ 84

5.1.2　LIN 网络的拓扑结构 ······ 84

5.1.3　LIN 网络的特点 ······ 87

5.2　LIN 网络的通信协议 ······ 88

5.2.1　LIN 网络的帧结构 ······ 89

5.2.2　LIN 网络帧的传输 ······ 95

5.3　LIN 网络中帧的类型 ······ 97

5.3.1　LIN 网络的无条件帧 ······ 97

5.3.2　LIN 网络的事件触发帧 ······ 98

5.3.3　LIN 网络的偶发帧 ······ 99

5.3.4　LIN 网络的诊断帧 ······ 100

5.3.5　LIN 网络的保留帧 ······ 101

5.4　LIN 网络中的进度表 ······ 101

5.5　LIN 总线的状态机 ······ 103

5.6　LIN 网络的管理 ······ 105

5.6.1　LIN 网络的唤醒 ······ 106

5.6.2　LIN 网络的休眠 ······ 107

5.7　LIN 总线的状态管理 ······ 107

5.8　LIN 节点的硬件设计 ······ 108

5.8.1　LIN 网络的协议控制器 ······ 110

5.8.2　LIN 网络的总线收发器 ······ 111

5.8.3　LIN 网络硬件电路设计的注意事项 ······ 112

5.9　LIN 网络中的信号源 ······ 114

5.10　LIN 网络中的信号处理、配置、识别和诊断 ······ 116

5.10.1　LIN 网络中的传输层 ······ 116

5.10.2　LIN 网络中的应用层 ······ 118

第 6 章　无线车载网络技术 ······ 127

6.1　无线车载网络技术简介 ······ 128

6.2　蓝牙技术在车载网络中的应用 ······ 129

6.2.1　蓝牙技术的发展历史 ······ 130

6.2.2 蓝牙技术在汽车上的应用 …… 131
6.2.3 蓝牙的基带规范 …… 132
6.2.4 蓝牙的物理通道与链接 …… 134
6.2.5 蓝牙通信的分组 …… 136
6.2.6 蓝牙通信的纠错 …… 141
6.2.7 蓝牙通信的逻辑信道 …… 143
6.3 射频技术 RFID 在车载网络中的应用 …… 144
6.3.1 RFID 技术的发展背景 …… 144
6.3.2 RFID 技术的特点 …… 145
6.3.3 RFID 技术的原理和结构 …… 146
6.3.4 RFID 的技术标准 …… 153
6.3.5 RFID 技术的应用 …… 157
6.4 VANET 技术在车载网络中的应用 …… 158
6.4.1 车载自组织网络 VANET 的特点 …… 160
6.4.2 车载自组织网络 VANET 的发展历史 …… 161
6.4.3 车载自组织网络 VANET 的体系结构 …… 162
6.4.4 车载自组织网络 VANET 的通信协议 …… 164
6.5 VANET 在 Simulink 中的仿真 …… 167

第 7 章 无线局部连接网络（WLAN） …… 171

7.1 车载 WLAN 网络的基本概念 …… 171
7.1.1 WLAN 网络的发展历程 …… 173
7.1.2 WLAN 网络的拓扑结构 …… 174
7.1.3 WLAN 网络存在的问题 …… 175
7.1.4 WiFi 技术在车载网络中的应用 …… 176
7.1.5 车载 WiFi 的发展背景 …… 177
7.1.6 车载 WiFi 的体系结构 …… 178
7.2 车载 MOST 网络 …… 182
7.2.1 车载 MOST 的基本概念 …… 182
7.2.2 车载 MOST 的基本结构 …… 183

第 1 章　初识车载网络

随着当前汽车保有量的逐年提升，车载网络以其优越的性能和完善的应用得到了广大汽车生产厂商和车辆工程设计师的青睐。

相比传统的纯机械式汽车，当前车身内部各种传感器、控制器和执行器通过点对点的方式相互连接，构成复杂的网状结构，即为车载网络的原型。

在本章内容中，主要向读者介绍车载网络的发展历史、基本功能特性以及车载网络在实际车辆中的基本应用。

【本章重点】

1．车载网络的发展历史；

2．车载网络的功能和特点；

3．车载网络的基本应用。

【本章难点】

1．车载网络的功能和特点；

2．车载网络的基本应用。

1.1　车载网络简介

近年来，随着车载电控系统的日益复杂，整车系统对车身各个电控单元相互之间通信能力的要求也日益增长。传统车载系统各个控制单元之间采用点对点的连接方式使得车内线束增多，从整车内部通信的可靠性、安全性以及重量等方面给汽车设计和制造带来了明显的困扰。为了减少车内连线，实现数据的共享和快速交换，提高整车系统中数据传输的可靠性，在快速发展的计算机网络上实现了 CAN、LAN、LIN、MOST 等基础构造的汽车电子网络系统，如图 1.1 所示，即为车载网络。

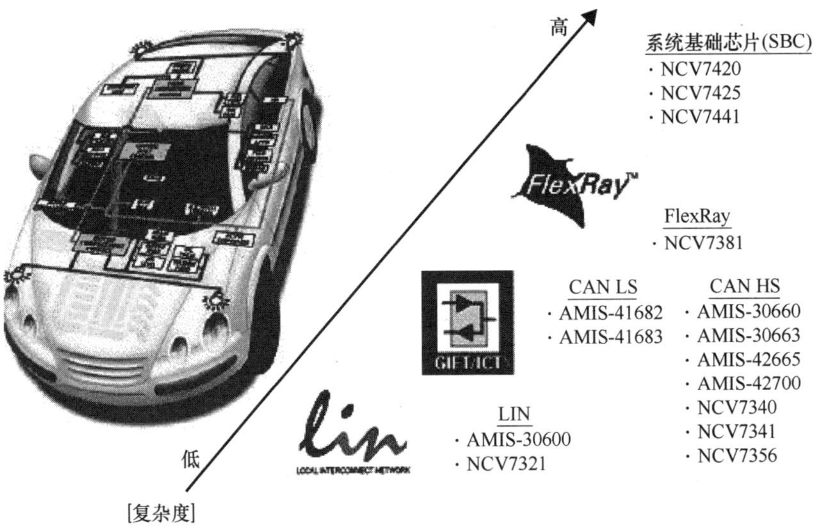

图 1.1　通用车载网络的结构分类图

车载网络（Vehicular Network, VNET）也称为车辆通信网络。该通信网络作为新型的车辆通信网络，可以实现车辆内部设备之间（Port to Port, P2P）、车辆与车辆之间（Vehicle to Vehicle, V2V）以及车辆与道路基础设施之间（Vehicle to Infrastructure, V2I）的复杂数据通信，为车辆的运行提供多种安全应用（如事故预警，交通管理）和非安全应用（如故障诊断，路况指示，Internet 接入及车辆间多媒体数据传输等）。

近年来在汽车行业中，整车中的各个零部件由纯机械产品向机电一体化、电控设备网络化逐步转变。这些车载电子技术的应用改革，都离不开对车载网络的依赖，如车载 CAN 网络故障诊断、不停车智能收费系统、车联网多媒体智能交互系统等。

ABI 研究公司最新发布的研究报告显示，到 2020 年，以太网车载网络的覆盖率将达到 40%，平均年增长率为 1%。报告中提到，以太网车载网络发展的关键是由博通公司成立的“OPEN”标准化组织（One-Pair Ether-Net Alliance SIG）所引入的 BroadR -Reach 汽车以太网标准。BroadR-Reach 技术为满足汽车行业的严格要求而设计，通过单对非屏蔽双绞线提供高性能的 100Mb/s 带宽，由于无须布设昂贵、笨重的屏蔽电缆，汽车的制造可以极大地降低互连成本，减少电缆重量。

需要说明的是，车载网络的迅猛发展离不开数据通信、计算机网络和微电子技术的迅速发展，俨然已经成为当前车辆工程设计和科学研究的前沿热点和焦点。同时在数字信息技术和网络技术高速发展的后 PC 时代，无线车载网络因其体积小、可靠性高、功能性强和灵活方便等优势，逐步渗透到整车设计、故障诊断以及智能交通等日常生活的各个领域，对车辆工程相关行业的技术改造、产品更新换代、网络化进程加速以及车载数据通信效率提高等方面起到了极其重要的推动作用。

1.2 车载网络的发展历史

1.2.1 车载网络的背景

随着汽车技术的发展，汽车所能提供的功能也日新月异；更重要的是，绝大部分汽车零部件及整车系统已经逐步从原有的纯机械系统向网络化智能终端发展。在每个电控单元中，ECU 除了需要与和自身相连的多个传感器、执行器等进行数据通信，还需要与其他电控单元中的 ECU 进行数据交换。在严格意义说，这种纯粹通过点对点连接的方式并不能称为车载网络，因为网络的本质是资源共享。但不可否认的是，正是这种设备与设备之间最原始的线路连接，为后续车载网络的发展奠定了基础，也成了车载网络的原型。

显而易见，这种传统的点对点线路连接存在以下问题。

1）增加汽车的生产和使用成本

由于电控单元较多，车身中存在大量的线束和接插件，使得在有限的汽车空间内进行布线和装配越来越困难，这也无疑增加了汽车的生产制造成本。其次，大量的线束和接插件也会增加车身自重，影响汽车的燃油经济性。实验表明，车身自重每增加 50kg，油耗会增加 0.2L/100km。

2）影响汽车使用的安全性和可维护性

随着汽车电控单元的增加，线路也变得越来越复杂，导致车身线束的数量呈几何指数增长。错综复杂的线束使得汽车电气线路的故障率急剧提高，也降低了汽车电子电器与电子控制装置的可靠性。同时，当汽车电器设备出现故障时，不仅难以对故障进行诊断，而且维修也较为困难，这也在一定程度上阻碍了汽车产业的发展。

随着汽车系统中电控单元的大幅增加，为了简化线路，实现相关信息在各个汽车电器设备中的数据共享，提高车辆数据信息传输的实时性和可靠性，降低汽车的故障率，汽车制造商和相应的研发部门开始设计具有一定组织结构的数据通信网络，开发新的工业总线系统，即车载网络，来进一步规范、替代原有的通信线束，如控制器局域网（Controller Area Network，CAN），局部连接网络（Local Interconnect Network，LIN）和局域网（Local Aare Network，LAN）等。在车载网络中，各个电控单元相互连接构成网络，相关信息通过数据总线进行传输，从而实现信息资源共享。

相比最原始的车载网络模型，近年来车载网络的规范性和系统性使得汽车的综合控制性能得到了大幅提升，信息资源在车载网络中进行共享和交互，汽车系统中复杂的控制成为可能。例如，在新能源汽车电池管理系统中，驾驶员可以方便地通过CAN网络对多块车载动力锂电池的工作状态进行实时监控和在线故障诊断，在驾驶员和汽车之间构建一个良好的交互接口，如图1.2所示。

图1.2　新能源电动汽车动力锂电池管理系统

1.2.2　车载网络的发展历程

从第一辆汽车的诞生到现在，可以粗略地将车载网络的发展划分为单体电器设备、总线式车载网络级电控单元和信息化车联网三个发展阶段，即朝着信息融合化、智能网络化的方向发展。

1. 第一阶段（单体电器设备）

从20世纪60年代中期开始，汽车生产制造商就逐步采用部分能替代机械控制单元的电子控制装置，即汽车电器设备。例如，部分车型采用晶体管电压调节器替代原有的机械式电压调节器，传统的机械式点火装置也被新型的电子点火单元取代，如图1.3所示。

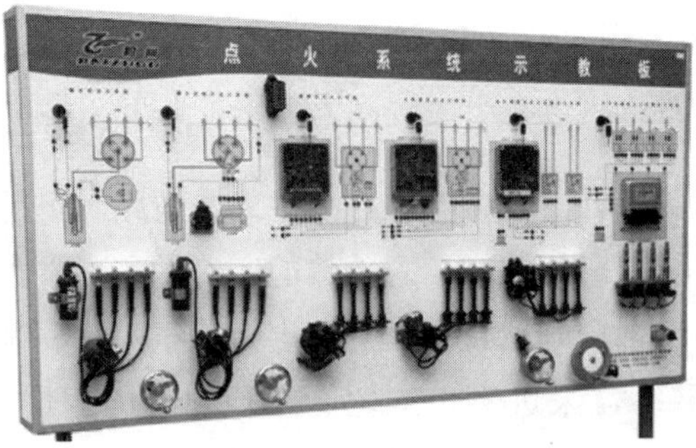

图1.3　不同类型的汽车点火装置

这一阶段的汽车电器设备以单体的形式独立运行为主，各个设备之间数据信息交换较少，或通过线束连接进行简单的数据通信。这是车载网络诞生初期的基本形式，在汽车发展的初期也能在一定程度上满足车身内部数据信息的交换需求，在一定程度上促进了汽车车载网络的发展。

2. 第二阶段（总线式车载网络）

20 世纪 90 年代，汽车电子控制得到了迅猛发展，能够实现多种控制功能的计算机对汽车电器设备、电控单元等进行集中管理，而传统的独立电子控制系统则被逐步取代，初步实现了汽车车载网络从单一的电子控制系统向有线式网络化电子控制系统的过渡，如图 1.4 所示。

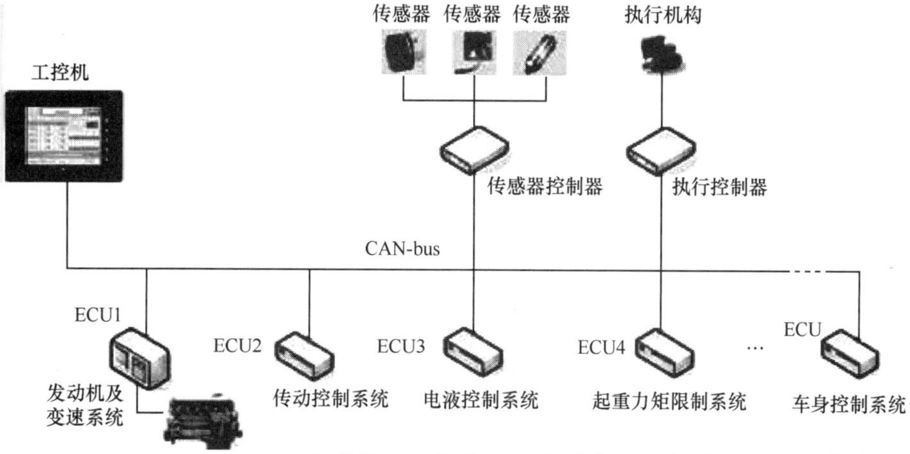

图 1.4　系统级电控单元及其网络拓扑

例如，日产公司的车门多路传输集中控制系统，GM 公司的车灯多路传输集中控制系统等，都已采用铜网线进行批量生产。与此同时，一系列车载网络标准也应运而生，如 Bosch 公司的 CAN 网络标准，美国汽车工程师学会 SAE 提出的 J1850i 标准，马自达的 PALMNET 标准以及德国大众的 ABUS 标准等。

2000 年以后，随着车载网络进一步规范化发展，低端 LIN 网络得到了广泛应用。由于汽车各个系统对数据的传输速率要求不同，汽车上常用的总线分为 CAN 总线和 LIN 总线两大类。一般而言，CAN 总线用于对数据传输速率和带宽要求较高的场合，如发动机电控单元和 ABS 电控单元等；而 LIN 总线则通常被用于对数据传输速率要求较低的场合，为车载网络提供相应的辅助功能，如智能传感器和车身系统之间的数据通信。

目前，多路总线传输技术在国内外已经成功运用到各种品牌汽车上，部分汽车生产厂商也对汽车多路总线传输执行了相应的标准规范，且还在不断推出新的总线形式及相关标准。表 1.1 列举了部分典型车载网络的名称、概况、通信速度以及相应的对接单位等信息。

表 1.1　常见的车载网络

车载网络名称	基 本 情 况	通 信 速 率	组 织 单 位
CAN（Controller Area Network）	车身/动力传动系统控制用 LAN 协议	1Mb/s	Robert Bosch, ISO 等
VAN（Vehicle Area Network）	车身系统控制用 LAN 协议（法国）	1Mb/s	ISO
J1850	车身系统控制用 LAN 协议（美国）	10.4Kb/s 41.6Kb/s	Ford, Motor 等
LIN（Local Interconnect Network）	车身系统控制用 LAN 协议，液压组件专用	20Kb/s	LIN 联合体
TTCAN（Time Triggered CAN）	重视安全、按用途分类的控制用 LAN 协议，时间同步的 CAN	1Mb/s	Robert Bosch, CiA 等
FlexRay	重视安全、按用途分类的控制用 LAN 协议	5Mb/s	BMW, Daimler Chrysler
MOST	信息系统通信协议，以欧洲为中心	22.5Mb/s	MOST 合作组织
IEEE1394	信息系统通信协议	100Mb/s	1394 工业协会

3. 第三阶段（信息化车联网）

近年来，车载网络在传统有线式、集成电控单元的基础上得到了新的发展，甚至重新定义了车载网络的概念。目前对 VANET 的研究基于多种无线技术，如专用短距离通信（Dedicated Short Range Communication, DSRC），UMTS，WiMAX 和 Bluetooth，Zigbee 等。虽然未来的车载网络系统具体采用哪种技术实现车辆间互联还没有定论，但协议标准化的进程大致沿着 DSRC 这条技术路线不断发展（见图 1.5）。

1999 年，美国联邦通信委员会（Federal Communications Commission, FCC）在 5.9GHz 分配了 75MHz 频段用于 DSRC 通信。2002 年，American Society for Testing and Materials（ASTM）组织确定了 DSRC 规范 E2213-02，将 5.9GHz 纳为规格制定方向，IEEE802.11a 则被采用为物理层传输技术。

2003 年年底，ASTM 又推出下一版本 DSRC 规范 E2213-03，并受到 FCC 的青睐，成为北美 DSRC 规范。与此同时，FCC 又在 DSRC 频段制定了相应的服务规则。之后 ASTM 决议将 E2213-03 标准移往 IEEE 制定，主要是期望以 IEEE 的影响，对 DSRC 规范的推广有所帮助。2004 年，IEEE 成立 802.11p 工作组以制定 IEEE802.11 在车辆环境下无线接入（Wireless Access in the Vehicular Environment, WAVE）的版本，并以 IEEE1609 系列协议作为上层协议，从而形成车辆通信网络的基本协议构架。目前 WAVE 标准的正式版本尚未发布，VANET 历时十余年的标准化进程仍在继续。

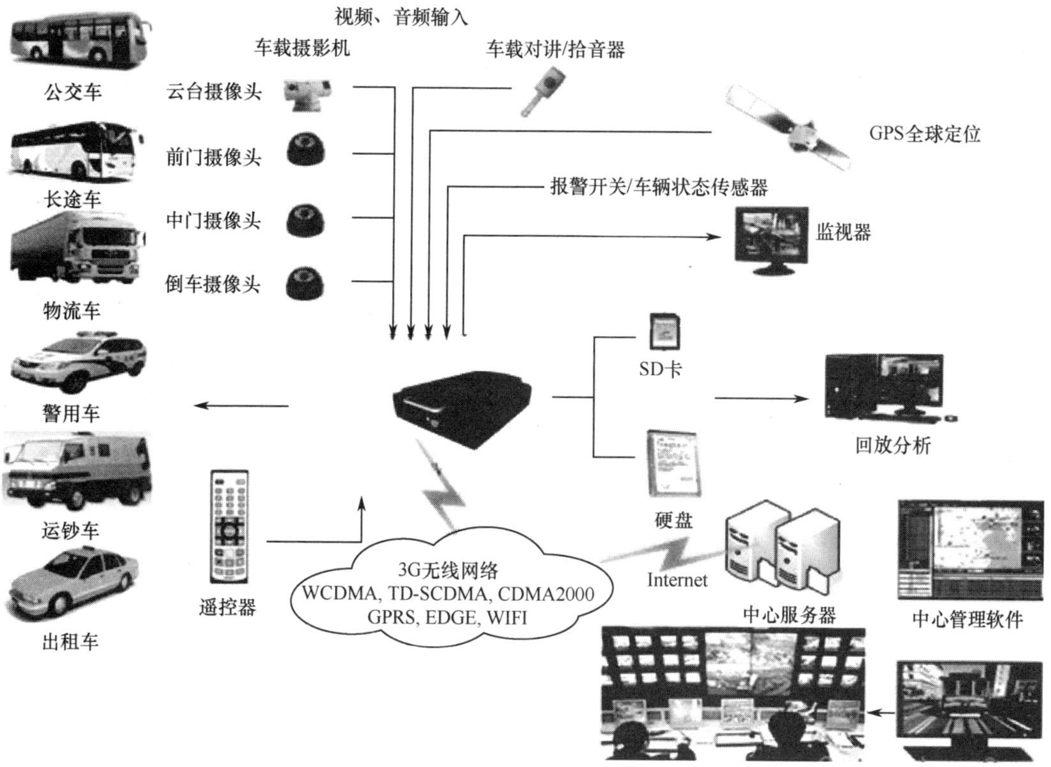

图 1.5　下一代新型无线车载网络

车辆通信和组网中的一些关键问题也是学术界研究的热点，车辆通信网络的 MAC 协议设计便是其中之一。可靠而高效的接入控制对于移动环境下拓扑频繁变化的 VANET 来说尤为重要。另外，FCC 进一步将 DSRC 频段分为带宽为 10MHz 的 7 个独立的信道，包括一个控制信道（CCH）和 6 个服务信道（SCH），同时规定控制信道用于安全应用和控制信息的交互，服务信道用于承载非安全应用。这个规定使得采用多信道构架的 MAC 协议设计成为可能。

可以看到，在 VANET 中，车辆节点间除了进行安全信息的交互外，也会与路边基础设施或其他车辆通信以获取丰富的非安全信息。而如果让整个网络的安全和非安全应用都在一个信道上完成，则难以保证安全应用的服务质量（Quality of Service，QoS），因为大量的非安全信息可能导致网络拥塞，使安全消息无法有效传递，从而严重削弱 VANET 在主动安全方面的重要作用。

另外，车辆数量的增加将加剧网络中的竞争和冲突，在单信道配置下非安全应用的 QoS 也无法保证。采用多信道的 MAC 机制是解决上述问题直接而有效的方法之一。通过将不同的服务和终端分隔在不同的信道上，多信道 MAC 协议可以获得更高的网络吞吐量和更低的网络时延。很自然地，在车辆网络中如何合理而有效地利用多个信道进行通信就成为一个十分值得探讨的问题。

目前已经有了一些有关 VANET 的多信道 MAC 机制的研究，WAVE 标准中的 MAC 协议也是基于多信道的，但是还有很多问题尚待解决，例如目前已有的多信道 MAC 协议缺乏有效的机制为安全应用提供无冲突和低时延的传递，而且 MAC 协议的适应性还不够好，无法适应不同密度下的车辆网络的需要。所以考虑到 VANET 的特殊环境，多信道 MAC 协议的研究中还有很多问题值得探讨。

1.3 车载网络的分类和功能特点

1.3.1 车载网络的分类

车载网络是所有车身数据通信网络的总称，其中包含了高速 CAN 网络、低速 LIN 网络等，其基本结构如图 1.6 所示。

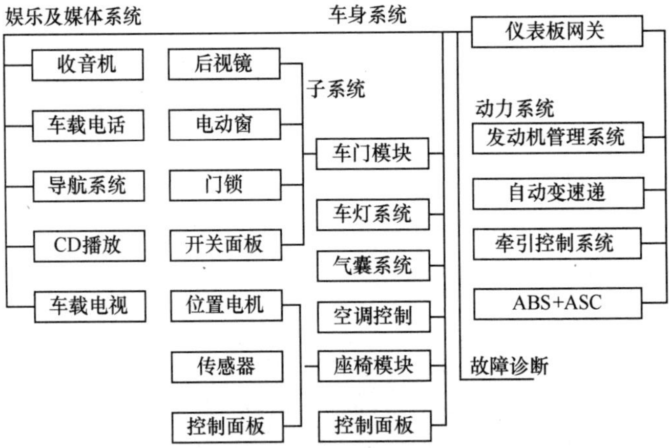

图 1.6 车载网络系统的基本结构

通常情况下，可以将常用的车载网络进行如下分类。

1. 按网络拓扑结构分类

所谓网络拓扑结构是指网络中的计算机或单元设备与信息传输介质形成的节点与数据传输线的物理构成模式。车载网络的拓扑结构主要包括总线型结构、星型结构和环型结构几种。

1）总线型拓扑结构

总线型拓扑网络是一种信道共享的物理结构，如图 1.7 所示。在这种拓扑网络中，总线具有双向传输信息的功能，这也是在车载网络中普遍应用的网络结构，用于连接汽车电器设备之间的连接，构成控制器局域网。一般情况下，总线型拓扑结构采用同轴电缆或双绞线作为网络的传输介质。

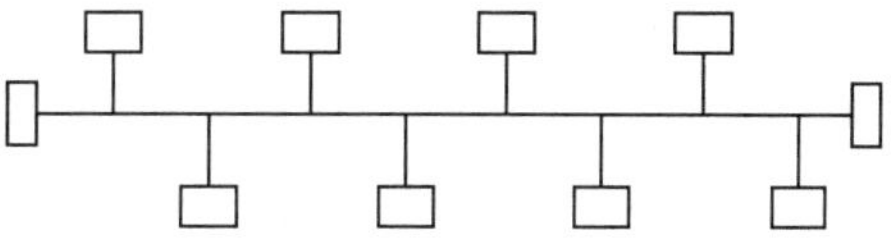

图 1.7　总线型网络拓扑结构

一般情况下，总线型拓扑结构网络具有安装简单、可以方便地实现节点的热增加和热删除、单个节点的故障不会影响整个系统的可靠性等优点。由于网络中所有的节点设备都采用同一个总线进行数据传输，因此信道的利用率比较高。

但总线型拓扑结构也存在自身的缺点，由于信道共享，负载节点的数量不宜过多。此外，网络对总线自身存在较大的依赖性，一旦总线发生故障，会导致部分设备不能正常工作，甚至引起整个网络的瘫痪。

一般情况下，车载网络绝大部分都采用这种总线型拓扑结构，如车载 CAN 网络总线。动力 CAN 总线的传输速率可达 500Kb/s，主要用于动力系统和底盘系统的数据传输；而舒适 CAN 总线的传输速率为 100Kb/s，主要用于辅助性设施，如中央门锁系统和车窗玻璃升降设备等电器设备的连接。

2）星型拓扑结构

星型拓扑结构是一种以中央节点为中心，将若干外围节点连接起来的辐射式互联结构，如图 1.8 所示。

星型结构的拓扑网络具有如下优点：结构简单；网络安装容易；通常选用集线器或路由器等作为中心节点，方便网络维护和管理。但同时也存在如下缺点：中心节点负载过重；信道线路使用率较低；网络数据传输对中心节点依赖过大；系统可靠性偏低。

从应用角度而言，车载网络的重要目标之一就是简化设备之间的连线结构，使用较少的线束实现各个车载电器设备单元之间的相互连接，所以星型网络拓扑结构并没有从根本上简化车载网络各个设备之间的连接，只能在某些特定的车载电控单元中使用，如宝马系列的安全气囊系统就是采用的星型拓扑结构。

3）环型拓扑结构

环型拓扑结构由各个节点首尾相连形成一个闭合的环状线路，数据信息沿着环状线路单向传输，即沿着一个方向从某一个节点传输到另一个节点，如图 1.9 所示。需要注意的是，由于线路损耗及信号的衰减，通常在每个节点中都安装中继器，用于接收、放大和发射信号。

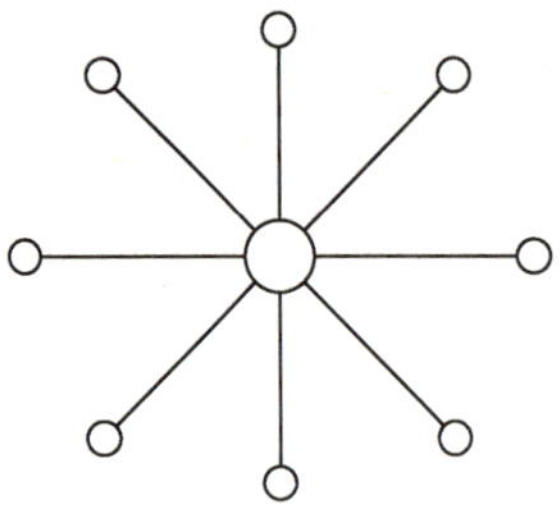

图 1.8 星型网络拓扑结构

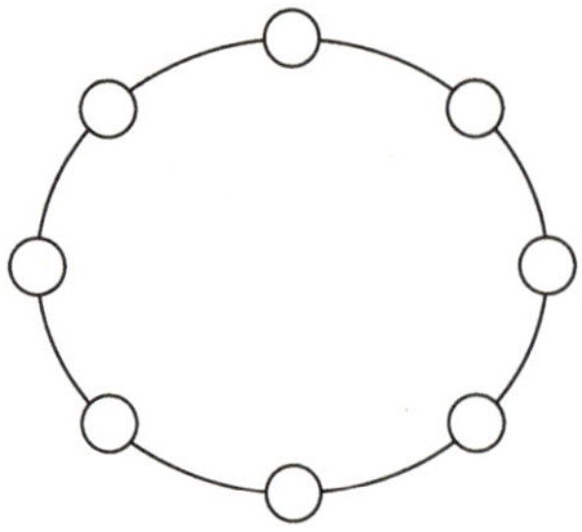

图 1.9 环型网络拓扑结构

环型拓扑结构具有结构简单、组网方便、易于管理等优点，但同时也存在传输数据量大时网络负载剧增，从而影响传输效率、增加或删除节点困难等缺点。除此以外，从网络可靠性角度来看，只要环状网络中的任意一个节点发生故障，就会引起整个网络的瘫痪，具有较低的可靠性。

2. 按传输速率分类

对于不同的网络而言，其传输速率也是各不相同的。美国汽车工程师学会的汽车网络委员会综合系统的复杂程度、数据流量、传输速率、网络可靠性、延迟时间等参量，将汽车数据传输网络划分为 A、B、C、D、E 五类，具体如图 1.10 所示。

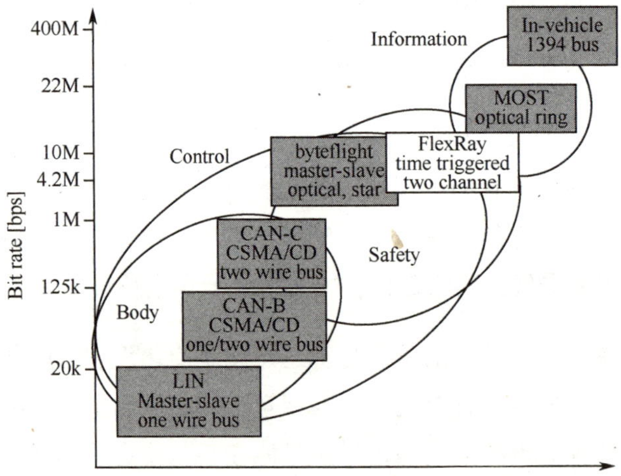

图 1.10 不同网络传输速率比较

A 类网络是面向传感器、执行器控制的低速网络，数据传输速率通常小于 10Kb/s，主要用于车身后视镜的调节、电动车窗以及灯光照明等电控单元的数据传输。

B 类网络是面向独立模块间数据共享的中速网络，数据传输速率在 10Kb/s~125Kb/s

之间，主要应用于车身电子舒适性模块和仪表显示等系统。

C 类网络是面向高速、实时闭环控制的多路传输网络，数据传输速率在 125Kb/s~1Mb/s 之间，主要用于牵引力控制、发动机控制以及 ABS、ESP 等车载系统。

D 类网络是智能数据总线 IDB（Intelligent Data Bus）网络，主要面向影音娱乐信息、多媒体系统，数据传输速率在 250Kb/s~100Mb/s 之间。需要补充说明的是，按照 SAE 的分类，IDB-C 为低速网络，IDB-M 为高速网络，IDB-wireless 为无线通信网络。

E 类网络是面向汽车被动安全系统（如安全气囊）的车载网络，其数据传输速率为 10Mb/s。

从目前的汽车制造行业来看，通常都采用多种网络技术相互组合在汽车上进行综合应用。例如，与车身舒适性相关的车载控制单元都采用低速 CAN 总线进行相互连接，并通过 LIN 总线对外围设备进行控制。而对于车载高速控制系统而言，通常会使用高速 CAN 总线将其连接在一起。

近年来，车载多媒体网络在各类汽车上受到了广泛的欢迎，如车载视频、车载蓝牙技术等。由于这类车载网络需要高速互联，数据传输量大，甚至在车载视频传输过程中还需要进行数据同步，因此多采用 DDB（Domestic Digital Bus）总线或者 MOST（Media Oriented Systems Transport）总线。特别值得一提的是，随着无线网络技术的迅速发展，车载无线网络也得到了广泛应用，如蓝牙技术，Zigbee 技术等。不难预测，在不久的将来，无线网络技术将为车载网络揭开新的篇章。

1.3.2 车载网络的功能特点

车载网络的根本目标与通用数据网络类似，即数据信息的共享。具体到在汽车的实际应用，车载网络的基本功能可以归纳为以下四点。

1. 数据的网络化传输

随着车载单元的高度智能化、集成化，如果仍然采用传统的单线连接的方式，显然无法满足数据共享的基本要求。为了减少电器线束的数量，传统的多路传输通信系统可以以数字信号的形式通过公用的传输线路进行传输。与汽车相关的各种数据信息通过网络进行传输，提高了网络资源的利用率，也实现了各个电器设备之间的网络化连接，具体如图 1.11 所示。

2. 汽车故障自诊断

汽车在使用过程中不可免地会出现各种各样的故障。为了克服传统故障诊断对维修工工作经验、逐个设备排除检查的依赖性，提高故障诊断及维修的效率，车载网络通过故障码的形式对各个设备的运行状态及故障进行诊断，如图 1.12 所示。

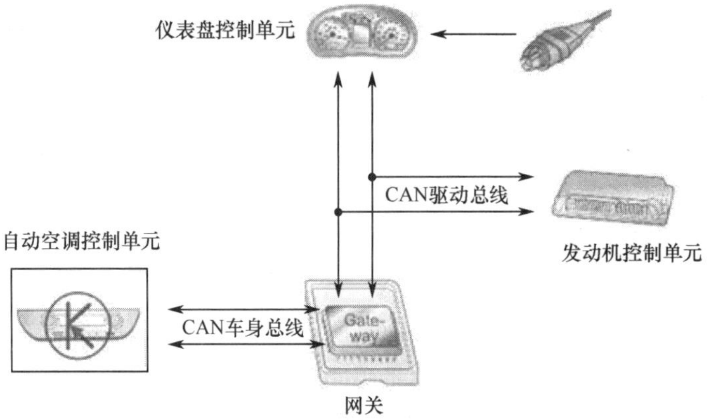

图 1.11 车载控制单元之间数据信息的网络化传输

图 1.12 网络化汽车故障诊断

一般而言，故障自诊断包括通信系统的自诊断模式和系统输入线路的故障自诊断模式两种。换句话来说，车载网络的自诊断除了可以对通信网络的运行情况进行诊断外，还可以对汽车电器设备的工作状态进行诊断。

车载网络利用数据总线将汽车上的各个功能单元模块连接起来，形成车载数据信息传输与共享的网络系统。在车载网络中，发送数据和控制信号的功能模块将数据和控制信号以编码的方式发送到总线上，而接收数据和控制信号的功能模块通过解码获得相应的数据和控制命令。

因为也具备计算机网络的基本特征，如资源共享等，车载网络也是计算机网络的一种。但车载网络作为计算机网络在汽车领域内的一个特殊应用，又呈现出部分与汽车相关的网络特点，具体如下所述。

（1）由于使用总线技术代替了传统的点对点连接的导线，在为车身布线提供方便的同时，还大幅削减了导线的数量和体积，降低了线路成本。

（2）由于减少了线路和节点，信号传输和整机线路的可靠性大幅提高。

（3）改善了系统网络的拓扑结构，提高了系统的灵活性，通过系统软件即可实现控制系统功能的变化与维护升级。

（4）为汽车故障诊断提供通用接口，通过故障代码等形式对网络通信或车载控制单元进行测试诊断，便于维修人员对车载设备进行维护和故障检修。

1.4　车载网络的应用仿真

1.4.1　车载网络的仿真平台

在开始研究车载网络系统之前，需要熟悉了解相应的仿真工具及其开发环境。选择一款适合实际工程应用的开发环境是非常重要的。一般而言，MATLAB 软件中的 Simulink 是最常见的车载网络系统开发环境之一，如图 1.13 所示。

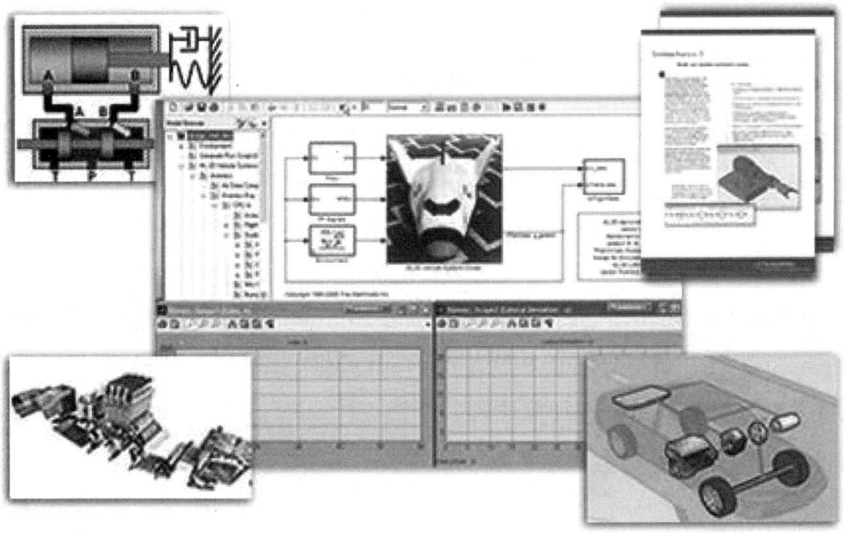

图 1.13　Simulink 仿真平台

Simulink 是 MATLAB 软件中最重要的组件之一，它提供了一个动态系统建模、仿真和综合分析的集成环境。在该环境中，用户无须大量编写程序，只需要通过简单直观的鼠标操作，就可构造出复杂的系统。Simulink 具有适应面广、结构和流程清晰、仿真精细、贴近实际、效率高、灵活等优点，已被广泛应用于通信系统的复杂仿真和设计。此外还有大量的第三方软件和硬件可支持 Simulink。

Simulink 是 MATLAB 中的一种可视化仿真工具，是一种基于 MATLAB 的框图设计环境，是实现动态系统建模、仿真和分析的一个软件包，被广泛应用于线性系统、非线性系统、数字控制及数字信号处理的建模和仿真中。Simulink 可以用连续采样时间、离散采样时间或两种混合的采样时间进行建模，它也支持多速率系统，即系统中的不同部分具有不同的采样速率。为了创建动态系统模型，Simulink 提供了一个建立模型方块图的图形用户接口（GUI），这个创建过程只须单击和拖动鼠标操作就能完成，它提供了一种更快捷、直接明了的方式，而且用户可以立即看到系统的仿真结果，如图 1.14 所示。

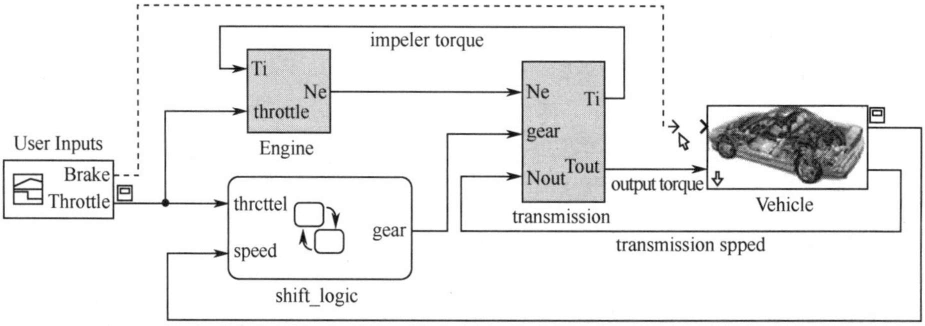

图 1.14　Simulink 仿真的可视化操作

Simulink 是用于动态系统和嵌入式系统的多领域仿真和基于模型的设计工具。对于各种时变系统，包括通信、控制、信号处理、视频处理和图像处理系统，Simulink 提供了交互式图形化环境和可定制模块库来对其进行设计、仿真、执行和测试。.

构架在 Simulink 基础之上的其他产品扩展了 Simulink 多领域建模功能，也提供了用于设计、执行、验证和确认任务的相应工具。Simulink 与 MATLAB 紧密集成，可以直接访问 MATLAB 的大量工具来进行算法研发、仿真的分析和可视化、批处理脚本的创建、建模环境的定制以及信号参数和测试数据的定义。

Simulink 模块库按功能进行分为以下 8 类子库：Continuous（连续模块），Discrete（离散模块），Function&Tables（函数和平台模块），Math（数学模块），Nonlinear（非线性模块），Signals&Systems（信号和系统模块），Sinks（接收器模块）和 Sources（输入源模块）。

在不同的模块中同时还包含了多种不同的功能单元，具体如表 1.2 所示。

表 1.2 常见的车载网络

Continuous（连续模块）	
Integrator：输入信号积分	Derivative：输入信号微分
State-Space：线性状态空间系统模型	Transfer-Fcn：线性传递函数模型
Zero-Pole：以零极点表示的传递函数模型	Memory：存储上一时刻的状态值
Transport Delay：输入信号延时一个固定时间再输出	Variable Transport Delay：输入信号延时一个可变时间再输出
Discrete（离散模块）	
Discrete-time Integrator：离散时间积分器	Discrete Filter：IIR 与 FIR 滤波器
Discrete State-Space：离散状态空间系统模型	Discrete Transfer-Fcn：离散传递函数模型
Discrete Zero-Pole：以零极点表示的离散传递函数模型	First-Order Hold：一阶采样和保持器
Zero-Order Hold：零阶采样和保持器	Unit Delay：一个采样周期的延时
Function&Tables（函数和平台模块）	
Fcn：用自定义的函数（表达式）进行运算	MATLAB Fcn：利用 MATLAB 的现有函数进行运算
S-Function：调用自编的 S 函数的程序进行运算	Look-Up Table：建立输入信号的查询表（线性峰值匹配）
Look-Up Table（2-D）：建立两个输入信号的查询表（线性峰值匹配）	
Math（数学模块）	
Sum：加减运算	Product：乘运算
Dot Product：点乘运算	Gain：比例运算
Math Function：包括指数函数、对数函数、求平方、开根号等常用数学函数	Trigonometric Function：三角函数，包括正弦、余弦、正切等
MinMax：最值运算	Abs：取绝对值
Sign：符号函数	Logical Operator：逻辑运算
Relational Operator：关系运算	Complex to Magnitude-Angle：由复数输入转为幅值和相角输出
Magnitude-Angle to Complex：由幅值和相角输入合成复数输出	Complex to Real-Imag：由复数输入转为实部和虚部输出
Real-Imag to Complex：由实部和虚部输入合成复数输出	
Nonlinear（非线性模块）	
Saturation：饱和输出，让输出超过某一值时能够饱和	Relay：滞环比较器，限制输出值在某一范围内变化
Switch：开关选择，当第二个输入端大于临界值时，输出由第一个输入端而来，否则输出由第三个输入端而来	Manual Switch：手动选择开关
Signals&Systems（信号和系统模块）	
In1：输入端 Out1：输出端	Mux：将多个单一输入转化为一个复合输出
Demux：将一个复合输入转化为多个单一输出	Ground：连接到没有连接到的输入端
Terminator：连接到没有连接到的输出端	SubSystem：建立新的封装（Mask）功能模块
Sinks（接收器模块）	
Scope：示波器	XY Graph：显示二维图形
To Workspace：将输出写入 MATLAB 的工作空间	To File（.mat）：将输出写入数据文件

（续表）

Sources（输入源模块）	
Constant：常数信号	Clock：时钟信号
From Workspace：来自 MATLAB 的工作空间	From File（.mat）：来自数据文件
Pulse Generator：脉冲发生器	Repeating Sequence：重复信号
Signal Generator：信号发生器，可以产生正弦、方波、锯齿波及随意波	Sine Wave：正弦波信号
Step：阶跃波信号	

1.4.2 车载内部网络及其 Simulink 仿真实例

在如图 1.15 所示的仿真样例中，采用了虚拟 CAN 网络的形式建立起一个车载 CAN 网络通信模型，定时发送、接收数据。所有用于 CAN 网络接收数据和发送数据的 Simulink 模块均由车载网络工具箱（Vehicle Network Toolbox）提供，如图 1.15 所示。

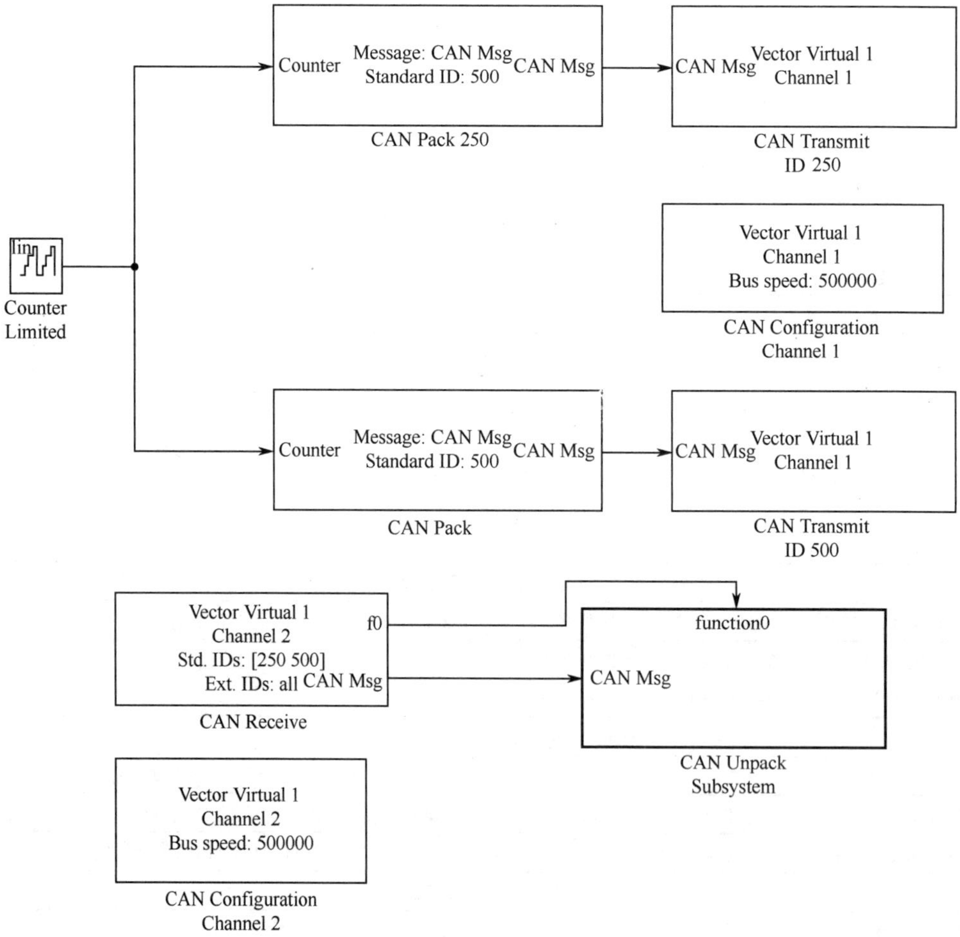

图 1.15　Simulink 仿真的 CAN 通信系统

在本仿真实例中，主要使用了以下模块：CAN Configuration 模块，CAN Pack 模块，CAN Transmit 模块，CAN Receive 模块和 CAN Unpack 模块。

整个仿真系统与各个 Simulink 模块的基本功能如下所述。

CAN Transmit 模块主要用于在 CAN 网络中发送数据信息，其中 ID 标志为 250 的 CAN Transmit 模块每隔 1s 发送一帧数据，而 ID 标志为 500 的 CAN Transmit 模块每隔 0.5s 发送一帧数据。

每个 CAN Pack 模块均接收到一个数据计数器的输入信号，其计数上限为 50，计数值满后清零重新进行计数，同时又连接到 CAN Transmit 模块中的 Vector Virtual Channel 1。

CAN Receive 模块主要用于在 CAN 网络中从 Vector Virtual Channel 2 接收数据信息。每当接收到一个新的数据信息后，CAN Receive 模块将出发一个调用函数。

图 1.16 分别绘制了两个 CAN 收发器在仿真过程中不同收发器（收发间隔为 1s 和 0.5s）在不同时间下 CAN 网络中数据信息收发的状况。不难看出，ID 标志为 250 的 CAN Transmit 模块发送的数据量是 ID 标志为 500 的 CAN Transmit 模块发送数据量的一半。

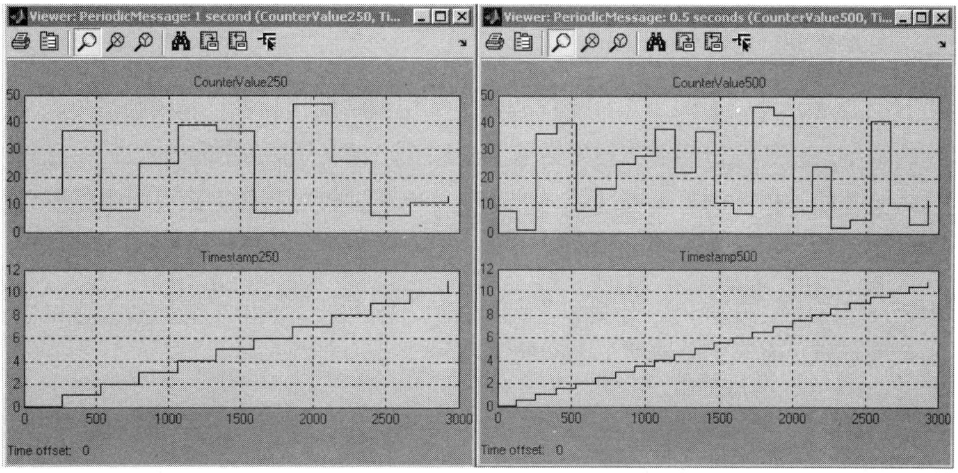

图 1.16　Simulink 仿真的 CAN 通信系统

1.4.3　车载外部网络及其 Simulink 仿真实例

图 1.17 给出了在 Simulink 中对城市交通流进行仿真的两组案例。在 HEED 算法中，远离基站的簇头（车辆）通过邻居簇头（车辆）对接收到的数据进行中继转发。此外，HEED 算法中簇头的选举主要取决于节点的剩余能量 $E_{residual}$ 和初始选举概率 C_{prob}。在簇

头选举过程中，每个城市车辆根据公式（1-1）计算自身成为簇头的概率。

$$\mathrm{CH}_{\mathrm{prob}} = C_{\mathrm{prob}} \times (E_{\mathrm{residual}} / E_{\max}) \tag{1-1}$$

其中，CH_{prob} 是当前车辆被选为簇头的概率，$E_{\max}$ 是当前车辆的最大存储能量。

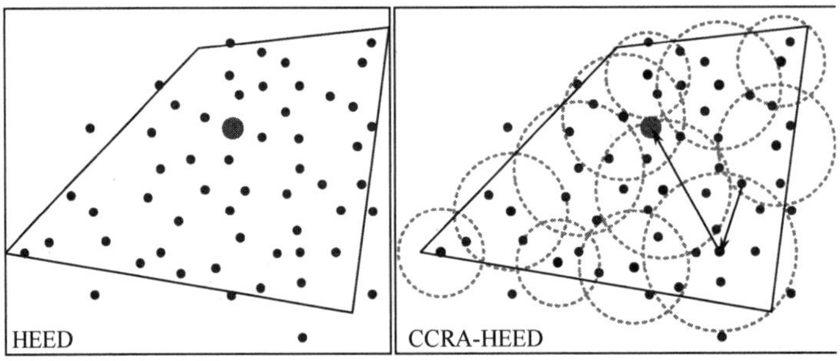

图 1.17　Simulink 仿真中 HEED 和 CCRA-HEED 通信算法

HEED 算法是典型的层次型路由算法，它根据相应的分簇协议从城市车辆中周期性选举簇头，由簇头转发来自各个车辆节点的数据，并通过单跳将数据信息转发至基站。在 HEED 算法中，整个网络负载被均匀分布到所有的城市车辆上，避免了部分传感区域的车流过于集中，从而引发负载不均衡继而交通阻塞的问题。HEED 算法不仅克服了簇头在传感区域内可能存在分布不均衡的问题，也无需假设在所有应用场合下所有的节点都能直接与基站进行通信。

与 HEED 算法相比，CCRA-HEED 构建了 3 层网络结构。各个感知圆周中的车辆将收集到的数据信息通过蜂窝节点转发给簇头，簇头汇聚各个蜂窝节点的数据信息后再将数据传送至基站。由于圆形覆盖区域内的车辆可以通过较短的传输距离将数据发送至蜂窝节点，无需直接与簇头进行通信，因此可以大幅降低网络的能量消耗。

图 1.18 分别描述了簇内未分割和非定长圆状分割条件下城市车辆的最大感知半径 r、覆盖冗余度 φ 和交通流生命周期 T 之间的关系。

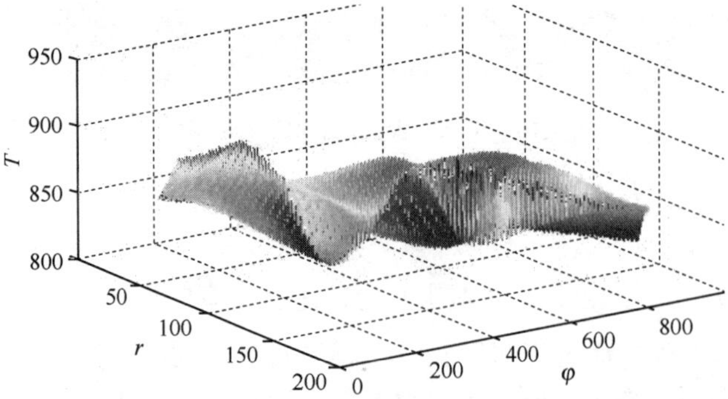

图 1.18　Simulink 仿真中 HEED 和 CCRA-HEED 通信算法

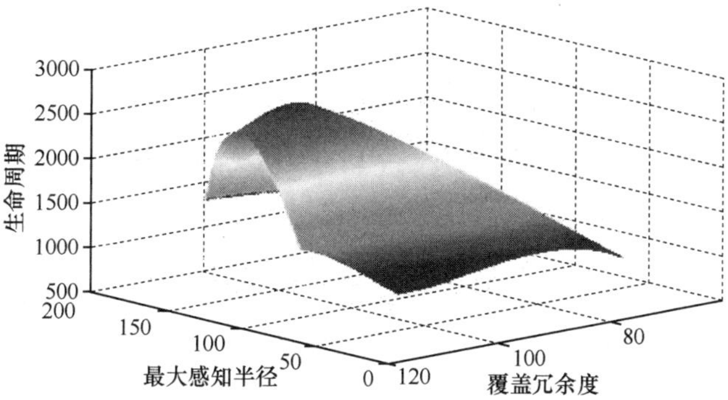

图 1.18 Simulink 仿真中 HEED 和 CCRA-HEED 通信算法（续）

第 2 章　车载网络的基本结构与模型

计算机、控制器和通信技术的发展，尤其是微处理器技术和集成电路技术的快速发展，使得车辆控制技术朝着信息化、网络化方向发展，现场总线技术就是其中最具有代表性，也是最为核心的技术。可以认为现场总线技术在车辆网络中的应用是汽车工业趋于成熟的重要标志。

在本章内容中，主要向读者介绍现场总线技术以及车载网络的结构，结合具体的实际工程应用介绍车载网络相应的参考模型。

【本章重点】

1．现场总线的概念与特征；

2．车载网络的拓扑结构；

3．车载网络的参考模型。

【本章难点】

1．车载网络的拓扑结构；

2．有线式车载网络的参考模型；

3．无线式车载网络的参考模型。

2.1　车载网络的结构与组成

在通常意义上来讲，通信网络的主要功能是将多条数据总线连接到一起，或者将数据总线和通信模块连接成一个系统，实现数据信息的共享。相比于计算机网络，车载网络是在通信协议的控制下，由一个或者多个车载设备，或者若干个车载终端，通过相应的传输介质（有线介质或无线介质）相互连接在一起，共同完成车载数据信息的交互和共享。

从第一辆汽车诞生到现在，可以粗略地将车载网络的发展划分为单体电器设备、总线式车载网络和信息化车联网三个发展阶段。整个汽车网络也不断地朝着信息融合化、智能网络化的方向发展。

从车载设备之间相互连接的通信媒介来看，可以大体上将当前信息化车联网阶段的车载网络分为有线式车载网络和无线式车载网络。顾名思义，有线式车载网络是指汽车各个单体设备之间以及车身和车外设备之间主要通过有线的方式（双绞线、同轴电缆、光纤等）进行连接，进而实现车载信息的数据交换，如图 2.1 所示。通常情况下，有线式车载网络大多都采用现场总线的数据通信结构，如车载 CAN 总线和 LIN 总线等。现场总线具有数据传输效率高、误码率低以及抗干扰性强等优点，但同时也存在布线困难、多媒体性差等不足之处。

随着近年来信息化车联网技术的蓬勃发展，原有的有线式车载网络（现场总线技术）已经不能满足车载网络的功能性要求，如在智能交通领域车辆与道路之间的数据信息交换，以及汽车舒适性系统里车载视频流媒体的播放等。为了满足这些智能车辆的交互需求，越来越多的车载网络开始采用无线数据通信，这也使得无线式车载网络系统得到了迅速发展，如新能源汽车的车载智能锂电池管理系统、城市车辆监控追踪管理系统等，如图 2.2 所示。

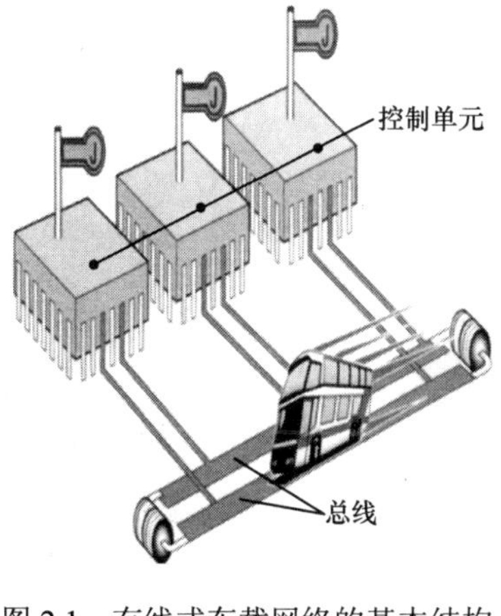

图 2.1　有线式车载网络的基本结构

图 2.2　无线式车载网络的基本结构

2.1.1　有线式车载网络的拓扑结构

通用有线式车载网络系统的基本拓扑结构如图 2.3 所示。事实上，由于整个车身系统的网络拓扑结构较为复杂，通常采用多条不同速率的总线分别连接不同类型的节点设备，通过网关服务器实现整车数据信息的共享和网络化管理。

在车载网络中，动力与传动系统的控制对象直接关系到汽车的行驶状态和安全，对通信的实时性具有较高的要求，因此该系统中的设备节点都采用高速总线（粗实线）进行相互连接。各个设备节点的数据信息以广播的形式在高速总线上进行传输，各个节点根据自身需求决定是否接收或获取相应的数据信息。数据信息在高速总线上通过不同的优先级进行传输，具有较高的传输速率。

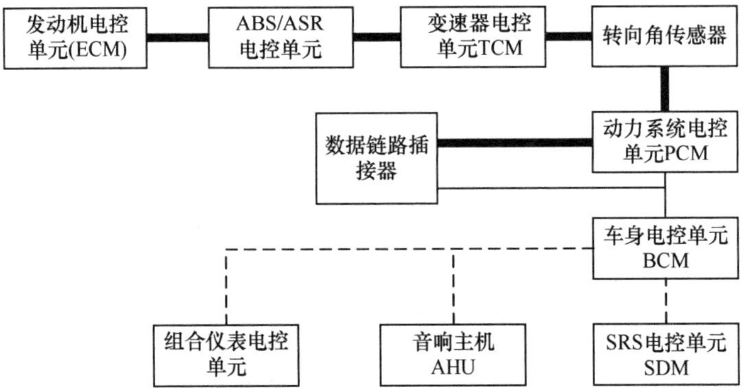

图 2.3　车载网络的基本结构

相反，车身系统电控单元对数据的实时性要求较低，但数据量较大，因此可以采用低速的现场总线。通过高速总线和低速总线将具有不同实时性要求的节点设备分隔开来，可以实现汽车动力传输系统与电控系统的相互分离，以保证汽车对动力传输在实时性方面的要求。同时，车载网络中的低速总线可以增加数据通信的传输距离，提高数据的抗干扰能力，也能在一定程度上降低车载网络的硬件成本。

2.1.2　无线式车载网络的拓扑结构

在汽车发展的信息化进程中，不可避免地需要实现车-车之间和车-路之间，甚至是人-车-路三者之间的信息交互。这些媒体交互、智能控制的数据信息传输靠传统的有线式车载网络往往是难以实现的，而无线数据传输恰恰为这些车载功能的实现提供了较为完善的解决方案，如车载蓝牙语音系统、ETC 不停车收费系统等，都是通过无线式车载网络实现车辆信息的交互传输。

无线网络在车载网络中的应用也处于刚刚起步阶段，未能像有线式网络（现场总线）那样具有较为成熟的发展体系。仅从网络的拓扑结构而言，车载无线网络没有固定的网络拓扑，通常是采用星型结构、树型结构或者复杂网络结构等方式进行组网。在第 1 章中已经介绍过各种网络拓扑结构的优劣势，在这里就不再赘述。

大量的终端节点（传感器节点）随机部署在监测区域内部或附近，能够通过自组织方式构成网络。传感器节点监测的数据沿着其他传感器节点逐跳进行传输，在传输过程中监测数据可能被多个节点处理，经过多跳后路由到汇聚节点，最后通过互联网或卫星到达管理节点。用户通过管理节点对整个无线网络进行配置和管理，发布监测任务以及收集监测数据，具体如图 2.4 所示。

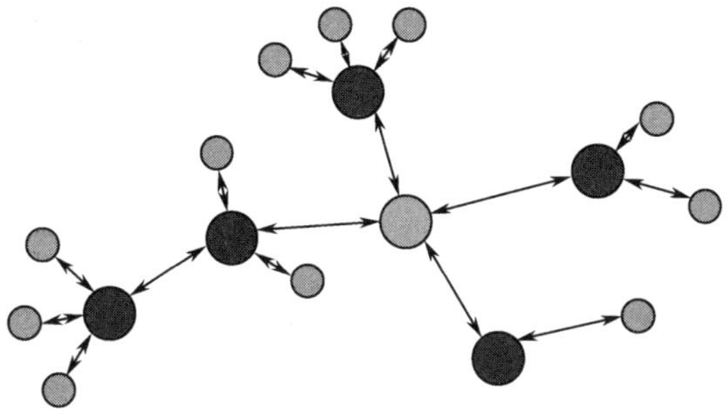

图 2.4 无线通信网络的拓扑结构

从通用无线网络的组成结构来看，可以将网络中的所有节点设备大致分为以下 3 类：终端节点或传感器节点；路由节点；协调器。

1. 终端节点

通常来说，终端节点通过小容量电池供电，因此其处理能力、存储能力和通信能力相对较弱。从网络功能上看，每个终端节点除了进行本地信息收集和数据处理外，还要对其他节点转发来的数据进行存储、管理和融合，并与其他节点协作完成一些特定任务。

2. 路由节点

路由节点的处理能力、存储能力和通信能力相对较强，它是连接无线通信网络与 Internet 等外部网络的网关，实现两种协议间的转换，同时向终端节点发布来自上层管理节点（协调器）的监测任务，并把终端节点收集到的数据转发到外部网络上。从某种程度上而言，路由节点可以是一个具有增强功能的终端节点。相比终端节点而言，路由节点能够提供更为丰富的系统资源和功能，如 Flash 和 SRAM 中的所有信息传输到计算机中，通过汇编软件，可以方便地把获取的信息转换成汇编文件格式，从而分析出底层终端节点所存储的程序代码、路由协议及密钥等机密信息，同时还可以修改程序代码，并加载到底层终端节点中。

3. 协调器

所谓协调器，在整个网络中扮演着网络组织管理的角色，无线网络中的协调器主要用于动态地管理整个无线通信网络。从功能上而言，外部授权人员可以通过协调器访问无线通信网络的相应资源。需要说明的是，在无线通信网络中，协调器并不是必不可少的，部分网络中可选择不使用协调器。

2.2 现场总线技术

2.2.1 现场总线的基本概念

现场总线（Fieldbus）是近年来迅速发展起来的一种工业数据总线，它主要解决工业现场的智能化仪器仪表、控制器、执行机构等现场设备间的数字通信以及这些现场控制设备和高级控制系统之间的信息传递问题，如图 2.5 所示。由于具有简单、可靠、经济实用等一系列突出的优点，现场总线受到了许多标准团体和计算机厂商的高度重视。

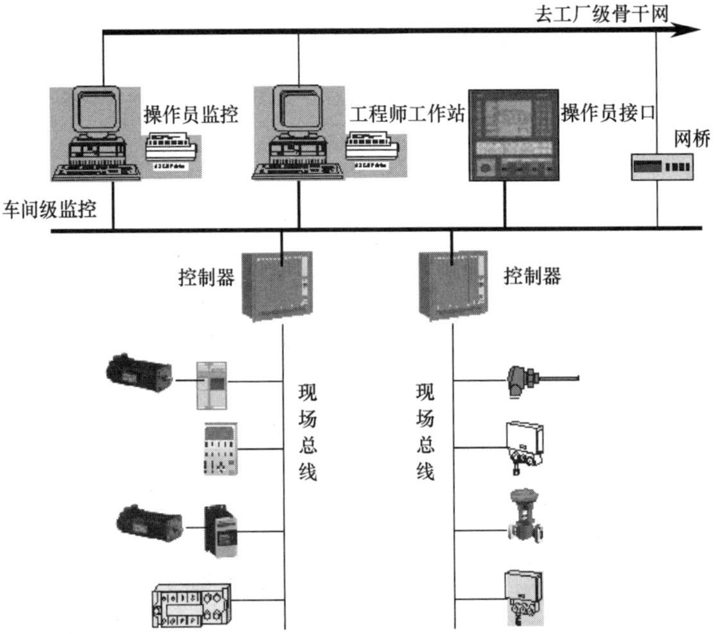

图 2.5　现场总线的基本结构

现场总线是指安装在制造或过程区域的现场装置与控制室内的自动装置之间的数字式、串行、多点通信的数据总线。它是一种工业数据总线，是自动化领域中底层数据的通信网络。

简单而言，现场总线就是以数字通信替代了传统 4～20mA 模拟信号及普通开关量信号的传输，是连接智能现场设备和自动化系统的全数字、双向、多站的通信系统，主要解决工业现场的智能化仪器仪表、控制器、执行机构等现场设备间的数字通信以及这些现场控制设备和高级控制系统之间的信息传递问题。

2003 年 4 月，IEC61158 Ed.3 现场总线标准第 3 版正式成为国际标准，规定了 10 种类型的现场总线，如下所述。

- Type 1　TS61158 现场总线；
- Type 2　ControlNet 和 Ethernet/IP 现场总线；
- Type 3　Profibus 现场总线；
- Type 4　P-NET 现场总线；
- Type 5　FF HSE 现场总线；
- Type 6　SwiftNet 现场总线；
- Type 7　World FIP 现场总线；
- Type 8　Interbus 现场总线；
- Type 9　FF H1 现场总线；
- Type 10　PROFInet 现场总线。

2.2.2　现场总线的功能和特点

现场总线技术可以实现工业设备信息的全数字化通信传输，便于构成工业现场底层控制网络。由于各个工业设备通过开放型的网络进行相互连接，通信标准的公开一致，使得系统具备较高的开放性、可操作性和互用性，在一定程度上实现了工业设备的规范化和智能化通信，使得各种不同的电器设备可以通过总线技术进行资源共享，具有较好的兼容性。同时，现场总线的分布式组网模式也决定了总线系统的高度分散性，将特别适用于一些受地理位置条件限制的工业环境。

现场总线使得工业设备进入了信息网络的行列，在一对双绞线上连接了多个控制设备，易于组网，删减维护方便，具有较低的成本和较高的可靠性。

同样，现场总线也和其他数据通信网络一样存在部分缺点，如网络通信中数据包传输延迟明显，通信系统中可能会出现瞬时错误和数据包的丢失，以及数据发送和到达的次序不一致等情况，这些问题都有可能破坏传统控制系统原本所具有的确定性，使得对控制系统的分析与综合变得更加错综复杂，并影响到系统的整体性能和可靠度。

2.2.3　几种常见的现场总线

目前国内外市场现场总线技术发展迅速，常见的现场总线有以下几种。

1. 基金会现场总线（Fieldbus Foudation）

FF 现场总线的体系结构参照了 ISO/OSI 参考模型的第 1 层（物理层）、第 2 层（数据链路层）和第 7 层（应用层）的协议，并在此基础上增加了用户层。FF 现场总线分为低速 H1 总线和高速 H2 总线两类。通常情况下，H1 低速总线作为过程控制中的低速总线，传输速率为 31.25Kb/s，相应的传输距离为 200m、400m，1200m 和 1900m 四种，最多可挂接 32 个节点设备。物理传输介质支持双绞线、同轴电缆和光纤等。同时 H1 低速总线符合 IEC1158-2 标准，支持总线供电和本质安全防爆。相比之下，H2 高速总线具有较高的传输速率，高达 100Mb/s，被大量使用在以太网技术领域。

2. 过程现场总线（Profibus）

Profibus 现场总线可以分为 3 种不同的类型，即分布式外围设备 Profibus-DP、现场总线报文规范 Profibus-FMS 以及过程自动化 Profibus-PA。无论是何种类型，过程现场总线都采用了开发系统 ISO/OSI 参考模型中的物理层和数据链路层，如图 2.6 所示。

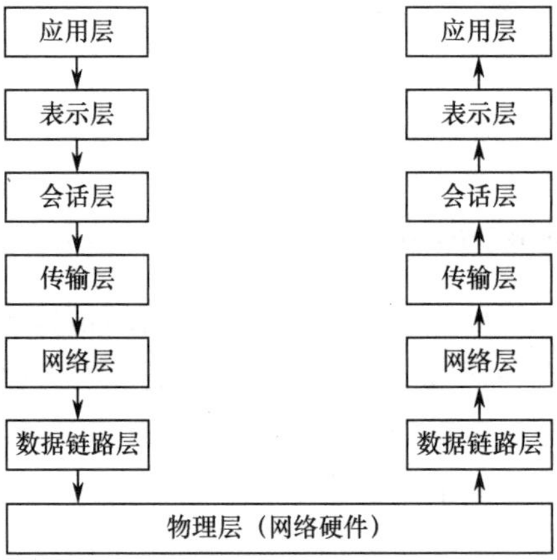

图 2.6　ISO/OSI 标准 7 层参考模型

不同的是，分布式外围设备 Profibus-DP 用于现场层的高速数据传送，删除了其他的第 3～7 层，而增加了直接数据连接拟合作为用户的接口；在这一级，中央处理器（如 PLC、PC）通过高速串行线同分布式现场设备（I/O 口、驱动器、阀门等）进行通信。

现场总线报文规范 Profibus-FMS 旨在解决车间监控级通信任务，提供大量的通信服务。它删除了标准通信模型中的第 3～6 层，而保留了模型中的应用层。可编程序控制器（如 PLC、PC 等）之间需要传送比现场层更大量的数据，用以完成中等传输速度进行的循环与非循环的通信服务，但通信的实时性要求低于现场层。

Profibus-PA 则适用于 Profibus 过程自动化。PA 将自动化系统和过程控制系统与压力、温度和液位变送器等现场设备连接起来，并可用来替代 4mA～20mA 的模拟信号传输技术。

3．控制器局域网（CAN）

CAN 总线是德国 BOSCH 公司 80 年代初为解决现代汽车中众多的控制与测试仪器之间的数据交换而开发的一种串行数据通信协议，它是一种多主总线，通信介质可以是双绞线、同轴电缆或光导纤维，通信速率最高可达 1Mb/s。从网络链接来看，CAN 网络只采用两根线与外部设备相连，并且内部集成了错误探测和管理模块。

从理论角度而言，CAN 网络中可加入的节点数量不受限制。此外，CAN 总线通信接口中还集成了 CAN 协议的物理层和数据链路层功能，可完成对通信数据的成帧处理，包括位填充、数据块编码、循环冗余检验、优先级判别等工作。

从应用角度而言，控制器局域网 CAN 主要被广泛应用于汽车内部数据的测量，以及与执行元件之间的数据通信。从网络数据模型来看，CAN 网络结构模型选取了 ISO/OSI 标准参考模型中的第 1 层（物理层），第 2 层（数据链路层）和第 7 层（应用层）协议。最高数据传输速率可达 1Mb/s，最远通信距离可达 10 000m。物理传输介质可支持双绞线，可挂载 110 个节点设备，同时支持本质安全。CAN 网络采用短帧报文，具有较强的抗干扰能力，可靠性较高。

从编码角度而言，CAN 协议的一个最大特点是废除了传统的站地址编码，而代之以对通信数据块进行编码。采用这种方法的优点在于可以使网络内的节点个数在理论上不受限制，数据块的标识符可由 11 位或 29 位二进制数组成，因此可以定义 2 个或 2 个以上不同的数据块。除此以外，这种按数据块进行编码的方式，还可使不同的节点同时接收到相同的数据，这一点在分布式控制系统中非常有用。数据段长度最多为 8 字节，可满足通常工业领域中控制命令、工作状态及测试数据的一般要求。同时，8 字节不会占用过长的总线时间，从而保证了通信的实时性。

在通信容错方面，CAN 协议采用 CRC 检验并可提供相应的错误处理功能，保证了数据通信的可靠性。从应用前景来说，CAN 网络在数据处理方面表现出较好的功能特性，可靠性较高，特别适合工业过程监控设备的互连，因此越来越受到工业界的重视，并已公认为最有前途的现场总线之一。

CAN 总线采用了多主竞争式总线结构，具有多主站运行和分散仲裁的串行总线以及广播通信的特点。CAN 总线上任意节点可在任意时刻主动地向网络上其他节点发送信息而不分主次，因此可在各节点之间实现自由通信。CAN 总线协议已被国际标准化组织认证，技术比较成熟，控制的芯片已经商品化，性价比高，特别适用于分布式测控系统之间的数通信。CAN 总线插卡可以任意插在 PC，AT，XT 兼容机上，方便地构成分布式监控系统。

总体而言，CAN 总线具有以下特点：

（1）数据通信没有主从之分，任意一个节点可以向任何其他（一个或多个）节点发起数据通信，靠各个节点信息优先级先后顺序来决定通信次序，高优先级节点信息在 134μs 通信;

（2）多个节点同时发起通信时，优先级低的避让优先级高的，不会对通信线路造成拥塞;

（3）通信距离最远可达 10km（速率低于 5Kb/s），速率可达到 1Mb/s（通信距离小于 40m）;

（4）CAN 总线传输介质可以是双绞线或同轴电缆。CAN 总线适用于大数据量短距离通信或者长距离小数据量通信，实时性要求比较高，多主、多从或者各个节点平等的现场中使用。

4．局域互联网络（LIN）

LIN 网络（Local Interconnect Network）是一种低成本的串行通信网络，通常情况下主要用于实现汽车中的分布式电子系统控制。一般而言，LIN 网络主要是为现有汽车网络（例如 CAN 总线）提供辅助功能，因此从本质上来说 LIN 总线是一种辅助的总线网络。

LIN 通信是基于 SCI（UART）数据格式，采用单主控制器/多从设备的模式。仅使用一根 12V 信号总线和一个无固定时间基准的节点同步时钟线。在 LIN 网络实现的通信系统中，通常用数字信号来替代原有的模拟信号，以此增加通信系统的抗干扰能力。此外，LIN 技术规范中除定义了基本协议和物理层外还定义了开发工具和应用软件接口。这种低成本的串行通信模式和相应的开发环境已经由 LIN 协会制定成标准。LIN 网络的标准化将为汽车制造商以及供应商在研发应用操作系统时降低成本。

值得注意的是，LIN 网络与 CAN 网络有着明显的区别和不同的应用场合。通常情况下，LIN 网络主要被用在未能使用 CAN 总线的带宽和其他辅助功能的场合，如智能传感器和制动装置之间的网络通信。除了在功能上存在部分差异外，相比 CAN 网络，使用 LIN 总线可以较大幅度地节省成本，具体如表 2.1 所示。

表 2.1　CAN 总线和 LIN 总线的对比

比较对象	LIN 总线	CAN 总线
最高通信速率	20Kb/s	1Mb/s
媒体访问控制	无仲裁	有仲裁
最大通信距离	40m	10km
物理层连接	单总线	双绞线差动总线
典型网络容量	2~10 节点	4~20 节点
错误侦测	8 位奇偶校验	15 位 CRC 冗余校验

典型的 LIN 总线应用是汽车中的联合装配单元，如车门、方向盘、座椅、空调、照明灯、湿度传感器，交流发电机等。对于这些成本比较敏感的单元，LIN 可以使那些机械元件如智能传感器、制动器或光敏器件等得到较广泛的使用。这些元件可以较为方便地连接到车载网络中，且维护服务较为方便。

5．局部操作系统（LonWorks）

局部操作系统采用 ISO/OSI 参考模型的全部 7 层协议和面向对象的设计方法，通过网络变量将网络通信设计简化为参数设置，最大传输速率可达 1.5Mb/s，传输距离为 2700m，传输介质为双绞线、光纤、同轴电缆、无线通信等。与 FF 总线类似，局部操作系统也支持总线供电和本质安全。在局部操作系统中，采用的 LonTalk 通信协议被封装在 Neuron 芯片中，该芯片包含了 3 个 8 位微处理器，分别用于控制媒体访问、网络处理和其他的应用处理。

6．设备网（DeviceNet）

设备网 DeviceNet 是一种开放式的通信网络，将工业设备如开关设备、操作终端、电机启动器等连接到网络。虽然 DeviceNet 网络是工业控制的底层网络，通信速率较低，传输数据量也较小，但由于 DeviceNet 设备网采用了新的数据网络通信技术，如遵循控制及信息协议 CIP，具有较低的成本、较高的效率和较高的可靠性等特点。

从网络结构模型而言，DeviceNet 网络也同样符合 ISO/OSI 标准参考模型，包括了第 1 层（物理层）、第 2 层（数据链路层）以及第 7 层（应用层），其中物理层和数据链路层均采用了 CAN 通信协议。传输介质可以支持双绞线，最多可挂接 64 个节点设备，且支持 3 种不同的数据传输速率，各个不同的数据传输速率对应不同的通信传输距离。此外，DeviceNet 网络还支持设备的热插拔和带电更换网络节点，满足本质安全要求。

7．控制网（ControlNet）

控制网 ControlNet 是一种高速、高确定性和可重复性的网络，特别适用于对时间有较为苛刻要求的复杂应用场合下的数据信息传输。在数据传输过程中，网络总线上所传输的数据信息大致可以分为两类：一类是对时间有苛刻要求的控制信息和 I/O 数据，具有最高的优先级，以保证不受其他数据信息的干扰，并具有可确定性和可重复性；另一类是对时间要求不高的数据信息，如上传、下载数据信息，设备组态，故障诊断信息等。

从网络结构模型而言，ControlNet 网络也同样符合 ISO/OSI 标准参考模型，包括了第 1 层（物理层）、第 2 层（数据链路层）以及第 7 层（应用层），其中应用层采用了 CIP 通信协议。需要注意的是，ControlNet 网络只支持 5Mb/s 的通信速率，支持的传输介质为屏蔽双绞线、同轴电缆和光纤，并支持本质安全。

2.3 车载网络的参考模型

当需要从定量的角度分析和研究一个实际问题时，则需要在深入调查研究、了解对象信息、作出简化假设、分析内在规律等工作的基础上，用数学的符号和语言作表述，也就是建立数学模型，然后用通过计算得到的结果来解释实际问题，并接受实际的检验。这个建立数学模型的全过程就称为数学建模。

数学模型（Mathematical Model）是一种对研究对象的数学模拟，是用数学符号、数学式子、程序、图形等对实际问题对象本质属性的抽象而又简洁的刻画。在某种程度上而言，它或能解释某些客观现象，或能预测未来的发展规律，或能为控制某一现象的发展提供某种意义下的最优策略或较好策略。

数学模型一般并非现实问题的直接翻版，它的建立常常既需要人们对现实问题深入细微的观察和分析，又需要人们灵活巧妙地利用各种数学知识。因此不难看出，数学模型的建立是一个非常复杂的过程，也是从事后续研究的基础。如果建立的模型不够准确或者较为粗糙，就不能真实地描述问题对象，甚至对后续的研究过程和结论带来明显的误差甚至错误。

从本质上来说，建立车载网络的数学参考模型也就是对车载网络进行数学建模的过程。需要说明的是，车载网络甚至整个车辆都是一个极为庞大的复杂系统，各个系统之间也存在较强的耦合性。因此，试图对整个网络进行全面的、精确的数学描述是不现实的，也是不必要的，否则最后建立起来的数学模型将非常复杂，根本无法对其进行定量分析和研究。

在工程研究过程中，有关车载网络数学建模和研究分析的具体操作方式是针对最终研究的目标和问题，对网络中感兴趣的某一个或某几个特征进行分析建模，即只关注和分析感兴趣的网络特征，如网络的时滞、任务调度等，而忽略其他不感兴趣的网络特征，如网络连接线的长度、材料等，从而建立相对简单，但满足分析最终问题对象的需求。这不仅能降低网络建模的复杂度，也能更为准确细致地描述问题对象，同样也使得整个分析、研究过程的难度大幅降低。

2.3.1　有线车载网络的参考模型

对于有线式车载网络而言，存在着许多问题对象可以进行研究分析。为了能尽快地建立对车载网络参考模型的认识，这里以车载网络的通信时滞为研究对象建立相应的参考模型。需要再次强调的是，对于不同的研究对象，甚至是同一个车载网络的不同研究问题，各自的参考模型也是不一样的。在本小节中，将以 CAN 总线网络的时间迟滞为研究对象，重点考察车载 CAN 网络中数据传输过程中实时性对 ABS 控制的影响。

在整个车载 CAN 网络中集成了 5 个 CAN 网络节点，其中 4 个为车轮车速传感器节点，1 个为 ABS 控制器节点，如图 2.7 所示。每个 CAN 节点均具有不同的优先级，控制器节点的优先级最高，其次分别为左前轮传感器节点、右前轮传感器节点和左后轮传感器节点，而右后轮传感器节点的优先级最低。整个车载 CAN 网络中的通信波特率为 250Kb/s，这也是 SAEJ1939 应用协议推荐使用的波特率。数据帧格式采用标识符为 29 位的扩展格式进行数据传输，每帧数据域包含 4 字节的数据信息。

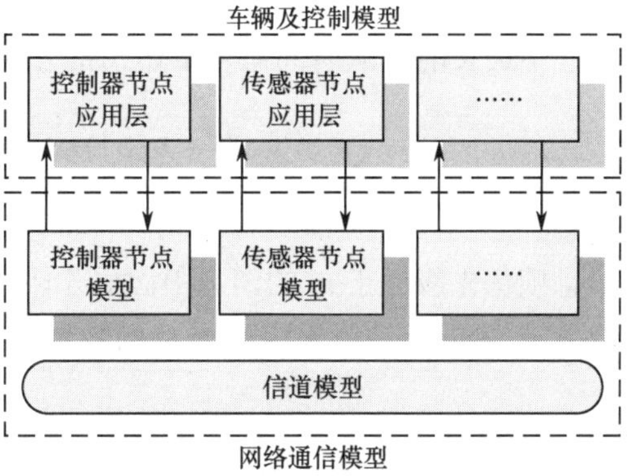

图 2.7　有线式车载 CAN 网络时滞分析的参考模型

根据 CAN 通信协议可知，数据信息在网络上从发送节点等待发送到接收节点成功接收之间必然存在一定的时滞。与传统的点对点的信息传输方式相比，从发送端到接收端的时间间隔即可被定义为网络的通信时滞。如果发送节点和接收节点的软件抖动时间为 t，则可以认为 CAN 网络通信时滞的时间 t_R 主要由以下 3 部分时间因子构成：

（1）当前消息的排队时间 t_W；

（2）网络传输时间 t_C；

（3）软件抖动时间 t_j。

换句话来说，有关车载 CAN 网络中某消息 *m* 的传输时滞 t_{Rm} 可以表示为 $t_{Rm}=t_{Cm}+t_{Wm}+t_{jm}$。

如果消息 *m* 以固定的周期 T_m 进行数据传输，当传输时滞满足 $t_{Rm}<T_m$ 时，从理论上来说整个 CAN 网络不会出现丢帧。在 CAN 通信协议中，为了避免出现严重的丢帧现象，保证信息传输的可靠性，在整个数据传输的过程中使用了位填充技术。这项措施会使得实际传输的消息位数有所增加。

假设当前等待发送的消息的优先级为 *m*，并且消息发送状态无错，则根据 CAN 通信协议所规定的数据帧格式，该消息 m 在 CAN 网络上的最长传输时间 t_{Cm} 为：

$$t_{Cm}=\left[g+8s_m+13+\frac{(g+8s_m-1)}{4}\right]t_{bit}$$

其中，参数 *g* 根据 CAN 网络协议所规定的帧格式来选取。当前帧格式为标准帧格式时，参数 *g* 取值为 34；当前帧格式为扩展帧时，参数 *g* 取值为 54。参数 s_m 为数据帧的数据域所携带的字节数，通常取值为 0~8 之间的某一个整数。参数 t_{bit} 为网络传输每一位数据所需要的时间。

消息 *m* 在等待发送过程中最长的排队时间可由下述递推公式进行计算：

$$t_{Wm}^{n+1}=t_{Bm}+\sum_{\forall k\in hp(m)}\frac{(t_{Wk}^{n}+t_{jk}+t_{bit})t_{Ck}}{T_m}$$

其中，$t_{Wm}^0=t_{Bm}$，t_{Bm} 是信息帧优先级低于 *m* 的消息中，发送时间最长的信息帧在总线上的传输时间，即 $t_{Bm}=\max\limits_{k\in lp(m)} t_{Ck}$；*hp*(*m*) 是优先级高于 *m* 的数据帧的结合，*hp*（*m*）是优先级低于 *m* 的数据帧的集合。

2.3.2 无线车载网络的参考模型

相比有线式车载网络，无线车载网络的关注点除了网络本身的性能，如时滞、拓扑外，还会根据无线车载网络自身的特点，重点考察网络的能量分布、数据无线传输的有效通信距离和丢包率等。在本小节里，将以无线车载网络的节点能量为研究对象，重点考察整个无线式车载网络中能量的分布情况。

为简化仿真操作步骤，模型建立采用 MATLAB 中 Simulink 集成开发环境。在模型建立的过程中，为统一描述不同应用场合下无线式车载网络的特性，选取层次型分簇网络作为通用车辆系统的网络参考模型。设车载网络的覆盖区域为 $N \times M$ 的矩形区域 S，T 个终端节点（无线车辆节点）被随机分布在整个无线网络区域中，协调器位于无线网络区域 S 底部的中心，如图 2.8 所示。

从图 2.8 中可以看出，整个无线车载网络区域被划分为若干个簇，每个簇都根据相应的竞争机制（剩余能量和平均可达能量）周期性选举出一个簇头。每个簇头除了可以采集周围感兴趣的数据信息外，还要充当路由的角色，负责汇集和转发簇内来自其他终端节点的数据信息。

在为整个无线车载网络系统构建拓扑模型后，还需要针对研究对象，即网络能量，通过数学表达式的方式刻画整个车载网络中能量的动态变化。

为定量描述无线车载网络中的能量消耗，根据自由空间传播理论建立各个节点的能量传播模型，即 $E_{\mathrm{SD}} = x_0 + \varepsilon x^{\alpha}$ 。

其中，E_{SD} 是从源节点 S 到汇节点 D 传送单位数据所消耗的能量；x_0 是各个终端节点中自身系统所消耗的能量；ε 为发送节点的功放系统；x 为源汇节点之间的传播距离；α 为路径损耗因子，通常情况下取值范围为 2~4。

在某一算法中，各个终端节点根据当前簇内所有节点的数量，以及各个节点的初始能量等信息对自身的覆盖半径进行周期性全约束调整，以最小的覆盖半径对周围的网络节点进行 S 次覆盖，在满足网络覆盖可靠性的同时降低节点的能量消耗，如图 2.9 所示。

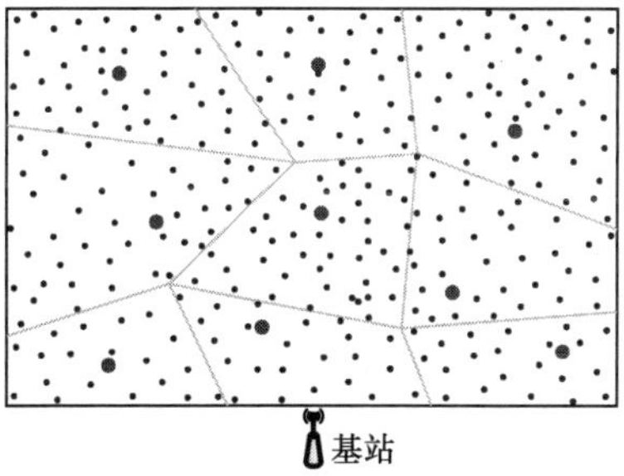

图 2.8　无线式车载网络的参考模型

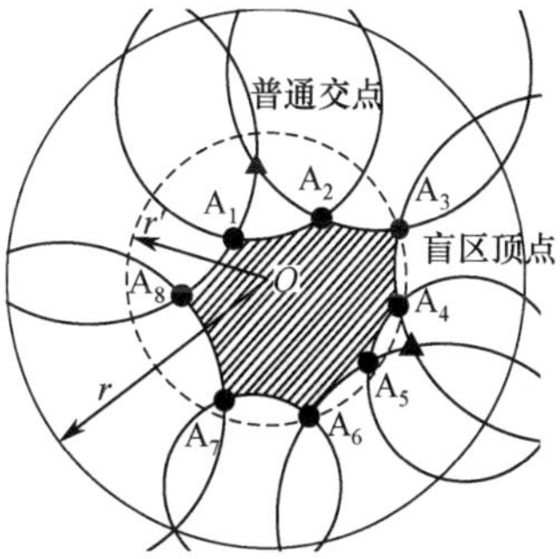

图 2.9　无线式车载网络覆盖半径的动态调整

在通信过程中，无线网络覆盖区域中的各个终端节点将观测、采集到的数据信息转发给路由节点，各个路由节点在接收到来自各个终端节点的数据信息后再传送至基站或协调器。由于圆形覆盖区域内的终端节点可以通过较短的传输距离将数据汇聚至路由节点，无需直接与协调器或基站进行通信，因此可以大幅降低网络中数据传输的能量消耗。

第 3 章　控制器局域网络（CAN）

从本质上来说，现代汽车的电子结构就是通过几种通信系统将多个微控制器、传感器和执行器连接起来的整体艺术。从整个汽车的发展来看，制造商从 1992 年以来基本上都采用了 CAN 总线标准。

CAN 是控制器局域网络（Controller Area Network, CAN）的简称，是由以研发和生产汽车电子产品著称的德国 BOSCH 公司开发的，并最终成为国际标准（ISO 11898），是国际上应用最广泛的现场总线之一，也是车载网络的重要组成部分和媒介载体。在北美和西欧，CAN 总线协议已经成为汽车计算机控制系统和嵌入式工业控制局域网的标准总线，并且对其进行拓展，形成了以 CAN 网络为底层协议、专为大型货车和重工机械车辆设计的 J1939 协议。

在本章内容中，主要向读者介绍车载网络 CAN 总线技术以及 CAN 总线在车载网络中基本的仿真应用，通过具体的仿真实例介绍 CAN 网络的结构和应用。

【本章重点】

1. 车载 CAN 网络的基本结构；
2. 车载 CAN 网络的通信协议；
3. 车载 CAN 网络的数据传输。

【本章难点】

1. 车载 CAN 网络的层次结构；
2. 车载 CAN 网络的传输原理；
3. 车载 CAN 网络的仿真设计。

3.1　车载 CAN 网络的基本概念

通常意义上来讲，控制器局域网总线（CAN，Controller Area Network）是一种用于实时应用的串行通信协议总线，它可以使用双绞线来传输信号，是世界上应用最广泛的现场总线之一，也是当前有线式车载网络中应用比较多的数据通信网络。

从网络的基本结构来看，车载 CAN 网络具有现场总线的基本拓扑结构，由现场设备（智能节点）、上位机和 CAN 总线组成，具体如图 3.1 所示。

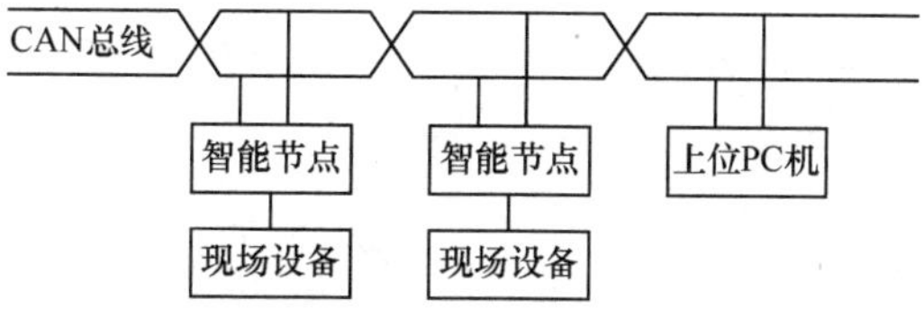

图 3.1　车载 CAN 网络的基本结构

CAN2.0 通信技术规范是在 1991 年制定并发布的，该通信协议主要包括 A 和 B 两部分。其中 CAN2.0 A 给出了曾经在 CAN 技术规范 1.2 版本中所定义的 CAN 报文格式，即 CAN 标准格式。CAN2.0 则给出了 CAN 标准协议和扩展协议这两种不同的报文格式。

此外，在 1993 年 ISO 还正式颁布了道路交通载运工具-数字信息交换-高速通信控制器局域网 CAN 的国际标准，即 ISO11898。从本质上来说，CAN 技术规范 2.0A 和 2.0B 以及 CAN 国际标准 ISO11898 是设计契合高速网络系统的基本依据和基本规范。

需要注意的是，ISO11898 国际标准对汽车电子控制单元之间的通信传输速率最高 1Mb/s 时，使用控制器局域网络构建数字信息交换的相关特性进行了详细规定。

在美国 SAEJ2284 相关的车载网络相关规定，则相当于将 ISO11898 的位速率设定为 500Kb/s 进行数据通信应用的一个特例。所以不难看出，J2284 对通信协议的规定绝大部分都沿袭了 ISO11898 的相关内容，只是在部分电器参数方面将 ISO11898 中的相关内容进行了部分适当的调整和细化，以便迎合和服务于位速率为 500Kb/s 的应用场合。

目前 CAN 总线主要用于汽车自动化领域，如发动机自动点火、注油、复杂的加速刹车控制（ASC）、抗锁定刹车系统（ABS）和抗滑系统等。就目前 CAN 网络在车辆上的应用程度而言，绝大部分汽车生产厂商，如 BENZ、BMW 等，在其各自的主打汽车上已经采用 CAN 来满足相应的数据通信功能。总体而言，CAN 协议在车载网络通信中已经发展得较为成熟，表现出较好的性能，也具有较好的应用前景。

3.1.1　CAN 网络的发展历程

在 CAN 协议发展的初期，车载 CAN 网络主要用于汽车中各种不同元件之间的通数据信，以此取代昂贵而笨重的配电线束，克服在汽车狭小有限的空间中进行密集布线的困难。随着 CAN 通信协议的进一步发展和完善，该协议的健壮性和高效性使得该数据通信网络将原本的用途逐步延伸到其他自动化和工业应用。就 CAN 网络发展的初期而言，CAN 协议的特性包括完整的串行数据通信、提供实时支持、传输速率高达 1Mb/s、同时具有 11 位的寻址以及检错能力，具体如图 3.2 所示。

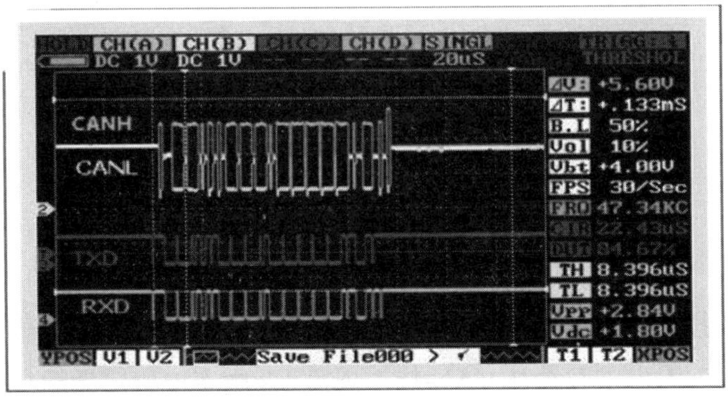

图 3.2　车载 CAN 网络

随着 CAN 总线在各个行业和领域的广泛应用，原有分散在不同应用场合的 CAN 总线网络出现了问题，快速增长的多种应用需求也对 CAN 网络通信格式的标准化提出了更为严苛的要求。

1991 年 CAN 总线技术规范（Version 2.0）制定并发布。该技术规范共包括 A 和 B 两个部分。其中 2.0A 给出了 CAN 报文标准格式，而 2.0B 给出了标准的和扩展的两种格式。美国的汽车工程学会 SAE 在 2000 年提出了 J1939 协议，此后该协议成为了货车和客车中控制器局域网的通用标准。

车载 CAN 网络的帧结构如图 3.3 所示。

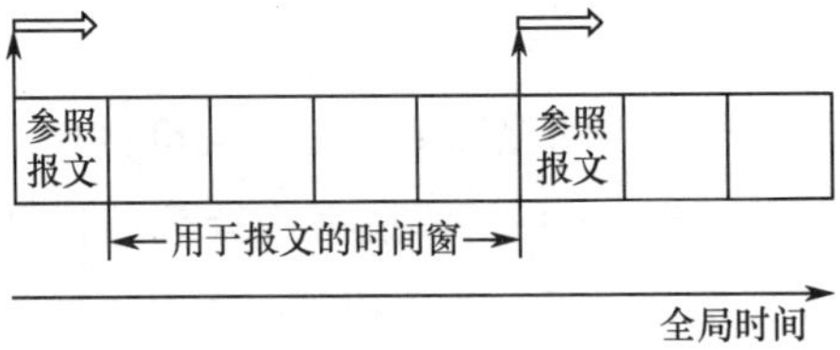

图 3.3　车载 CAN 网络的帧结构

CAN 总线技术也在不断发展。传统的 CAN 是基于事件触发的，信息传输时间的不确定性和优先级反转是它固有的缺陷。当总线上传输消息密度较小时，这些缺陷对系统的实时性影响较小；但随着在总线上传输消息密度的增加，系统实时性能会急剧下降。为了满足汽车控制对实时性和传输消息密度不断增长的需要，改善 CAN 总线的实时性能非常必要。于是，传统 CAN 与时间触发机制相结合产生了 TTCAN（Time-Triggered CAN），ISO11898-4 已包含 TTCAN。TTCAN 总线和传统 CAN 总线系统的区别在于，总线上不同的消息定义了不同的时间槽（Timer Slot）。在 TTCAN 网络中，节点的同步是靠参照报文维持的，如图 3.3 所示，它由一个特殊的节点定期发送，这就是时间主机（主节点）。参照报文也是一个 CAN 数据帧，其特征在于它的标识符。有效的参照报文同时被所有节点识别。两个参照报文之间的时间构成了 CAN 传输的基本周期，基本周期又由很多时间窗组成，在每个时间窗中可进行特定的报文操作。每一个有效参照报文启动了一个新的基本循环，并且引起了每个节点的循环时间复位，于是另一个基本循环重新开始。换句话说，TTCAN 的时间触发通信是基于参照报文的周期通信。

3.1.2　CAN 网络的结构特性

欧洲的汽车制造商在各自的汽车产品中采用的基本都是 CAN 总线标准 ISO11898，该总线可支持高达 1Mb/s 的各种通信速率。而从 1994 年以来，J1939 则被广泛应用于卡车、大客车、建筑设备、农业机械等各个工业领域的高速通信，其通信速率可达 250Kb/s。

在美国，GM 公司从 2002 年开始在所有的车型上使用其专属的所谓 GMLAN 标准，该总线标准是一种基于 CAN 网络的传输速率在 500Kb/s 的通信标准。由于其专属特性和商业保护措施，目前对其性能尚不太了解，但有关资料显示，GM 公司和 Ford 公司相互合作在指定自己的乘用车高速 CAN 总线协议，该协议同样也是基于 CAN2.0、ISO11898 和 J2284 等协议标准的相关内容来实现的。

上述各种 CAN 总线协议以及基于 CAN 总线协议的通信标准，均属于采用事件驱动的车载网络协议。在这类通信协议标准中，为了避免不同消息的传输在总线上的冲突，在消息对媒体介质的访问过程中都采用了非破坏性的仲裁机制，从而在较高的程度上保证系统的安全。对于汽车车载网络的整体设计而言，正式 CAN 总线协议标准中对消息冲突的规避性能和安全性，使得该协议成为欧洲汽车制造商的标准，并被广泛应用于轿车、卡车和越野车中。同时，CAN 总线协议标准还被进一步扩充，与美国的车载网络协议相互兼容，对全球的车载网络应用实现全面开放。

从车载 CAN 网络的通信协议和数据交互过程来看，该数据通信方式的特点总体可以用“灵活标准、仲裁诊断”来概括，具体如下所述。

在车载 CAN 网络进行数据通信的过程中，报文（Message）总线上的数据格式和内容相对自由，可以以不同的报文格式进行发送传输，但具体的数据长度受到限制，具体的报文结构如图 3.4 所示。当总线空闲时，任何一个网络上的节点都可以发送报文。

图 3.4　CAN 网络的报文结构

信息路由（Information Routing）全部存储在 CAN 网络中，网络中的各个节点不使用任何关于系统配置的报文，如目标地址等，而是由各个接收节点根据报文本身特征判断是否接收这帧信息。因此在对网络系统进行扩展时，不需要对应用层以及任何节点的软件和硬件作改变，可以直接在 CAN 中增加节点，实现各个端节点的自由增删。

标识符（Identifier） 要传送的报文具有特征标识符（是数据帧和远程帧的一个域），它给出的不是目标节点地址，而是这个报文本身的特征。信息以广播方式在车载 CAN 网络上发送，挂载在 CAN 网络中的所有节点都可以接收到当前广播的报文信息。节点通过标识符判定是否接收这帧信息。

报文数据在 CAN 网络中的广播传输示意图如图 3.5 所示。

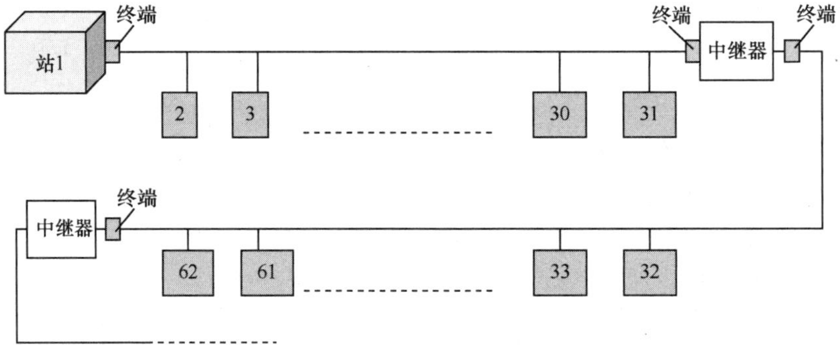

图 3.5　报文数据在 CAN 网络中的广播传输

为了保证 CAN 通信过程中数据的一致性，车载 CAN 网络确保数据通信中的报文在 CAN 网络中同时被所有的网络终端节点接收或同时不接收，这在一定程度上可以降低数据传输出错的概率，如图 3.4 所示。从本质上来说，这是通过数据同步来实现 CAN 网络中各个报文信息的一致性，此外还需要配合错误处理和再同步功能来实现这一操作机制。

不同的 CAN 通信网络可以采用不同的数据传输速度，该指标主要由位传输速率来表征。如在车载 CAN 网络中，通常选用 100b/s 的低速 CAN 网络和 500Kb/s 的高速 CAN 网络。低速 CAN 网络主要被用在车窗控制、雨刮器等对数据实时性要求相对较低的车身通信系统，而高速 CAN 网络则主要被用在发动机数据传输等对数据通信实时性要求相对较高的驱动系统中。需要注意的是，虽然 CAN 网络的传输速度可以在 5Kb/s～1Mb/s 之间，但在一个给定的数据通信系统中，位传输速率是唯一的，并且是固定的。

在 CAN 通信网络中，由于实现数据收发的终端节点数据较多，系统提供了不同的优先级进行通信控制。通常情况下，主要由发送数据的报文中的标识符决定报文占用总线的优先权。一般来说，报文信息的标识符越小，报文优先权也就越高。

远程数据请求（Remote Data Request） 通过发送远程帧，需要数据的节点请求另一节点发送相应的数据。回应节点传送的数据帧与请求数据的远程帧由相同的标识符命名。

仲裁（Arbitration） 只要总线空闲，任何节点都可以向总线发送报文。如果有两个或两个以上的节点同时发送报文，就会引起总线访问碰撞。通过使用标识符的逐位仲裁可以解决这个碰撞。仲裁的机制确保了报文和时间均不损失。当具有相同标识符的数据帧和远程帧同时发送时，数据帧优先于远程帧。在仲裁期间，每一个发送器都对发送位的电平与被监控的总线电平进行比较，如果电平相同，则这个单元可以继续发送；如果发送的是“隐性”电平而监视到的是“显性”电平，那么这个单元就失去了仲裁，必须退出发送状态。

总线状态总线有“显性”和“隐性”两个状态，“显性”对应逻辑“0”，“隐性”对应逻辑“1”。“显性”状态和“隐性”状态与为“显性”状态，所以两个节点同时分别发送“0”和“1”时，总线上呈现“0”。CAN 总线采用二进制不归零（NRZ）编码方式，所以总线上不是“0”就是“1”。但是 CAN 协议并没有具体定义这两种状态的具体实现方式。

在 CAN 网络中可以实现对故障的界定（Confinement），即 CAN 节点能区分瞬时扰动引起的故障和永久性故障。在 CAN 网络中，所有的故障节点会被关闭。

应答接收节点对正确接收的报文给出应答，对不一致报文进行标记。

CAN 网络进行数据通信的距离与其通信数据速率有关。一般而言，CAN 网络在数据传输速率为 5Kb/s 时具有最大的传输距离，即 10km；而当 CAN 网络的数据通信速率达到最大通信速率，即为 1Mb/s 时，其通信距离最短，仅为 40m。

在 CAN 数据通信网络中，总线上的终端节点数量最多可达 110 个。同时，也可以根据不同应用场合下的需求为 CAN 网络选择不同的通信介质，如双绞线、同轴电缆、光纤等。

CAN 网络在数据传输过程中采用具有短帧结构的报文信息。这样做的原因在于采用较短报文格式所需要的传送时间较短，从而降低整个数据通信过程中受干扰的概率。除此之外，CAN 网络通信还具备较为完善的数据校验机制，这些措施都保证了 CAN 网络中数据传输的可靠性。

从上述对 CAN 网络数据通信特点的描述中不难看出，CAN 总线是一种实时性强、传输距离较远的数据传输网络，同时该网络还具有抗电磁干扰能力强、成本低等优点。CAN 通信网络采用串行通信的方式，表现出较强的检错、容错能力，能在较为恶劣的环境中，如高噪声的工业现场等，进行稳定地工作。此外，CAN 网络协议还具有通信优先权和仲裁功能，多个不同的 CAN 控制模块都以总线的方式挂载到 CAN 总线上，从而形成多主机的拓扑结构。当发送的报文信息遭到破坏后，可以通过相应的容错机制进行数据自动重发，甚至在节点遇到严重错误的情况下还具有自动退出 CAN 总线的功能，这也在一定程度上保证了 CAN 网络数据通信的稳定性。

3.1.3 CAN 网络在车载数据通信中应用

由于 CAN 总线是当前汽车车载网络系统中的主要应用标准，因此了解当前 CAN 网络在汽车网络中的实际应用情况是有必要的。

CAN 总线网络最初是专门为解决乘用车的串行通信而研制的。目前，绝大部分的欧洲汽车制造厂商都采用了 CAN 总线来实现车身电子系统以及动力系统之间的相互连接。美国的汽车制造商也已经决定在其动力系统中利用 CAN 总线进行系统通信，而部分远东的汽车制造厂商也开始逐步采用基于 CAN 协议标准的车载网络。

Daimler-Benz 公司是第一家采用 CAN 总线的汽车制造商，它使用了基于 CAN 总线协议标准的网络来连接动力系统的电子控制单元。发展到现在，几乎所有的 Daimler-Benz 公司的乘用车和卡车都采用了 CAN 总线来构建其动力系统网络。不仅如此，其他的欧洲汽车制造商，如 Audi、BMW、Renault、Volkswagen 以及 Volvo 等公司也都将 CAN 总线协议标准应用于其汽车网络系统中。

如上所述，绝大部分的欧洲汽车制造商都采用了基于 CAN 总线的高速网络，并将其应用在汽车动力系统的通信传输中，其传输速率介于 125Kb/s～1Mb/s 之间。通信网络中可采用适用于 ISO11898-1、ISO11898-2 的高速收发器。此外，汽车制造商还利用 CAN 网络的多路系统来构建车身网络，用于连接车身电子控制单元，其网络数据传输速率一般小于 125Kb/s，在网络通信过程中还采用适用于 ISO11898-3 的低速容错收发器。相比之下，ISO11898-4 对于 TTCAN 的协议规定则可满足 X-by-Wire 系统中对于时间触发通信的要求。

在欧洲，所有乘用车目前正在开始全面使用基于 CAN 的故障诊断接口，而其所使用的相应故障诊断标准也成为相应的国际标准。该接口规范为国际标准 ISO15765，它规定了相应的物理层、传输层、应用层以及如何使用 Keyword2000 的服务。这样，在所用的乘用车上都至少有一个 CAN 的节点。

对于乘用车而言，CAN 总线除了能够应用于构建连接动力系统和车身电子系统的多路网络外，还可以使用 CAN 总线网络来连接车载电子娱乐装置。根据 SAE 的技术分类，车载多媒体网络总线包含了 IDB-C（Intelligent Data Bus-CAN），其消息帧格式采用了扩展了的数据帧格式。

汽车上各种基于 CAN 协议的车载网络通过网关连接在一起。对于汽车车载网络而言，这些多个网络子系统的设计过程中，网关的功能是通过汽车仪表板来实现的。也有部分行业专家预测，未来汽车的仪表板本身也将使用一个局部的 CAN 网络结构，以便连接不同的显示和控制单元。

CAN 作为汽车动力系统和车身电子系统最主要的应用网络，其通信协议标准已经被欧洲汽车制造商广泛接受，同时也正为美国和其他主要汽车制造商所接受，用来构建自己的汽车车载网络。虽然以往美国的汽车制造厂商广泛采用 J1850 作为车载网络的主要网络协议标准，但目前 DaimlerChrysler、Ford 和 General Motors 等美国主流汽车制造厂商已经投入到 CAN 总线的研发和生产应用中去，J1850 也正在被 CAN 总线逐步取代。在日本，Toyota 已经在其汽车上采用了 CAN 总线网络协议，而其他国家如韩国等汽车制造厂商也正在积极投身到 CAN 网络的研究应用之中。

从汽车行业的发展来看，下一代的高端乘用车将会装备数量更多的基于控制单元的微控制器，而这些车载控制单元绝大部分将会通过 CAN 网络接口连接到汽车车载网络上，甚至与交通设施进行交互，构成新型的车联网。根据美国汽车市场研究所公布的一份资料，CAN 网络已经开始逐步替代基于 J1850 的车载网络。截至 2005 年，CAN 网络已经占据整个汽车网络协议的 65%。在欧洲，尽管不断有其他新的网络通信协议在对安全性要求相对比较严格以及多媒体领域找到立足点，但是仍然有 90%左右的网络基于 CAN 网络通信协议标准。CAN 总线以其较高的可靠性和价格优势，仍然将占据汽车网络市场的巨大份额。

需要说明的是，当前汽车车载网络通信基本上是采用控制器局域网的事件触发通信形式，其仲裁机制采用的是根据标识符的优先级发送消息的方式，最高优先级的消息在发送的过程中不受到外部其他信息的干扰。在可预见的下一代车辆系统中，一些执行关键任务如紧急制动、碰撞预警等的车载网络，在通信服务期间需要有确定的可靠行为，即使在总线承受最大负载的时间段，与安全相关的消息发送也必须得到保证。除此之外，当消息以高精度发送的时候，它必须尽可能地确定相应的时间节点。

解决这一问题的可能途径是采用基于 CAN 总线的时间出发协议 TTCAN，其通信是通过一种以时间为主导的参考消息周期性发送来完成的。同时，TTCAN 网络还在系统范围内引入了一个高精度的全局网络时间，基于这个精准的全局时间，不同的消息在一个基本循环内都可以分配到各自的时间窗。同典型的预定系统相比，TTCAN 具有一个明显的优点，即在不同的时间窗内也有可能发送事件触发协议，产生正常仲裁的时间窗允许发送自发的消息。

3.2 CAN 网络通信协议

3.2.1 CAN 的分层结构及功能

CAN 网络遵循 ISO/OSI 的国际标准模型，定义了 OSI 模型，定义了 OSI 模型的数据链路层 LLC、媒体访问控制层 MAC 以及物理层。

遵循 OSI 国际参考模型，CAN 网络通信协议的体系结构体现了相应于 OSI 参考模型的底下 2 层，即数据链路层和物理层。

依照 ISO 8802-2 和 ISO8802-3 相关 LAN 标准内容，数据链路层被进一步划分为逻辑链路控制 LLC 和介质访问控制 MAC；而相应的物理层则被进一步细分为物理信令 PLS、物理介质附件 PMA 和介质附属接口 MDI。

MAC 子层的运行由“故障界定实体”FCE 的管理实体进行监控。故障界定是一种能区分短期干扰和永久性故障的自校验机制，即为故障界定功能，如图 3.6 所示。

物理层则由一种检测并管理物理介质故障的实体来监控，如总线出现短路或者中断、总线故障的管理等。

媒体访问控制子层 MAC 是 CAN 网络通信协议的核心层。MAC 子层可分为完全独立工作的两个部分，即发送部分和接收部分，如图 3.7 所示。这两个部分的具体功能如表 3.1 所示。

物理层实现 ECU 与总线相连的电路。ECU 的总数取决于总线的电力负载。CAN 网络能够使用多种不同的物理介质，例如双绞线、同轴电缆和光纤等，而事实上，双绞线是最常用的 CAN 网络传输介质。数字信号采用差分电压的形式在网络中进行传输，即两条不同的信号线分别为 CANH 和 CANL。在网络静态时，这两条差分信号线均为 2.5V 左右，此时状态表示数字信号逻辑 1，也通常被称为隐性状态。如果差分信号线 CANH 比

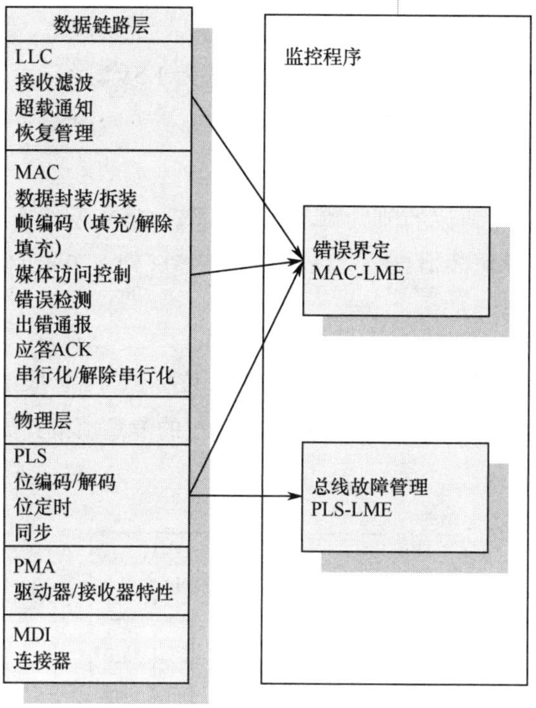

图 3.6　CAN 网络层级式体系结构

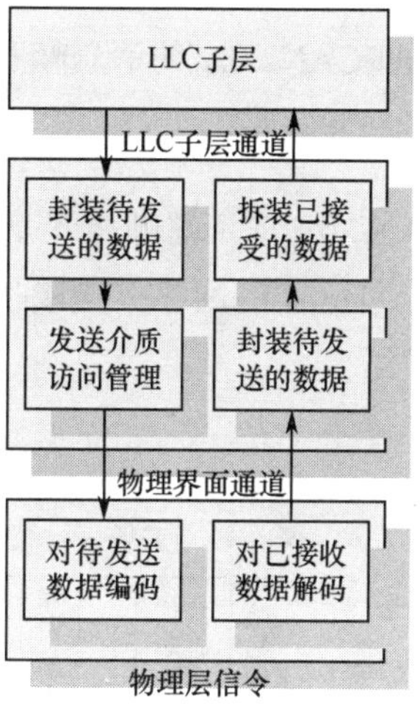

图 3.7　CAN 网络媒体访问控制 MAC 子层的功能

表 3.1　媒体访问控制 MAC 子层功能

发送功能		接收功能	
发送数据封装	接收 LLC 帧和控制信息	接收数据卸装	在接收帧中去除 MAC 特定信息
	CRC 循环计算		输出 LLC 帧和接口控制信息至 LLC 子层
	通过向 LLC 附加 SOP、RTR、保留位、CRC、ACK 和 EOF 构造 MAC 数据帧		
发送媒体访问管理	确认总线空闲后，开始发送数据	接收媒体访问管理	由物理层接收串行位流
	MAC 串行化		解除串行结构并重新构筑帧结构
	插入填空位，即位填充		检测填充位，即解除位填充
	在丢失仲裁的情况下，退出仲裁并转入接收方式		错误检测，包含 CRC、格式校验、填充规则校验
	错误检测，包含监控、格式校验		发送应答
	应答校验		构造错误帧并开始发送
	确认超载条件		确认超载条件
	构造超载帧并开始发送		重新激活超载帧结构并开始发送
	构造出错帧并开始发送		
	输出串行位流至物理层准备发送		

CANL 的电压高，则表示数字信号逻辑 0，也通常被称为显性状态。一般情况下，当 CAN 网络处于显性状态时，CANH 的电压值为 3.5V，CANL 的电压值为 1.5V。

3.2.2 CAN 协议的消息帧

前面的内容中已经简单提到过 CAN 协议的消息帧。具体而言，CAN 网络有两类消息帧，即 CAN2.0A 的消息帧和 CAN2.0B 的消息帧。这两者的本质区别在于不同消息帧中 ID 的长度不同。

CAN2.0A 的消息帧格式是 CAN 消息帧的标准格式，具有 11 位标识符。一般情况下，基于 CAN2.0A 的网络只能接收这种格式的消息。具体的 CAN2.0A 的消息帧格式如图 3.8 所示。

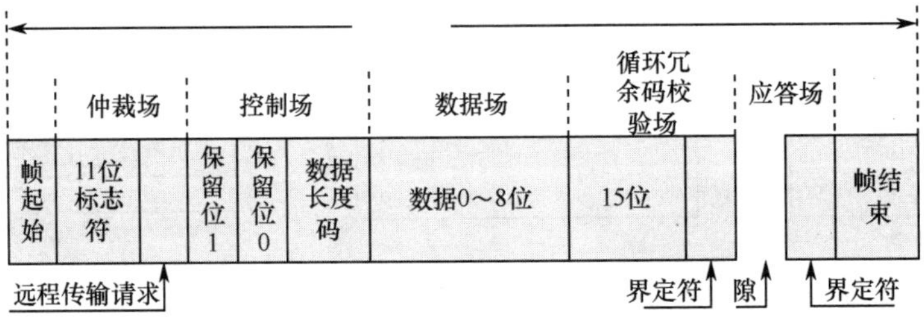

图 3.8　CAN2.0A 的标准消息帧结构

此外，CAN2.0B 的消息帧格式也通常被称为扩展消息帧格式。该数据帧格式具有 29 位标识符，前 11 位与 CAN2.0A 消息帧的标识符完全一样，而后 18 位则专门用于标记 CAN2.0B 的消息帧，具体如图 3.9 所示。

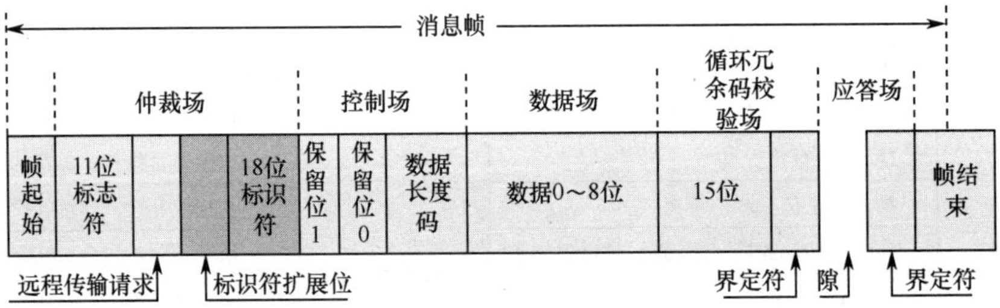

图 3.9　CAN2.0B 的扩展消息帧结构

CAN 消息帧除了在格式版本上有所不同之外，根据消息帧的不同用途还可以将其分为 4 种不同的类型，即数据帧、远程帧、错误帧和超载帧。数据帧主要用于传输数据；远程帧主要用于请求发送数据；错误帧主要用于识别探测到的错误；超载帧则主要用于延迟下一个消息帧的发送。

1．数据帧

CAN 网络中的数据帧主要由 7 个不同的位场构成，即帧起始、仲裁场、控制场、数据场、CRC 场、应答场和帧结束。其中，数据场的长度可以为 0，即空的数据场。其主要结构框架如图 3.10 所示。

	帧起始	仲裁场	控制场	数据场	CRC场	应答场	帧结束	

图 3.10　CAN 网络数据帧的格式

1）帧起始，Start of Frame, SOF。标志数据帧和远程帧的开始。该帧起始由一个显性位构成，只有在 CAN 总线处于空闲状态时，才允许 CAN 节点开始发送。所有的 CAN 节点都必须与首先开始发送的 CAN 节点的帧起始的上升沿同步。

2）仲裁场：在 CAN2.0A 标准数据帧格式中，仲裁场由 11 位标识符和 RTR 构成；在 CAN2.0B 扩展帧数据帧格式中，仲裁场则由 29 位标识符和 SRR、标志位以及 RTR 构成。

RTR 位：即远程传输请求位，在数据帧格式中，RTR 位必须是显性电平，而在远程帧中，RTR 位必须是隐性电平。

SRR 位：即替代传输请求位，在扩展帧格式中该 SRR 标志位始终为隐性位。

IDE 位：即标志位扩展符，IDE 位在扩展数据帧格式中属于仲裁场，而在标准数据帧格式中则属于控制场。此外，IDE 位在标准数据帧格式中为显性电平，而在扩展数据帧格式中则为隐性电平。

需要说明的是，CAN2.0 规范定义了两种互补的逻辑数值：“显性”和“隐性”。同时传送“显性”和“隐性”位时，总线结果值为“显性”。“显性”表示逻辑“0”，而“隐性”表示逻辑“1”。

在 CAN 规范中并未定义代表逻辑电平的物理状态（例如电压），CAN 网络使用符合 ISO11898-2 标准的电平信号，典型地，CAN 总线为“隐性”（逻辑 1）时，CANH 和 CANL 的电平为 2.5V（电位差为 0V）；CAN 总线为“显性”（逻辑 0）时，CANH 和 CANL 的电平分别是 3.5V 和 1.5V（电位差为 2.5V）。

3）控制场。CAN 协议的控制场主要由 6 位数据构成。在标准数据帧格式中，一个消息帧主要包括 DLC 和两个保留位 r0 和 r1。需要注意的是，这两个保留位必须发送显性电平。

数据长度码 DLC，即数据场的字节数，由相应的数据长度码给出。一般情况下，数据长度码为 4bits，该数据长度码在控制场中被发送。

4）数据场。由数据帧中被发送的数据组成，可包含 0～8 字节的数据。

5）CRC 场。包含 CRC 序列和 CRC 界定符。

6）应答场。主要有 2 位，即应答间隙和应答界定符。在应答场中发送节点发送出 2 个隐性的应答位。如果接收节点正确接收到有效报文，在应答间隙期间，则将该信息通过传送一个显性位传送给发送节点。所有接收到匹配 CRC 序列的 CAN 节点，通过在应答间隙内把显性位写入发送节点的隐性位来报告。应答界定符是应答场的第二位，并且必须是隐性位。

7）帧结束。每个数据帧和远程帧均由 7 个隐性位组成的标志序列界定。

2．远程帧

接收数据的 CAN 节点可以通过发送远程帧来要求发送 CAN 节点发送数据。该远程帧主要由 6 个域组成，即帧起始、仲裁场、控制场、CRC 场、应答场和帧结束。需要说明的是，在远程帧中，并没有包含数据场，其 RTR 位为隐性电平。

3．出错帧

CAN 网络中的出错帧由错误标志和错误界定符两个部分组成。接收 CAN 节点发现总线上的报文有错误时，将自动发送出错误标志，由 6 个连续的显性位组成。其他 CAN 节点检测到活动的错误标志后则发送错误认可标志，由 6 个连续的隐性位组成。

由于各个接收 CAN 节点发现错误的时间可能各不相同，所以 CAN 总线上实际的错误标志可能由 6～12 个显性位组成。错误界定符由 8 个隐性位组成。当错误标志发生后，每一个 CAN 节点将监视总线，直至检测到一个显性电平的跳变为止。此时则表示所有的 CAN 节点都已经完成了错误标志的发送，并开始发送 8 个隐性电平构成的界定符。

4．超载帧

超载帧包括两个位场，即超载标志和超载界定符。

在 CAN 进行数据传输的过程中可能存在两种导致发送超载标志的情景，一是要求延迟下一个数据帧或者远程帧的接收 CAN 节点的内部条件，二是在间歇场的第一位和第二位上检测到显性标志位。

超载标志由 6 个显性位组成，而超载界定符由 8 个连续的隐性位组成。

3.2.3 非破坏性仲裁

在前面的内容中已经初步提到，CAN 总线上的数据采用非归零 NRZ 编码格式，数据位可以具有两种互补的逻辑值，即显性值和隐性值。其中，显性值（电平）采用逻辑 0 来表示，而隐性值则采用逻辑 1 来表示。在 CAN 总线上，按照“逻辑与”的机制对总线通信过程中可能存在的冲突进行仲裁。从“逻辑与”的数字关系不难得出，在 CAN 总线上，显性电平在仲裁过程中会覆盖隐性电平。发送隐性电平的 CAN 竞争节点和发送显性电平的 CAN 监听节点将失去对 CAN 总线的访问权而变成接收节点。

在 CAN 总线上发送的每一条报文都具有唯一的一个 11 位或者 29 位的识别 ID。CAN 总线的状态取决于二进制数中的 0 而不是 1，所以 ID 号码越小，则该报文具有越高的优先权。这样就可以看出，一个标识符全为 0 的报文具有 CAN 总线上最高的优先权。

从图 3.11 中可以看出，在标识符的第 5 位，节点 1 和节点 3 均为显性电平，而节点 2 则为隐性电平。根据“逻辑与”的计算机制，此时 CAN 总线上应该为显性电平。此时，节点 2 本身为隐性电平，却监听到总线呈显性电平，根据非破坏性仲裁的竞争原则，节点 2 将丢失总线控制权，转为监听模式，并发送隐性位。同样，在标识符的第 2 位，节点 1 将失去总线控制权，变为监听模式。通过这种非破坏性仲裁的竞争原则，优先权较高的节点 3 最终获得 CAN 总线的控制权并开始发送数据。

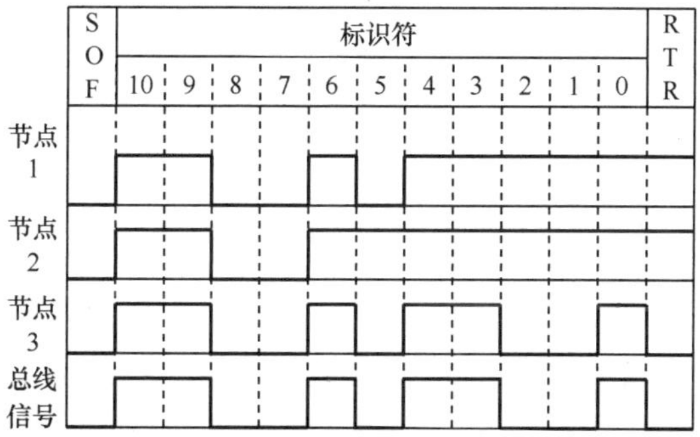

图 3.11　CAN 总线的非破坏性按位仲裁

换个角度而言，如果在 CAN 总线通信的过程发生了消息冲突，第一个节点发送的是 0，而另外一个节点发送的是 1，则发送 0 的节点将获得 CAN 总线的控制权，并且能够成功地发送出相应的报文信息。

CAN 网络中的所有节点在监听到总线空闲之后，如果存在两个或者两个以上的 CAN 节点同时开始发送数据，则可以采用 CSMA/CD 以及非破坏性仲裁的竞争原则来避免数据报文的冲突。每个节点发送自身相应的消息标识符，同时监听 CAN 总线的逻辑电平。

3.2.4 抗干扰位填充技术与 CRC 校验

在工业现场，由于外界噪声干扰等原因，总线通信过程中不可避免的会出现错误。为了抑制并减少通信过程中可能存在的干扰，CAN 总线采用了多种抗干扰错误以减少消息帧在传送过程中可能存在的错误。位填充技术即是 CAN 总线抗干扰的一种重要方式。

通常情况下，在 CAN 的消息帧中，主要按照帧起始、仲裁场、控制场、数据场和 CRC 校验序列以位填充的方式进行编码。数据帧或者远程帧中包含了部分其他位场，如 CRC 界定符、ACK 场和帧结束等。但这些位场的结构形式是相对固定的，不需要进行位填充。在 CAN 总线数据通信的过程中，每当发送器在发送数据位检测到 5 个极性相同的连续数据位时，则自动插入一个补码位，如图 3.12 所示。

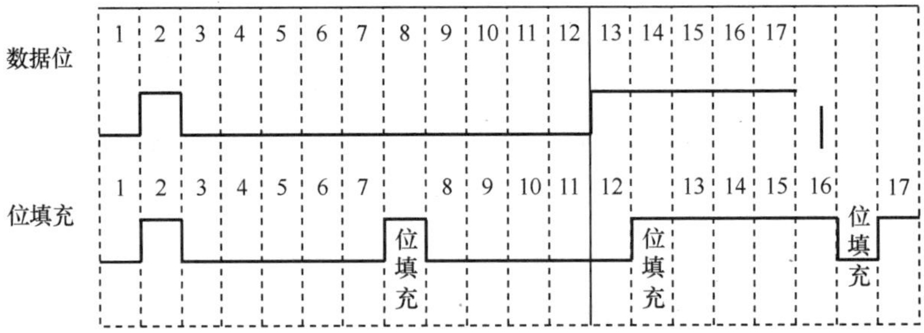

图 3.12　CAN 总线的位填充技术

图中，总共出现了三个填充位，其中第三个填充位之前的 5 个连续相同的极性位中又包含了第二个填充位。事实上，不难看出，在 CAN 总线数据通信的过程中，填充位与真实的数据位从本质上来说是一致的，都被当成普通的数据信息进行传输。

在 CAN 数据通信过程中，除了采用位填充技术来提高数据传输的抗干扰能力外，CAN 总线技术还采用了 CRC 校验来验证数据传输的正确性。

CRC 校验场主要包括 CRC 序列和 CRC 界定符。用于校验的 CRC 序列特别适用于位数小于 127 位帧的循环冗余码，即 BCH 码的校验驱动。为了方便 CRC 计算的实现，被除的多项式被定义为一个系数由起始帧、仲裁场、控制场、数据场和 15 位最低系数为 0 组成的解除填充数据位来表示。而该多项式则被下列生成的多项式除，系数按模-2 计算。

两个多项式相除的余数即为发送至总线的 CRC 校验序列。

$$X^{15}+X^{14}+X^{10}+X^{8}+X^{7}+X^{4}+X^{3}+X^{0}$$

接收器接收数据时，按照同样的规则对所接收到的数据进行 CRC 计算，然后将两个 CRC 序列进行比较，以判定数据是否出错。

3.2.5 远程帧、出错帧和超载帧以及帧间结构

在 CAN 网络通信中，某些特定数据的 CAN 接收节点可以通过发送一个远程帧来初始化各个发送节点对数据的发送请求。

通常情况下，一个远程帧可以由 6 个不同的位场构成，即帧起始 SOF、仲裁场、控制场（两个保留位和一个 DLC 场）、CRC 校验场、应答场和帧结束 EOF，具体如图 3.13 所示。

	帧起始	仲裁场	控制场	CRC场	应答场	帧结束	

图 3.13 远程帧的位场

不难看出，远程帧和数据帧在位场上的差别在于远程帧没有数据场，而数据帧则有数据场。而且在上述 6 个位场中，仲裁场由标识符场和 RTR 远程传输请求位构成。其中仲裁场从 LLC 子层继承而得，而在 MAC 远程帧中，RTR 位的取值为 1。

此外，起始帧 SOF、控制场、CRC 校验场、应答场和帧结束 EOF 的格式内容均与 MAC 数据帧中相应的位场一致。

在 CAN 网络通信中，还存在一种包含出错信息的数据帧，即出错帧。出错帧由两个不同的区段组成，其中第一区段由不同节点发送的出错标志叠加而成，而第二区段则为出错界定符。

一般情况下，出错标志有两种不同的形式，即活动错误标志和认可错误标志。从数据格式上而言，活动错误标志由连续的 6 个显性位构成，而认可错误标志由连续的 6 个隐性位构成。此外，认可错误标志的部分或所有位均可以被其他节点发送的显性位覆盖。

一个检测到出错状态的“错误激活”节点通过一个活动错误标志来对总线上的错误状态进行通报。但是需要注意的是，这种出错标志的形式违反了位填充相应的规则，也破坏了固定的位场形式。在总线上传输的错误状态被所有的其他 CAN 节点收到，即其他所有的节点也都检测到了一个出错状态，这就会导致这些节点也都各自发送出一个出错标志。因此在总线上实际传输的显性标志位的序列是由多个不同的 CAN 节点发送出的多个不同的出错标志叠加而成。一般情况下，该序列的总长度至少为 6 位，最多为 12 位。

发送器在采用位填充后的数据帧中间发送出被认可的错误标志，该行为从接收器的角度来看是一种错误行为，因为这又违反了 CAN 总线的位填充方法，导致接收器检测到接收到的数据填充错误。在仲裁期间，CAN 总线要求不能出现认可出错标志，同时，其他节点也可以继续发送。而且，当 CRC 序列的最后几位恰巧全是隐性电平时，要求出错标志不能起始于 CRC 序列的最后几位。

接收器产生的认可错误标志并不在于任何总线活动之上，所以错误认可模式下的接收器在检测到一个出错状态后往往还要等待后续出现的 6 个相同位，直到其出错标志发送完毕为止。

此外，出错帧中的出错界定符由 8 个隐性位构成。在发送完一个出错标志后，每个节点都要发送几个隐性位对总线的状态进行监听，直到检测到某一个隐性位为止。然后，该节点还要继续再送出 7 个隐性位。

在 CAN 总线中，还存在一种超载帧。从信息帧的结构来看，超载帧主要由两个位场组成：超载标志和超载界定符。超载标志的总体形式与活动错误标志类似，而超载界定符则与故障界定符相同。

超载帧大致可以分为两种类型，其基本格式则完全相同。第一种是 LLC 提请的超载帧，即 LLC 子层会请求该超载帧来致使一种内部的超载状态；第二种是反应型超载帧，即在某种错误的状态，MAC 子层会发送出反应型超载帧。

在 CAN 通信网络中，超载标志由 6 个显性位构成，其形式同样也破坏了间歇场的固定格式，因此也同样会使得其他所有 CAN 通信节点检测到一个出错状态，并且每个接收到错误信息的 CAN 节点都将发送一个超载标志。

超载界定符由 8 个隐性位构成。在超载标志发送完毕后，每个 CAN 节点都对当前总线的状态进行监听，直到检测到一个隐性位为止。此时，CAN 总线上的每一个节点都已经发送完各自的超载标志，然后所有的节点还要同时开始传送 7 个隐性位，以配齐长达 8bits 的超载界定符。

在介绍完 CAN 总线中的帧格式之后，还需要对不同帧格式之间的空间结构进行介绍。首先，数据帧及远程帧均以一种“帧间空间”的位场与前面一系列的各种类型的帧结构进行分离，如数据帧、远程帧、出错帧以及超载帧等。但需要说明的是，并不是所有的各种类型的帧结构都需要帧间空间来与前面的帧结构进行区分。除此之外，多个超载帧之间也不需要帧间空间进行区分。

上述提到的帧间空间主要由间歇和总线空闲、暂停发送等位场构成。其中暂停发送主要被用于错误认可状态下节点刚刚完成发送动作的场合。

在 CAN 总线中，间歇由 3 个隐性位构成。需要注意的是，在间歇状态中，CAN 总线不允许任何节点发送数据帧或者远程帧。在该状态下 CAN 节点唯一能执行的操作就是通报当前的超载状态。

在 CAN 总线中，总线空间的时间周期并不是固定的。总线一旦确认进入空闲状态，则任何节点都可以访问总线来实现数据信息的传送。相比之下，较为特殊的是，如果某一帧数据由于监听到总线忙碌而延期暂停发送，则在总线间歇后第一位开始继续发送。此外，通过对总线进行监听，出现在总线空闲期间的显性位将被认定为帧的起始。

在 CAN 总线中，处于错误认可状态的节点在完成其发送动作后，在被允许发送下一帧数据之前，需要在总线间歇后先发送 8 个隐性位。如果在总线间歇期间执行了发送动作，则该节点将变成接收节点，接收总线上正在发送的帧信息。

3.3 CAN 网络的物理层

从 CAN 网络的层次结构模型来看，物理层是实现 ECU 与 CAN 总线相互连接的硬件电路。需要说明的是，CAN 总线所能挂载的 ECU 总数主要取决于总线的电力负载；而本小节所谓的 CAN 网络物理层，则主要用于高速 CAN 网络的应用场合，即数据传输速率可达 1Mb/s 的 CAN 网络。

3.3.1 标准网络模型

物理层的概念是参照 ISO 88.2-3 中的 LAN 标准的规范来建模的。一般来说，一个完整的网络体系结构，从上至下应该包括应用层、表示层、会话层、传输层、网络层、数据链路层和物理层共 7 层网络结构，具体结构如图 3.14 所示。

从图 3.14 可以看出，CAN 网络模型是基于 ISO 标准 7 层模型的，但又完全不同于 ISO 的标准模型，并没有完全包含所有的 7 层结构，对其进行了删减，同时也增加了部分 ISO7 层模型中原本没有的模型，具有明显的自身结构特点。

1）物理信令 PLS 子层

在 CAN 网络中，物理信令子层 PLS 主要包含了与位表达、正时及同步相关的系列功能。需要补充说明的是，介质访问单元 MAU 表示了物理层中用来连接节点与传输介质的功能部分。MAU 由物理介质附件 PMA 和介质附属接口 MDI 构成。

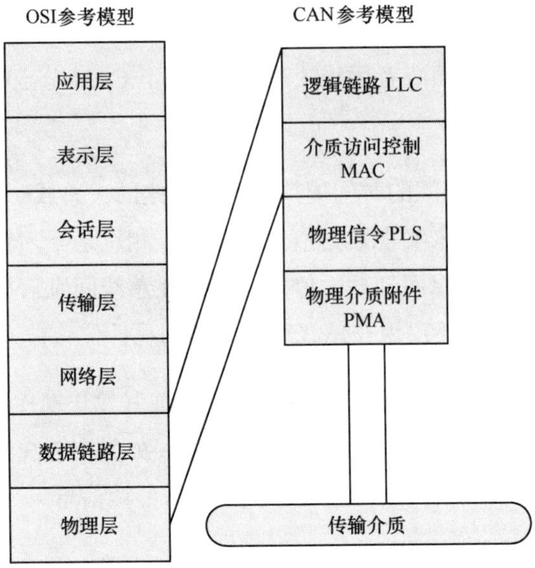

图 3.14　ISO 标准 7 层网络模型与 CAN 网络模型

2）物理介质附件 PMA 子层

在 CAN 网络中，物理介质附件子层主要包括用于进行总线发送或者接收的功能电路，并且提供了检测总线故障的部分工具。

3）介质附属接口 MDI 子层

MDI 包含了部分介于物理介质和 MAU 之间的机械或电气形式的接口。

3.3.2　物理信令 PLS 子层的网络规范

在前面的内容中已经提到过，在 CAN 网络通信过程中，总线的数据传输速率最高可以达到 1Mb/s，因此通常情况下倾向于选择石英晶振作为 CAN 总线的时钟发生器。但需要注意的是，CAN 网络中的晶振频率并不是绝对稳定的，晶体自身形状的不规则性和不完美性，以及温度、电压和电子器件异常等非常微小的偏差都有可能导致时钟晶振的抖动，虽然这些小的抖动都在相对稳定的范畴之内。

从 CAN 总线自身角度而言，只要外部干扰引起的时间抖动在一个相对稳定的振荡器容差范围之内，总线上的各个 CAN 节点就会通过“再同步”技术进行补偿。

而这里所提到的位时间的定义即为 1 位所持续的时间，即最小化的时间操作单元，如 ECU 同步化的动作、网络传输延时补偿和采样点定位这样的总线管理功能。这些功能都是以位时间为单位进行操作的，并且都是由 CAN 协议结构体系中 IC 集成电路所提供的可编程位定时逻辑单元进行信号输出的。

在位时间的基础上，又可以继续衍生出额定位速率的概念。定义额定位速率为理想发送器在不经过再同步技术处理的情况下每秒发送出的位数。额定位速率和额定位时间的关系可以用下面这个表达式来显示：

额定位时间=1/额定位速率

额定位时间可以被认为能够划分成几个互不重叠的分立时间段。这些时间段所组成的位时间结构如图 3.15 所示，主要包含了同步段（Sync_Seg）、传播时间段（Prop_Seg）、相缓冲段 1（phase_Seg1）和相缓冲段 2（phase_Seg2）。

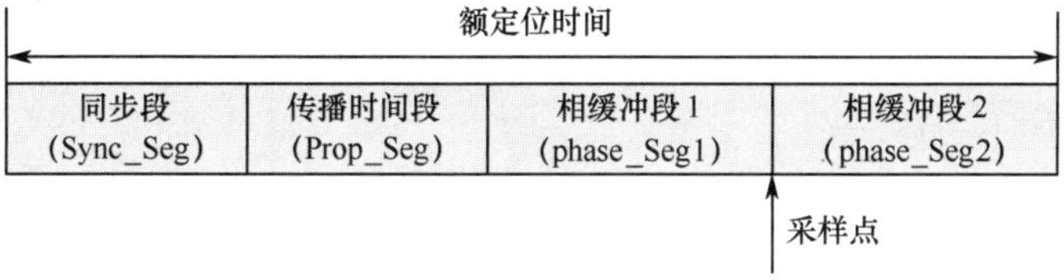

图 3.15 CAN 总线额定位时间的基本结构

在额定位时间的同步段（Sync_Seg）中，该时间段主要用来使得 CAN 总线上的各个 ECU 进行数据同步，且预计该时间段内会出现一个跳变沿。传播时间段（Prop_Seg）主要用来对出现在网络内部的物理延迟时间进行补偿。需要注意的是，该延迟时间主要由信号在总线上的传播时间和 ECU 内部的延迟时间组成。相缓冲段 1（phase_Seg1）和相缓冲段 2 （phase_Seg2）主要用来补偿跳变沿的相位误差。当然，这两段相缓冲时间可以根据“再同步”处理技术进行延长或者缩短。

此外，需要留意 CAN 总线上额定位时间中采样点的位置，它是读取总线电平并将其转换成对应位值的时刻。一般来说，采样点主要位于相缓冲段 1（phase_Seg1）的末尾。一般意义上的信息处理时间就是指从采样点开始预留出的一段用于计算后续位电平的时间。

此外，系统还从振荡周期中派生出一种定长的时间单元，即时间份额。它存在一个可编程的整数分度值，其范围为 1～32。从系统最小的时间份额开始，时间份额的长度可以根据如下公式进行设置：

时间份额= m×最小时间份额

其中，参数 m 是当前时间份额的分度值。

结合前面对位时间基本结构的划分，可以对各个时段的长度进行具体的定义。同步段（Sync_Seg）为一个时间份额的长度；传播时间段（Prop_Seg）可根据具体的情况设定 1~8 个或者更多个时间份额的长度；相缓冲段 1（phase_Seg1）可根据实际情况选择设定 1~8 个或者更多的时间份额长度；相缓冲段 2（phase_Seg2）则应当选择相缓冲段 1（phase_Seg1）和信息处理时间两者之间较长的时间份额长度。时间信息处理时间应当小于或者等于 2 个时间份额的长度。

一般情况下，一个位时间内时间份额的总数通常需要设置在 8~25 个范围内。同时，也应该进一步协调不同 ECU 中振荡器的频率，使得其能够产生一个能在全系统内均有效的时间份额。

在 CAN 总线网络中，由于存在多个不同的 CAN 节点，因此在数据传输过程中需要对其进行同步。一般来说，具体的同步过程主要包含硬同步和再同步两个不同的形式，具体的同步规则如下所述。

（1）在一个位时间中仅允许采用一种同步方式，即硬同步或者再同步。

（2）如果在先前的采样点上检测到的数值信息和总线的数据信息不一致，跳变沿过程立即会产生一个新的跳变沿进行数据同步。

（3）在总线空闲的时间内，如果出现从隐性电平到显性电平的跳变，则立即执行硬同步操作。

（4）在其他情况下，在总线上出现隐性电平到显性电平的跳变都将用于再同步处理。例如，对于具有正相位误差的跳变沿，在 CAN 总线上只要从隐性电平到显性电平的跳变沿被用于再同步处理，则发送显位的节点将不再执行再同步处理。

需要说明的是，再同步的过程会导致相缓冲段 1（phase_Seg1）变长或者相缓冲段 2（phase_Seg2）变短。但是再同步跳变的宽度则规定了相缓冲段的最大延长量和最大缩短量。具体来说，在 CAN 总线网络中，再同步跳变的宽度选择范围应该在 1～min[4, 相缓冲段 1（phase_Seg1）]之间，即不可以超过 4 与相缓冲段 1（phase_Seg1）中的最小值。

在再同步过程中，总线上的时钟信号可以由一位数值跳变到另一位数值的跳变来获得。由于位填充，总线上会出现连续相同位位数的最大值是确定的，这也就为在帧时间内重新将总线单元和数据流进行同步提供了可能。

一般来说，可被用于再同步的时间跳变范围的最大长度为 29 个位时间。一个同步跳变沿的相位误差 e 由该跳变沿与 Sync_Seg 的相对位置决定，其度量单位就是前面所提到的时间份额。有关相位误差的具体定义如下所述。

（1）如果跳变沿位于 Sync_Seg 时间段内，相位误差 e 为 0；

（2）如果跳变沿位于采样点之前，则相位误差 $e>0$；

（3）如果跳变沿位于前一个采样点之后，则相位误差 $e<0$。

在 CAN 网络中，除了再同步技术之外，还可以采用硬同步的方式进行同步处理。在 CAN 总线上，经过一次硬同步处理之后，总线内部的位时间将从同步段时间重新开始。因此，硬同步将强制使得由于硬同步引起的跳变沿处于重新开始的位时间同步段之内。

当引发再同步的跳变沿的相位误差小于或者等于再同步跳变宽度的预设值时，再同步会造成位时间延长或者缩短，以致采样点被调整到相对正确的位置。当相位误差的大小大于再同步跳变宽度时，如果此时相位误差 e 为正，则相缓冲段 1（phase_Seg1）被延长，而延长的时间相当于再同步跳变宽度的时间长度；如果此时相位误差为负，则相缓冲段 2（phase_Seg2）被缩短，缩短的时间相当于再同步跳变宽度的时间长度。

通常来说，总线上绝大部分的时间同步都是由仲裁引起的。总线上所有的通信节点都需要同步于发生仲裁最先开始的发送节点。但由于存在总线延迟，节点的时间同步不可能达到理想化的完美要求。如果最先发送的节点最终没有赢得总线仲裁，则所有的接收节点都要重新同步于最终获得总线仲裁的节点。

3.3.3 物理介质附件子层的网络规范

从电气角度来看，CAN 总线的物理连接如图 3.15 所示。在 CAN 总线的两端均串联了一个负载电阻，即 R_L，该电阻的作用主要是抑制信号的反射作用。通常情况下，CAN 总线的设计不会将电阻 R_L 放在 ECU 的内部，否则断开一个内部具有 R_L 的 ECU 与 CAN 总线的连接的时候，总线就会失去终端，具体如图 3.16 所示。

在图 3.16 中，如果每个 ECU 的一对三极管都处于截止状态，则总线表现出隐性电平。在这种情况下，CAN 总线的平均电压将由各个 ECU 带高内阻的电压源合并生成，该图给出了可供接收操作参考的电阻网络。

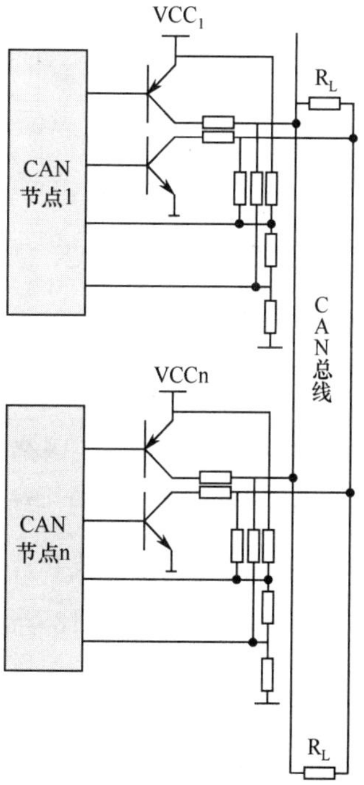

图 3.16　CAN 总线物理层的电气连接

如果 CAN 总线中任何一对三极管处于导通状态，则总线上必将会出现一个显性位，这样就必然有电流流过终端电阻，进而使得 CAN 总线的两根信号线 CAN_L 和 CAN_H 上出现差动电压。而电阻网络能够将 CAN 总线上的差动电压转换成接收电路，比较其输入处相应的隐性电平或者显性电平，就能够检测出 CAN 总线上的显性和隐性两种不同的电平状态。

通常情况下，CAN 总线上的电平是两种不同逻辑状态之一，即显性电平或者隐性电平。电平的划分是根据 CAN 总线的两根信号线 CAN_L 和 CAN_H 上出现的差动电压来决定的，如图 3.17 所示。在隐性状态下， CAN_L 和 CAN_H 上的差动电压稳定在总线平均电平，即 V_{diff} 近乎为 0，即在总线空闲或者隐性位期间发送隐性状态。

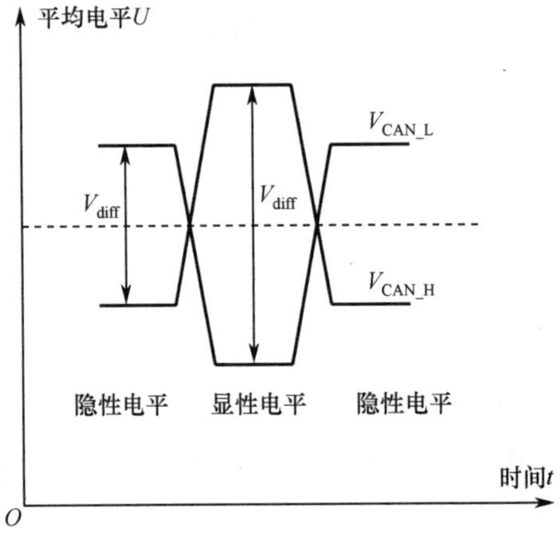

图 3.17　CAN 总线上的电平

在显性状态下，CAN 总线的两根信号线 CAN_L 和 CAN_H 表现为超出某一个最小阀值的差动电压。在 CAN 总线上，显性状态会覆盖隐性状态，而且一般在显性位期间进行发送。

一般情况下，CAN 网络各个节点最核心的部件就是 ECU，而数据在 ECU 内部进行处理的时候也会存在着一定的内部延迟。通常来说，将 ECU 内部延迟时间 T_{ecu} 定义为：相对于各个 ECU 中协议芯片的位定时逻辑单元而言，发生在发送和接收路径上的所有异步延时的总和，如图 3.18 所示。

在图 3.18 中，ECU 输出以及输入之间延时的综合与位定时逻辑之间存在着比较重要的关系，即：

$$T_{ecu} = T_{output} + T_{input}$$

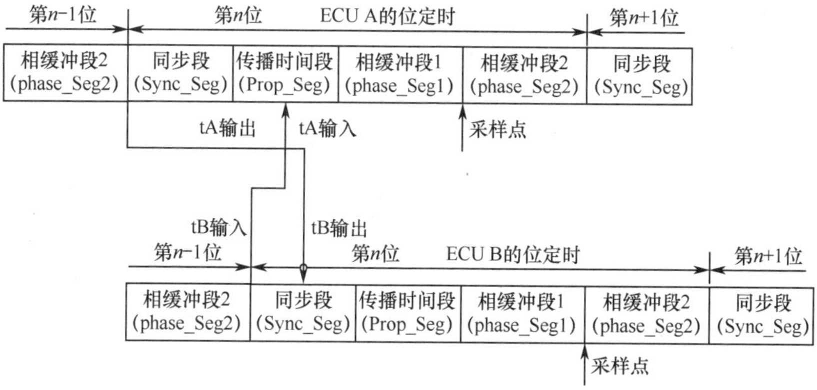

图 3.18 ECU 位定时路基 A 与 B 的时序关系

为了保证 CAN 总线上发生仲裁后能够顺利进行，在延迟时间上必须要满足以下条件：

$$T_{\text{ecua}}+T_{\text{ecub}}+2T_{\text{busline}}\leqslant T_{\text{sync\_seg}}+T_{\text{prop\_seg}}$$

换句话来说，对 ECUA 的同步处理而言，发送第一位的位定时逻辑必须能够准确地掌握第 n 位在采样点处的总线电平。T_{ecu} 的容许值在绝大部分程度上取决于总线以及由仲裁条件给出的有效位定时对位速率和线路长度的要求。此外，协议芯片上的容许时钟误差以及发生同步错误的可能性主要由相缓冲段 1（phase_Seg1）和相缓冲段 2（phase_Seg2）来决定。

需要注意的是，为了确保 CAN 总线上的各项通信指标都符合要求，用于将 ECU 连接到 CAN 总线的连接器也同样必须满足一些规定指标，如表 3.2 所示。该表中列出的重要参数主要用于说明或限定连接器最重要的电气参数，并对其进行标准化操作，而并不涉及相关机械或者材料方面的参数。

表 3.2 CAN 总线连接器电气参数与标准化

电气参数名称		符号	单位	参数值		
				最小值	额定值	最大值
电压	V_{BAT}=12V	U	V			16
	V_{BAT}=24V	U	V			32
电流		I	mA	0	25	80
电流峰值		Ip	mA			500
阻抗		Z	Ω		120	
传输频率		F	MHz	25		
传输电阻		R	mΩ		70	

需要补充说明的是，接收一方的 ECU 所检测到的总线差分电压取决于该处所发送

ECU 之间的线路电阻。因此，信号线的传输电阻受到每个 ECU 总线电平参数的制约。

此外，在 CAN 总线中，传输电缆的各个电气参数也有相应的标准规格，具体如表 3.3 所示。这些电气参数和规格标准主要用于标准化电气特性，同样也不涉及电缆的机械或者材料方面的参数。

表 3.3　CAN 总线传输电缆的电气参数与标准化

参　数	符号	单位	参 数 值			备注
			最小值	额定值	最大值	
阻抗	Z	Ω	108	120	132	
线电阻率	r	mΩ/m		70		
线路比延时		ns/m		5		

在 CAN 总线上，任意两个 CAN 节点之间的最短延时可以为 0，而最长时间的延迟则由位时间及发送与接收节点中的 ECU 电路所决定。

最后，CAN 总线的终端电阻取值也应当符合一定的要求，如表 3.4 所示。

表 3.4　CAN 总线终端电阻的取值范围

符号	单位	参 数 值			备　注
		最小值	额定值	最大值	
R_L	Ω	118	120	130	最小功耗为 20mW

3.4　CAN 总线的故障界定与总线管理

在 CAN 网络中，故障界定的目标就是实现数据传输系统即使在 CAN 节点发生故障的情况下也能保持较高的可用性。因此，从某种角度上而言，CAN 网络故障界定的策略必须是绝对可靠的，特别是在区分短期故障和永久性故障，以及寻找并断开故障节点方面必须具有较高的稳定性和可靠性。

故障界定策略是每个 CAN 节点都配备一个发送错误接收器以及一个接收错误接收器。发送错误接收器主要用来记录发送信息帧期间发生的错误数目，而接收错误接收器则主要用来记录接收信息帧期间所发生的错误数目。

在 CAN 网络中，如果信息帧被正确地发送或者接收，则错误接收器中的计数值就会相应地减少。一般情况下，发生错误引起的计数增加量要比没有发生错误而引起的计数值要多。计数增量和减量之间的比值取决于 CAN 总线上能够承受的最大数量的出错帧和正确帧之间的比值。在任何时刻，错误计数的情况都可以通过在此以前干扰出现的相对频繁程度来反映。

通过预先设定错误接收器的数值，就可以调整 CAN 节点对错误行为的容忍度。通常来说，可以调整的范围是从禁止发送错误标志以取消发送信息帧，一直到断开经常发送出错帧的节点。

3.4.1 故障界定的规则

对于 CAN 总线上的故障界定而言，一个节点根据错误计数结果的不同，大致可以处于三种不同的状态，即错误激活、错误认可和离线。错误计数则按照以下的具体规则进行修改不同节点的当前状态。

（1）接收器检测到一个错误时，如果该错误不是发送活动错误标志或者超载标志期间的位错误，则接收错误计数器将自动加 1。

（2）接收器在送出出错标志后检测到第一个显性位时，接收错误计数器将自动加 8。

（3）如果处于错误认可状态的发送器因为没有检测到一个显性应答而认为出现了一次应答错误，并且在发送其认可错误标志时没有检测到显性位，规则（2）不适用，即发送错误计数器保持不变。

（4）如果发送器发现仲裁期间发生填充错误而送出了一个出错标志，则其应该为隐性且送出的也确实是隐性，但监听过程中却是显性，规则（2）不适用，即发送错误计数器保持不变。

（5）如果发送器在发送活动错误标志或者超载标志期间检测到一个位错误，则接收错误计数器将自动加 8。

（6）任何节点在发送出一个活动错误标志、认可错误标志或者超载标志之后，至多可以允许连续出现 7 个显性位。在检测到一连串的显性位时，如果第 14 位（出现一个活动错误标志或者超载标志的情况下），或者检测到认可错误标志随后的一连串显性位中的第 8 位之后，再出现一连串 8 个显性位，每个发送器的发送计数器将自动加 8，同时每个接收器的接收错误计数器也自动加 8。

（7）成功送出一帧，即收到应答，并且直接送完帧结束都没有检测出错误之后，发送错误计数器自动减 1。若初始值为 0，则不作任何处理；

（8）成功接收 1 帧，即接收过程中止直到应答间隙都没有出现错误，并且顺利发送出应答位之后，如果接收错误计数器的计数结果原来在 1~127 之间，则计数器自动减 1；如果计数器的原本计数结果是 1，则依旧为 0；如果计数的原本计数值大于 127，则计数器将自动将数值调整为 119~127 之间的某一个数值。

如果系统刚刚开始运行期间只有一个节点在线，并且该节点发送了数据帧，则该节点将无法收到应答信号，即检测到一个错误，该节点将重新发送该数据帧。在该错误情景中，单个节点能换入错误认可模式，但无法成为离线模式。与总线的连接处于离线状态的节点必须执行一种启动例行程序，主要目的包括两个方面。

（1）在传输开始之前实现与已经进入正常工作状态的 CAN 节点进行同步。当检测到“应答界定符+帧结束+间歇”，或者“错误或超载界定符+间歇”等于 11 个隐性位时，则认为该节点完成了同步处理。

（2）在暂时没有其他节点处于正常工作状态的情况下，节点会等待一段时间，同时保证该节点不会自动转入离线模式。

如果某一个节点发送错误计数器或者接收错误计数器都超过了 127，监控器就会请求 MAC 子层让该节点进入错误认可状态。需要注意的是，CAN 节点接收错误计数器一般只有 7b，当计数满时则会处于进位状态。同时，将当前节点变成错误认可模式的出错状态也同样会使得该节点发送出一个活动错误标志。

当错误认可状态下的节点的发送错误计数器以及接收错误计数器都小于或者等于 127 时，该节点就会回到错误激活状态。具体的错误状态转换向量如图 3.19 所示。图中，REC 代表接收错误计数器，而 TEC 则代表发送错误计数器。

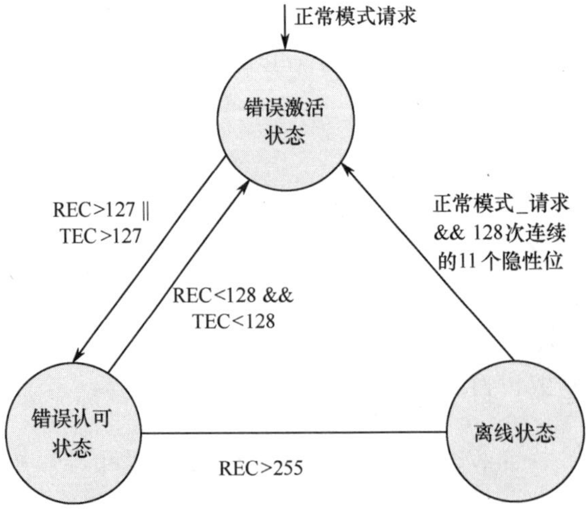

图 3.19　CAN 节点出错状态转换向量图

与接收错误计数器类似，如果某一个 CAN 节点的发送错误计数器超过了 255，监控器就会请求物理层让该节点进入离线状态。需要注意的是，发送错误计数器同样也只有 7 位，如果进入第 8 位，将会处于进位状态。

CAN 节点处于离线状态的时候不能对 CAN 总线有任何影响。该节点不发送任何形式的帧信息，也不会发送任何应答信号、出错帧或者超载帧。是否让该节点从 CAN 总线接收信息帧则完全由具体的应用要求来决定。

如图 3.18 所示，在系统检测出 CAN 总线上出现了连续 128 次 11 个隐性位之后，则允许将处于离线状态节点的两种错误计数器分别清零，使其变为错误激活状态。

3.4.2 CAN 总线故障的管理

在 CAN 总线正常运行期间，总是不可避免地会出现上述总线故障，这些总线故障会对 CAN 总线的正常运行造成比较严重的影响。CAN 总线可能出现的故障如图 3.20 所示，而对不同总线故障的检测和管理则如表 3.5 所示。

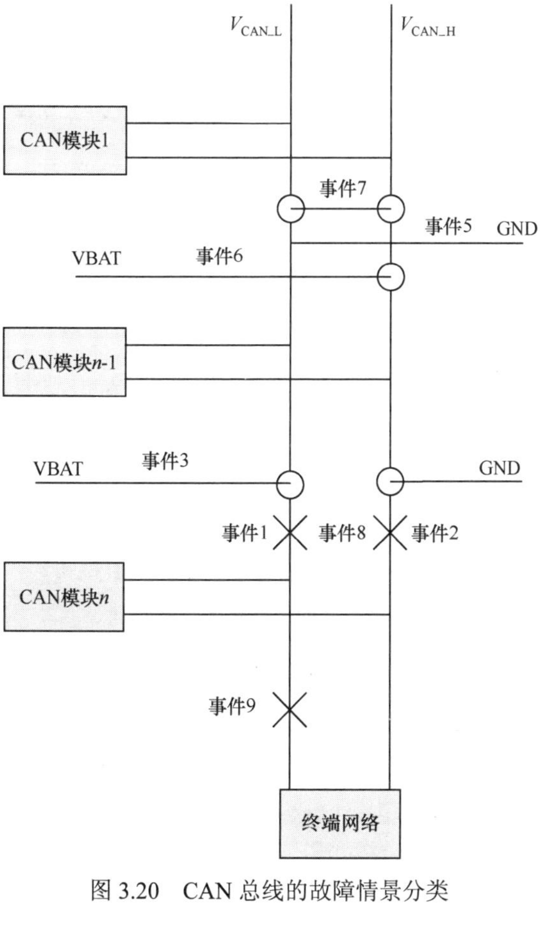

图 3.20　CAN 总线的故障情景分类

表 3.5 CAN 总线故障的检测与管理

对总线故障的描述		网络动作	规范性质
某个 CAN 节点掉电		剩余节点在信噪比变小的情况下继续通信	推荐性
某个 CAN 节点与 GND 失去连接		剩余节点在信噪比变小的情况下继续通信	推荐性
某个 CAN 节点的屏蔽连接失效		剩余节点继续通信	
开路和短路故障		所有节点在信噪比变小的情况下继续通信	推荐性
1	CAN_H 断开		
2	CAN_L 断开		
3	CAN_H 与电池电压短接		
4	CAN_L 与 GND 短接		
5	CAN_H 与 GND 短接		
6	CAN_L 与电池电压短接		
7	CAN_H 与 CAN_L 短接		任选性
8	CAN_H 与 CAN_L 在同一处断开	系统整体停止动作，由此形成的子系统中的 CAN 节点继续通信	推荐性
9	失去一条与终端网络的连接	所有节点在信噪比变小的情况下继续通信	推荐性

需要说明的是，在图 3.19 中所有的故障分类均不包含所有的容错方式，图中所对应的故障事件 1~9 以及相应的故障处理方法，对应表 3.5 中开路和短路故障中的 1~9。而对于表 3.5 中的规范性质，则有如下说明。

（1）强制性：如果发生相应的网络故障，则 CAN 网络必须按照表 3.5 中所规定的方式进行故障管理。

（2）推荐性：如果发生相应的网络故障，则网络动作本该按照表 3.5 中所示的规定方式进行故障管理，而制造生产商也可以选择不使用该表中所规定的方式。

（3）任选性：如果发生相应的网络故障，则网络动作可以按照表 3.5 中所示的规定方式进行故障管理，而制造生产商也可以选择不使用该表中所规定的方式。

3.5 基于 Simulink 的 CAN 网络通信协议仿真

根据 ISO11898（1993）标准，CAN 从结构上分为物理层和数据链路层，数据链路层又包括逻辑链路层控制子层（LLC）和介质访问控制子层（MAC）。在 CAN 总线系统中，节点间通过公共传输介质传输数据，因而数据链路层是总线的核心部分。CAN 总线数据链路层的通信介质访问控制方式为事件触发，采用 CSMA/CD。只要总线空闲，网络上任意节点均可在任意时刻主动地向网络上其他节点发送信息，而不分主从。节点在请求发送信息时，首先侦听总线状态，若总线空闲（或等待至总线空闲）则开始发送。当多个节点同时发送产生冲突时，采用非破坏性位仲裁机制，即借助 ID 标识符及逐位仲裁规则，低优先级节点主动停止发送，高优先级节点不受影响继续发送，从而避免总线冲突，避免信息和时间发生损失。在发送过程中，发送节点对发送信息进行校验，完成发送后释放总线。CAN 总线系统通过使用这种非破坏性的逐位线仲裁技术来处理多个节点同时访问网络的冲突，最后优先级最高的节点能够立即发送数据，满足了高优先级节点实时性的相关需要。

3.5.1 Simulink 模块的建立

在 Matlab/Simulink 软件 Stateflow 仿真环境中建立了 16 个节点的 CAN 总线通信系统仿真模型。节点 1~16 的结构是相同的，节点模块如图 3.21 所示。

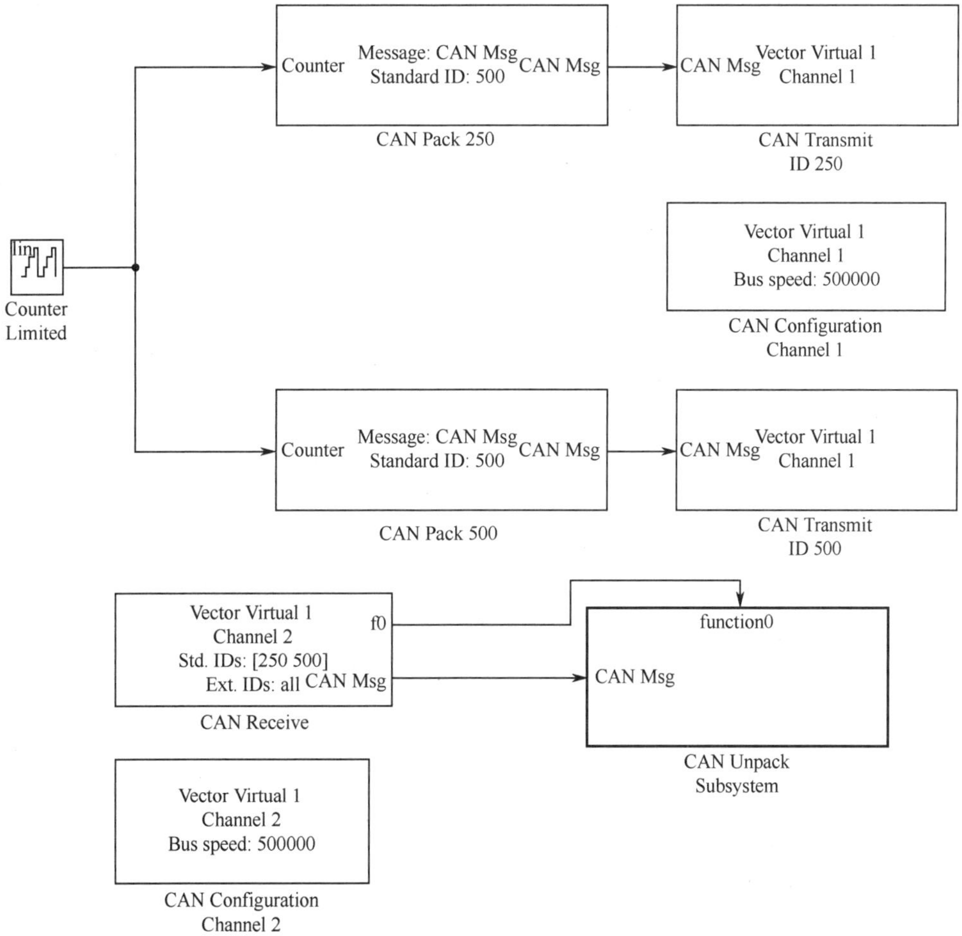

图 3.21 Simulink 中的 CAN 节点模块

节点模块包括发送、缓存、数据采集3个部分。因为本次仿真主要研究CAN总线的通信性能，所以建立节点模型时，只考虑了其通信活动所涉及的部分，没有加入节点计算控制活动部分和数据接收部分。数据采集用于采集Simulink中输入的数据，数据长度服从随机平均分布。在状态“有数据”中，数据被组装成CAN标准短帧。在实际系统中，数据可能是节点本身采集的现场检测数据，或是节点控制器输出的数据。“缓存”代表节点的缓冲器，这里假设容量为1，包括两个状态：“空”和“非空”。数据被采集并组装成CAN标准短帧后，触发由“空”到“非空”的转换，将节点信息放在等待发送的缓冲器中，发送完成后，返回“空”状态，等待下一次触发。“发送”代表节点发送部分，当缓冲器有数据等待传输时，触发由“停止”到“等待”的转换，进入等待状态；当总线仲裁允许本节点发送时，触发由“等待”到“传送”的转换，开始发送数据；当缓冲器的数据传送完成时，触发由“传送”到“停止”的转换，等待下一次发送。

CAN数据包解析模块如图3.22所示，包括总线活动模块fieldbus和仲裁判断函数compete。fieldbus模块包括3个状态：“空闲”、“忙碌”、“帧间隔”。开始总线在“空闲”状态下，当有节点要发送信息时，用compete函数对待发节点进行仲裁，并触发由“空闲”到“忙碌”的转换；节点发送数据完成后，以“返回”事件触发由“忙碌”到“帧间隔”的转换；经过一个“帧间隔”后，回到“空闲”状态，等待下一次传输。compete函数对各节点的仲裁符合CAN仲裁机制，通过比较各待发节点的优先级，实现“线与”功能，将发送权给优先级最高的节点。

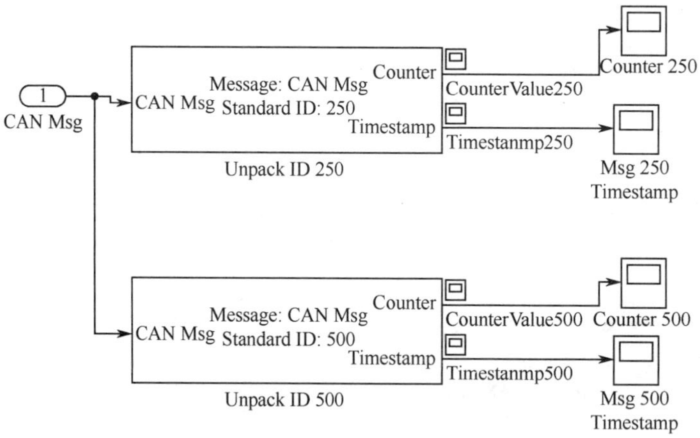

图3.22　CAM网络解析模块

从上述整个模型建立的过程来看，CAN网络通信的仿真平台能够比较简洁直观地解释CAN网络的控制机理，并能动态地仿真其通信活动。

3.5.2　Simulink网络性能的评价指标

在对CAN网络性能进行评估之前，必须先介绍总线网络相关性能指标的相关定义。

- 网络负载率：单位时间内发出访问网络的节点数（需要传送的报文数）与网络最大容量的比率。
- 吞吐量：单位时间内系统成功发送信息数量的均值。
- 平均信息时延：从信息发出传输请求到被成功地传输到目的节点所需要的平均时间。
- 通信冲突率：节点遭受通信冲突的概率。
- 网络利用率：单位时间内通道传送信息号的时间比率，即通道处于忙碌状态的概率，它反映了通道被利用的情况。
- 网络效率：单位时间内通道成功传送的信息与通道发送信息的时间比率，即吞吐量与通道利用率两者的比率。
- 负载完成率：所有节点运行完成后成功向总线上发送的报文帧的总个数与所有节点请求发送的报文帧的总个数的比率。

仿真设定 CAN 总线传输速率为 200Kb/s，总的运行时间为 T=2s，并假设每一帧报文的数据长度为 100b，可以得知，CAN 总线满负载时传输 4000 帧数据，表示为 N=4000 帧，即满负载时传输的数据帧的总长度为 400Kb，表示为 S=400Kb。通过设定各节点的发送周期，来调整负载率的大小。

在图 3.23 中比对了两组不同的 CAN 通信数据的实验结果，其中横坐标为 CAN 网络

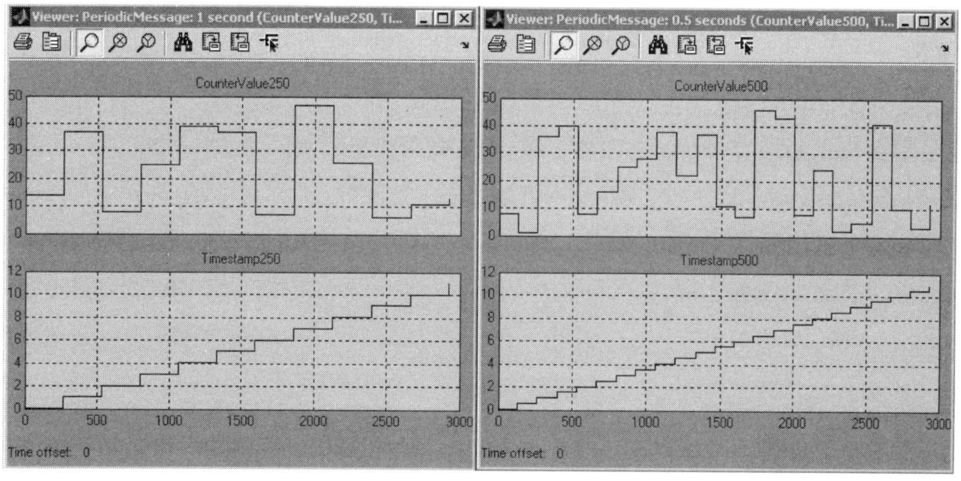

图 3.23　Simulink 仿真对比

中的时间戳，而纵坐标则表示 CAN 网络中收发到的数据包。

从两组 CAN 网络通信过程的图形曲线来看，第一组 CAN 通信中数据包的发送频率是第二组 CAN 通信数据包的 1/2。此外，两组中的 CAN 通信都具有较高的可靠性，均未出现任何丢包的情况。但需要说明的是，这并不意味着在网络中不存在冲突的情况，冲突由 CAN 网络中相应的判断、仲裁和容错机制来解决。

第 4 章　基于时间触发的 TTCAN

传统的 CAN 总线计数采用事件触发消息传输机制，CSMA/CD+ AMP（Carrier-Sense Multiple Access with Collision Detect ion and Arbitration on Message Priorities，载波侦听、多路访问、冲突检测、优先级仲裁）介质访问控制机制，即多个消息同时发送时，按照消息标识符的优先级顺序，低优先级消息自动退出，而高优先级消息继续发送。

这种介质访问方式提高了网络的利用率和高优先级消息的实时性，但在重负载 CAN 中，低优先级消息经常由于总线冲突而被迫退出发送，导致低优先级消息传输时延长，且传输时延不可预测。因此，CAN 不适合实时性和可靠性要求特别高或有安全性要求的场合，如汽车电子钟的 X-by-wire（线控技术）。为此国外有专家自 2000 年起研究时间触发机制的 CAN 总线，即 TT CAN（Time Triggered Controller Area Network）。2004 年国际标准化组织将 TT CAN 制定为 ISO 11898-4 国际标准。

在本章内容中，主要在 CAN 网络技术的基础上向读者介绍车载网络 TTCAN 总线技术以及 TTCAN 总线在车载网络中基本的仿真应用，通过具体的仿真实例介绍 TTCAN 网络的结构和应用。

【本章重点】

1. 车载 TTCAN 网络的基本结构；

2. 车载 TTCAN 网络的通信协议；

3. 车载 TTCAN 网络的数据传输。

【本章难点】

1. 车载 TTCAN 网络的层次结构；

2. 车载 TTCAN 网络的传输原理；

3. 车载 TTCAN 网络的仿真设计。

4.1 车载 TTCAN 网络的基本概念

通常意义上来讲，典型的 CAN 总线技术采用时间触发通信。如果在同一个时间内有多个消息同时要求发送数据则有可能使得 CAN 总线承受较大的负载，甚至达到总线负载的峰值。虽然 CAN 总线的非破坏性仲裁机制也能保证所有的消息能够根据各自的标识符优先级进行连续发送，但对于实时性要求比较高的系统则缺乏较好的可操作性。

为了进一步提供数据通信系统的实时性，必须对整个系统进行相应的时序分析，以确保总线即使工作在峰值负载的情况下也能完成所有的传输任务。

根据 ISO 11898 的相应规定，时间触发通信的先决条件就是必须首先使得 CAN 网络中的所有节点能够进行数据同步，进而在所有节点都成功同步之后，才能使得时间触发通信能够以较高的成功概率在高层协议的基础上建立起全局时间。

在 X-by-wire 系统中，对于控制单元来说，其所有的总线任务均采用一种基于静态循环的时序进行安排，即构造一个时间段序列，并且同时将每个任务放置在至少一个时间段内。一般情况下，具有高优先级的任务可以占有一个或者一个以上的时间段。在一个时间段内的所有活动，包含中断处理，都必须在下一个时间段开始之前结束或处理完成。这项措施可以在一定程度上减轻司机在驾驶过程中频繁执行繁琐的操作，同时又能较大幅度地增加车辆行驶的安全性，帮助司机在遇到紧急情况的时候做出最恰当的决定。

如果由基于 CAN 总线的控制单元所组成的分布式应用系统均采用这样一个实时操作系统，则当所有节点同步成功以后，任何消息都可以在一个特定的时间段内进行发送，而无需和总线上的任何消息进行竞争。这种数据传输的模式就能避免数据丢失时所需要的仲裁，同时数据传输的延迟时间也可以预先估计。

因此，ISO 11898 为 CAN 总线控制器提供了一个可选的接口以支持时间触发通信。在这种网络工作模式下，每个 CAN 节点必须提供一个标准的时间基准。这个时间基准可以由内部时钟提供，也可以由外部时钟来实现。所有接收和发送的数据消息都要通过请求并获得一个时间基准后，来作为各自消息的参考点。这就是帧起始位 SOF 的采样点。

需要说明的是，一个新的协议标准和一个新的数据总线有希望在汽车中得到广泛应用，主要依赖于新的协议控制器和收发器集成电路的研制和开发，同时还需要相应的设计和分析工具，以及用于系统集成的专业知识。

时间触发通信的工作模式是建立在现有 CAN 总线标准上的新的数据通信规范。对于现有的带有 CAN 总线的集成电路而言，均支持通过软件来实现时间触发的功能，而高精度的全局时间却需要硬件系统来实现。TTCAN 在数据链路层和物理层完全与现有的 CAN 控制器兼容，可以使用相同的总线框架和总线收发器，最高位速率为 1Mb/s。无论是对于 CAN 总线还是 TTCAN 总线而言，都属于最高位速率，一般情况下无法再次提供。TTCAN 可以使用 CAN 收发器，而无需设计或使用新的 CAN 收发器。同时，TTCAN 也无需专门的总线监测，总线上节点的冲突可以通过 CAN 的非破坏性位仲裁机制和总线故障监测，如错误认可、总线断开等，都可以通过提前预防的形式来避免。

同时，TTCAN 也能够完全向下兼容原有的 CAN 网络总线。现有的 CAN 控制器完全可以用来接收 TTCAN 网络的所有消息，而 TTCAN 控制器也可以在现有的 CAN 网络中运行。TTCAN 控制器可以被认为是现有 CAN 网络控制器的帧同步实体的增强版。TTCAN 的网络节点在经过一定的参数配置后可以像原有的 CAN 网络节点一样运行，而现有的 CAN 网络节点在 TTCAN 网络中以监听的方式接收数据信息。但需要注意的是，在 TTCAN 网络中，如果 CAN 节点发送数据信息则会出现错误，扰乱 TTCAN 网络的通信时序。

TTCAN 网络上所有的消息都能采用 CAN 协议的信息帧格式进行发送，而现有的 CAN 总线分析工具也能兼容用于 TTCAN 总线的分析。新的分析工具只需要对数据信息发送时序进行临时配置即可实现对 CAN 总线时序进行分析。

4.2　TTCAN 的时间触发通信

国际标准 ISO 11898-4 对“基于 CAN 的时间触发通信”进行了详细的阐述和规定代沟，即为通常意义上的 CAN 总线标准的扩展。在该规范中介绍了时间触发通信和在系统范围内高精度的全局网络时间等相关内容。

TTCAN 是基于 ISO 11898-1 所描述的 CAN 总线的数据链路层演变而原来的，它可以使用在 ISO 11898-2（高速收发器）或者 ISO 11898-3（容错低速收发器）中所描述的标准 CAN 的物理层进行通信。与事件触发网络通信协议一样，TTCAN 提供了一套时间触发消息的通信机制，它允许使用基于 CAN 的网络拓扑结构来构成控制环路。此外，还能提高基于 CAN 的车载网络的实时通信性能。

TTCAN 网络是建立在原有 CAN 协议基础之上的一种高层次协议，该通信协议对网络上所有的 CAN 节点进行通信时序同步，并且提供了一个精确的全局系统时间。当 CAN

网络中所有的 CAN 节点同步成功之后，任何消息只能在一个特定的时间段内进行发送，而不是在总线上与其他消息进行竞争后再进行传输。通过这样的全局时间同步机制，TTCAN 总线在数据通信过程中无需冲突仲裁，而延迟时间则可以进行提前估计。

在此基础上，ISO 发布了基于 CAN 总线的时间触发通信协议，即 ISO 11898-4。在该通信规范中，存在着 3 种不同的时间窗，即专用时间窗、空闲时间窗和仲裁时间窗。专用时间窗分配给周期性发送的专用消息，它们在访问基于 CAN 网络的时候不再存在消息竞争。为了支持时间触发通信，所有的总线节点都必须提供一个时间基准，它可以由节点的内部时钟来提供，也可以由外部的系统硬件时间来提供，但所有接收和发送的数据消息都必须请求并获得一个时间基准后才能进行发送，该时间基准则被用于各个节点发送消息的时间参考点。

通信系统采用统一的时间触发操作也就意味着系统内的任何事件、动作等活动都是由全局同步的时钟来进行操作的，即所有的发送、接收和其他一切事件活动都依赖于预先定义的时间序列和当前的时钟状态。如图 4.1 所示，当时钟到达 3 和 6 时，消息 A 开始传输发送，而当时钟到达 5 时，开始接收消息 B。如果整个系统的通信信息都反映在这样一个全局时间表中，则可以得到一个确定的、可预测估计的通信时间矩阵。网络中的每个节点都可以以这种形式将所需要的数据通信信息存在其中。

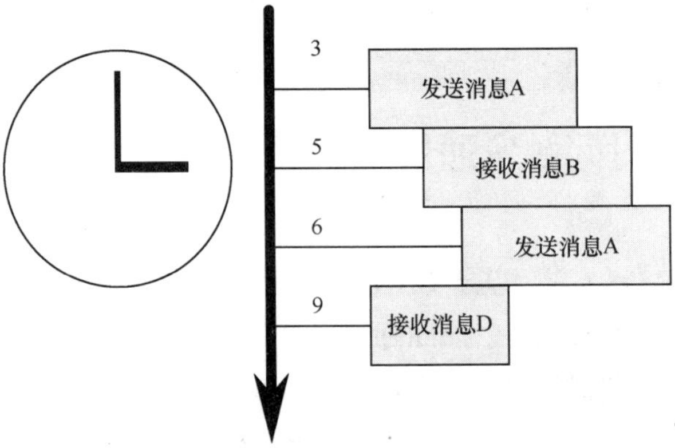

图 4.1　TTCAN 的时间触发机制

需要注意的是，CAN 总线最突出的特点就是在网络控制中媒体访问控制的位仲裁机制。位仲裁机制能够确保具有较高优先级的数据信息能够首先访问总线，即使其他的控制器所发送的消息试图访问媒体，也不会对先前的消息产生任何破坏，即非破坏性的仲裁机制。如果有消息正处于发送过程中，或者另外一个具有更高优先级的消息也在同时竞争访问 CAN 总线，则其他总线节点对 CAN 总线的访问将会被延迟。这就是为什么具有较低优先级的数据信息将会对媒体访问产生延迟，即使具有最高优先级的消息，其暂态行为也有可能会有一个较小但不可忽略的延迟。

在 TTCAN 网络协议中，可以通过全局时间的触发通信模式来避免上述延迟，同时确保消息以确定性的通信模式在总线上传输。此外，在这种确定性的约束下，可以更为有效地使用 CAN 总线的物理带宽。而 ISO 11898 可以在下述两个层面上扩展为基于 CAN 的时间触发协议，即 ISO 11898-4。

（1）保证 CAN 的时间触发操作基于一个由时间主导的参考消息，同时通过冗余时间控制，即潜在时间控制，来建立起功能性的容错机制。

（2）在 CAN 控制器通信期间建立起全局时间基准以及连续漂移修正。

4.3　TTCAN 的参考时间和参考消息

为了同步网络内所有的 CAN 节点的通信活动，TTCAN 网络需要一个通用的全局参考时间，使得网络中的每一个节点都具有各自的局部时间，这是一个随着网络时间单元（Network Time Unit，NTU）而逐步增加的时间计数器。系统宽度的 NTU 是由节点的局部时间以及局部时间单元比率（Time Unit Ratio，TUR）所推算出来的。

在 TTCAN 网络中，循环传输时序安排是通过反复发送一个特定的 CAN 消息，即参考消息（Reference Message）来实现数据信息同步的。参考消息是由一个时间主导节点来发送的，它可以重新启动每个节点的循环时间，该循环时间源自于节点的局部时间。

TTCAN 是基于时间触发和后期型通信的数据传输方式，它采用了一个由全局时间来主导的参考消息来进行时间设定。参考消息通过其标识符很容易被识别出来。在 TTCAN 的第一个层面，参考消息只带有一字节的部分控制信息，而其他的 CAN 数据消息则可以用来发送数据。在扩展的第二个层面，参考消息则可以带有附加的控制信息，如当前 TTCAN 时间主导的全局时间信息。一般情况下，第二个层面的参考消息含有 4 字节以保证向下兼容，而另外的 4 字节可以用作数据通信。

在图 4.2 中，所有的 TTCAN 节点，包含时间主导节点都以同样的方式对循环时间进行同步。任何消息的接收和发送都会调用一个在对消息进行帧同步时得到的局部时间。帧同步事件发生在每个帧起始的采样点上，同时它将局部时间载入同步标志寄存器（Sync Mark Reg）。

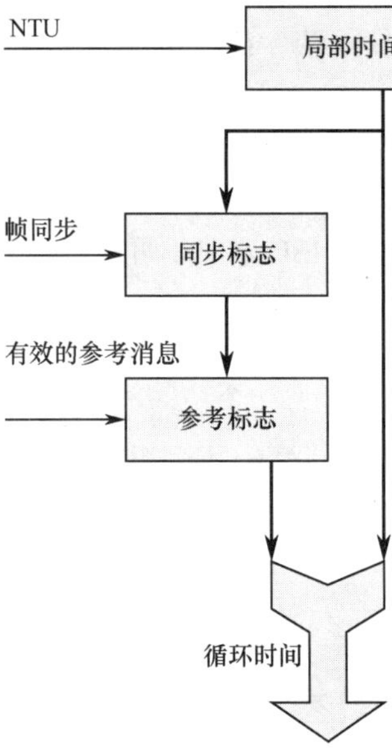

图 4.2　TTCAN 循环时间同步

如果节点发送或者接收到一个有效的参考消息，同步标志寄存器的值就会自动加载到参考标志寄存器中。参考标志中的实际值和局部时间的差值则为循环时间（Cycle Time = Local Time – Ref Mark）。

4.4　TTCAN 中的基本循环

每个参考消息都意味着一个新的基本循环，而循环时间从每个基本循环开始的时刻进行计时。基本循环由几个不同宽度的非重叠的时间窗构成，时间窗的序列由时间窗开始的时刻所定义的时间标志描述。

一般情况下，整个 TTCAN 网络的基本循环结构只定义一次，几个基本循环可以组合起来构建一个矩阵循环或者系统矩阵，而这些矩阵循环中的基本循环序列则是由参考消息来控制的。TTCAN 系统中的所有可能的消息都将分配到系统矩阵的特定单元，即时间窗中。

前面已经初步提过，通常情况下由 CAN 网络的应用层来定义一个时间窗的性质，即 3 类时间窗。

（1）专用时间窗，只有特定的消息可以通过该专用时间窗进行发送；

（2）空闲时间，为 TTCAN 总线的扩展所预留的时间窗；

（3）仲裁时间窗，主要用于总线上消息冲突的仲裁处理。一般情况下，未能成功发送的消息不能够自动重新发送，这样可以保证专用时间窗里的消息在总线传输中不被延迟。

通常来说，TTCAN 网络中的节点不需要掌握整个系统的通信矩阵信息，而只需要知道时间标志就可以了。在 TTCAN 网络中，时间标志主要是用来定义节点自身发送消息以及查看是否接收到已经准时到达节点的消息所需要的时间段。在图 4.3 中，时间标志同循环时间相比，当循环时间到达一个时间标志时，则会触发一个特定的动作。

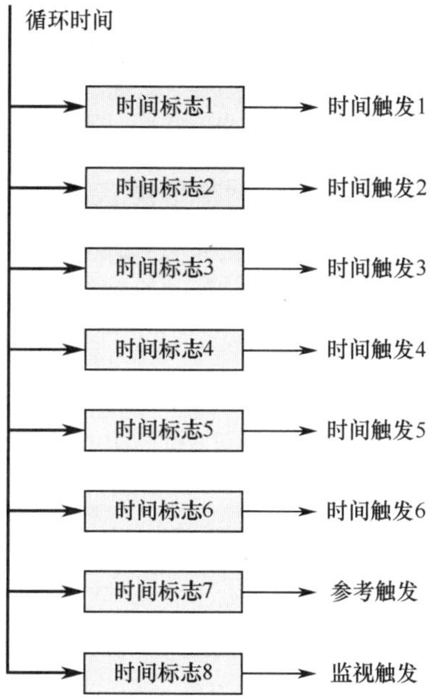

图 4.3　TTCAN 循环时序

从图 4.3 可以看出，除了监视触发（Watch Trigger）以外，所有的时间触发都和 CAN 节点的消息有关，主要用来启动消息发送，或者用来接收已经检测到的消息。参考触发（Ref Trigger）与参考消息相关，当时间主导节点发送一个参考消息，就会启动一个新的基本循环，而循环时间则被复位。当一个参考消息没有能够准确完成的时候，监视触发将发挥作用，用来启动一个错误处理程序。

4.5　TTCAN 中基本循环的时间窗

两个连续的参考消息之间的时间段组成基本循环，一个基本循环由几个不同大小的时间窗组成，时间窗则提供了消息传输所必需的空间，如图 4.4 所示。

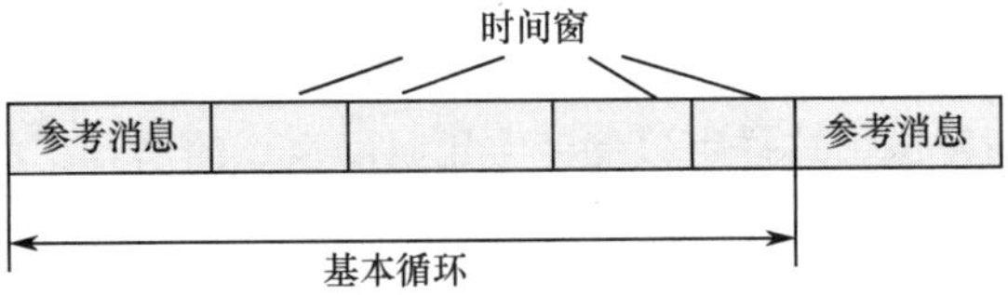

图 4.4　TTCAN 的基本循环与时间窗

基本循环的时间窗可以用来发送周期性的状态消息、自发状态和时间消息，而所有被发送的消息都具有 CAN 协议的数据格式，并且都是标准的 CAN 消息帧。一个周期性消息的时间窗可以被称为专用时间窗，即 Exclusive Time Window。在时间窗内，起始的时间窗决定了一个节点的预定发送消息的起始点。如果 CAN 网络调度恰当，同时也对系统的通信模式进行了离线设计分析，则消息传输过程中不会产生任何的冲突竞争。即使在数据传输过程中确实出现了访问冲突等网络错误，CAN 标准协议中的特性，如位仲裁、仅当总线空闲时才发送消息等措施，仍然能够有效地处理该问题。为了提高系统设计的灵活性，在一个基本循环内，一个专用时间窗可以被重复使用。需要注意的是，在专用时间窗内，CAN 总线中消息的自动重发功能是被禁止使用的。

自发消息所使用的时间窗被称为仲裁时间窗，即 Arbitrating Time Window。在仲裁时间窗内，位仲裁决定了 TTCAN 网络的部分节点部分消息能够访问总线，如图 4.5 所示。在时间窗调度过程中，可以预先调度多个消息用于仲裁时间窗，这样就可以决定是否使用仲裁窗发送消息，以及确定哪个消息将采用一定的仲裁窗来进行发送。同样，在仲裁窗时间内，CAN 总线中消息自动重发功能也是被禁止使用的。

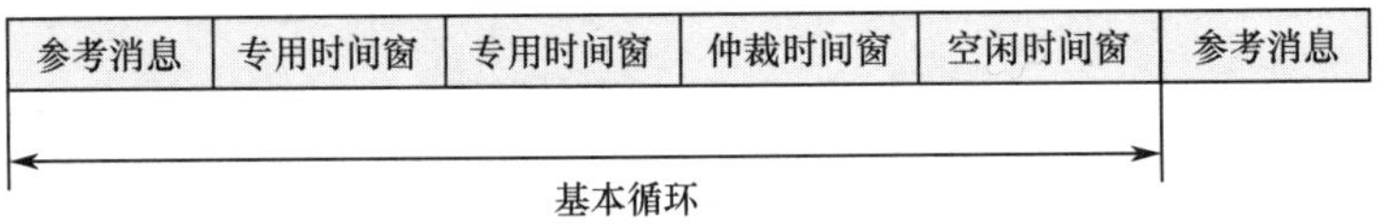

图 4.5　TTCAN 的各类时间窗

在协议设计过程中，充分考虑到网络扩展的需要，TTCAN 协议保留了部分的空闲时间窗，即 Free Time Windows。如果新的节点需要更多的通信空间，或者现有节点需要扩展带宽，则可以将空闲时间窗转变为仲裁时间窗和专用时间窗加以利用。

在 TTCAN 网络中，一个网络控制器节点不需要知道网络的全局信息，而仅需获得时间触发消息的发送和接收的必要信息，以及发自消息发送的相关信息。与其他严格的时间触发通信系统相比，TTCAN 网络节点所需要的全局信息是相对较少的。

在图 4.6 中，CAN 网络节点 4 的控制器在专用窗口 2 和 6 中发送消息 C，而在仲裁时间窗 3 中发送自发消息 F。同时，该节点还要接收专用时间窗 1 的消息 A。

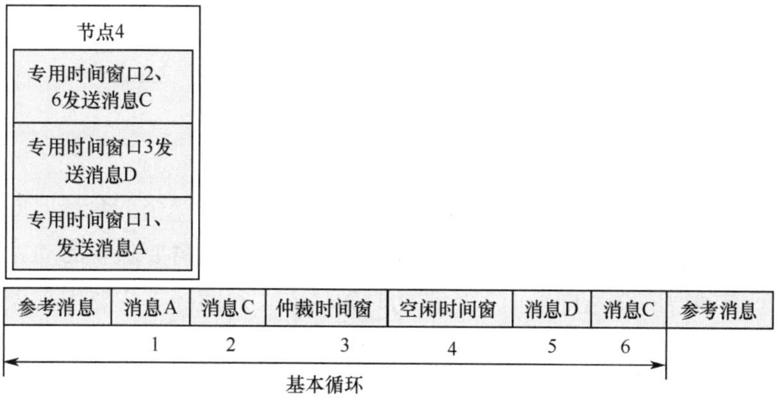

图 4.6 TTCAN 的各类时间窗

4.6 TTCAN 的系统矩阵

在实际的数据通信过程中，不同的时间段会存在许多控制环路和传输任务，而 CAN 网络则需要对这些信息进行逐个发送。但是 TTCAN 网络中的基本循环并不能提供足够的灵活性以满足这种需求。在这种情况下，TTCAN 协议中的规范允许使用更多的基本循环去构建通信矩阵或者用户所要求的系统矩阵。

TTCAN 网络中的几个基本循环连接就可以构成矩阵循环，这种循环在大部分模式下都是可行的。例如发送每一个基本循环，发送第二个基本循环，或者在整个系统矩阵中仅发送一次。

在图 4.7 中，TTCAN 采用了一种最为简单的系统矩阵，即发送每一个基本循环。在 TTCAN 协议规范中也允许一些较为特殊的情况，当有两个以上的仲裁时间窗串联在一起的时候，允许将其合并在一起。

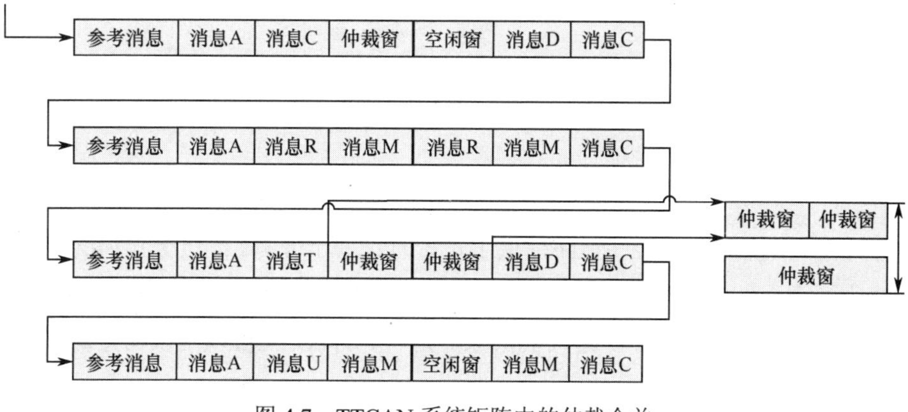

图 4.7 TTCAN 系统矩阵中的仲裁合并

4.7 TTCAN 的全局系统时间

在 TTCAN 网络的一个基本循环中，协议的执行是通过网络的全局时间来驱动的，这个时间即被称为循环时间，并且在每次收到参考消息后都需要重新启动。循环时间和系统矩阵之间必须要的联系则形成了所谓的时间标志。时间标志主要用来表征专用时间窗口和仲裁时间窗口的开始时间。通常来说，用于发送周期性消息或者自发性消息的时间标志被称为 Tx 触发，即 Tx Triggers；用于接收周期性消息的时间标志被定义为 Rx 触发，即 Rx Triggers。

在 TTCAN 网络中，一个时间标志由基本标志和重复计数信息组成。基本标志决定了矩阵循环开始后第一个基本循环的数目，而在矩阵循环中必须已进行了消息发送和接收。重复计数信息决定了两个连续的消息发送和接收之间的基本循环数。

TTCAN 网络的循环时间是保证时间触发协议操作的基本时间。该时间信息的一个重要特性就是时间间隔尺度。TTCAN 网络里的任何时间信息间隔尺度都被称为网络时间单元。通常情况下，系统的网络时间单元由系统硬件电路的晶振进行分频后得到，如图 4.8 所示。

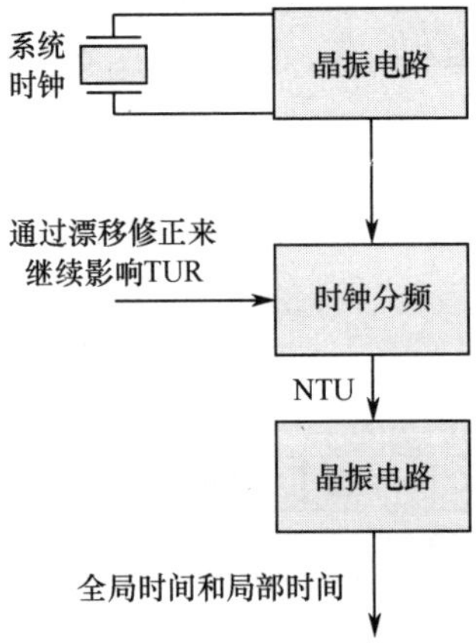

图 4.8　TTCAN 系统时钟的生成

每个 CAN 节点的硬件振荡电路提供了系统时钟用于分频。经过分频后的时钟信号则被用于产生适合系统宽度的 NTU。同时节点的局部时间单元比率（Time Unit Ratio，TUR）正确地体现了系统时钟和 NTU 之间的关系。这样，NTU 就可以用来构建局部时间以及系统的全局时间。

基于 CAN 网络的时间触发通信是在两个不同的层面上实现的。第一层被严格限制仅用来发送周期性的信息，而第二层则支持全局系统时间。在 TTCAN 网络中，各个节点建立自身的局部时间和全局时间，并且在参考消息中发送自己的参考标志，即 Ref_Marks，作为主参考标志，即 Master_Ref+Marks。

发送参考消息的节点是 TTCAN 网络的时间主导节点。在 TTCAN 网络的第二个层面，所有的节点都要抓取在帧同步脉冲过程中自身的时间值，如参考消息的帧起始位采样值。时间主导节点将经过正确定义后的全局时间值发送给帧同步脉冲，用来作为参考消息的一部分。此后，每个节点都建立起自己独立的局部偏移量，作为全局主导时间瞬间值与其局部时间瞬态值之间的偏差量。这样，在下一次基本循环中，节点就可以计算出全局时间，即全局时间等于局部时间与局部偏移量之和。如果局部时间和全局时间的速度相同，则可以确信所有的节点与全局时间是一致的。

时间从属单元通过将其自身的局部参考标志同接收到的主参考标志进行比较，计算出局部时间偏移量，如图 4.9 所示。这样，从节点自身角度而言，全局时间就是局部时间加上局部漂移量。

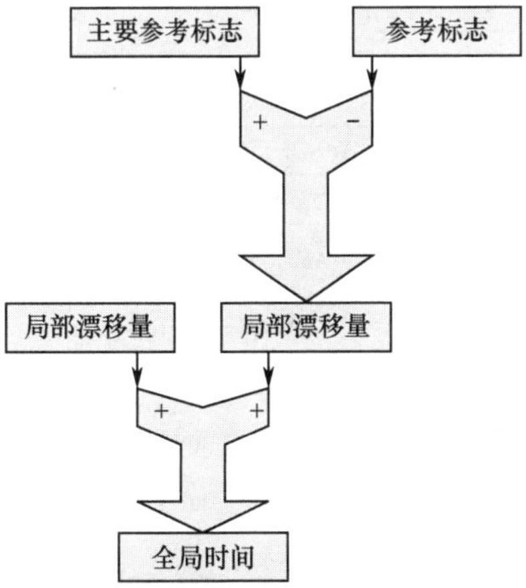

图 4.9　TTCAN 系统的全局时钟

由于不同的节点在时间计算上会存在漂移误差，因此需要引入一种可靠精确的时间机制以确保局部时间和全局时间在实际过程中具有完全相同的速度。在 TTCAN 网络中这种时间保证机制就是时间单元比率 TUR 的连续修正。

在实际运行中，为了得到这个值用以修正由主时钟速度所决定的值，节点分别对两个连续的帧同步脉冲之间的长度以局部（再次间隔中晶振的周期数）和全局时间（两个主瞬时值之间的差异）进行了测量，两者的比率即为实际的 TUR。通常来说，该测量值仅受测量精度的限制，而与系统时间的精度无关。在第二个层面，两个节点的全局时间值不能超过一个网络时间单元 NTU，一个典型的 NTU 大约与一个 CAN 的位时间相当。

为了补偿 TTCAN 节点上细微的时钟差别，以确保能够为各个节点提供一个精确一致的全局时间，各个节点需要进行漂移补偿，如图 4.10 所示。各个节点将局部时间的基本循环长度与全局时间的基本循环长度相比较，两者的比值即为单元比率。

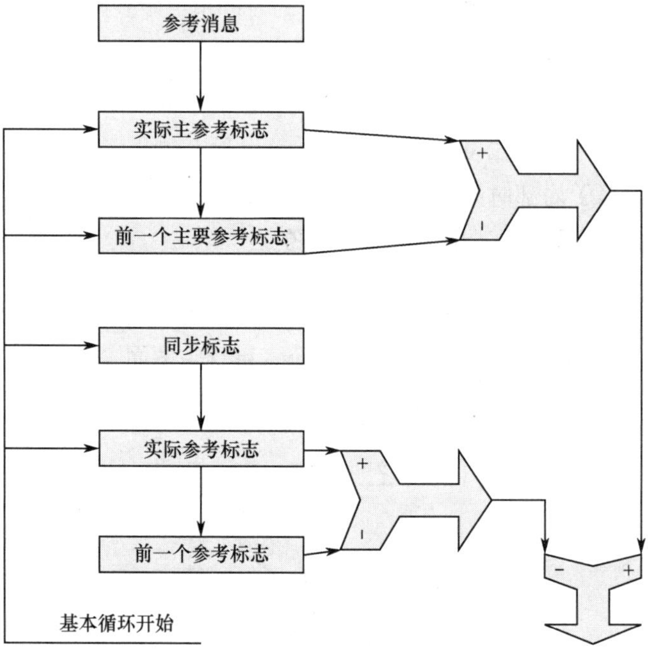

图 4.10　TTCAN 节点的漂移补偿

4.8　TTCAN 的容错功能

由于时间主导节点 Time Master 在 TTCAN 网络的运行过程中起着至关重要的作用，而事实上在数据通信过程中又不可能避免出现通信故障或冲突，因此必须为此建立较为完善的容错机制。在 TTCAN 网络中具体的做法就是预先定义一个以上的 TTCAN 控制器，将其作为潜在的时间主导节点，并且给各个节点分配相应的标识符，用以控制节点的启动行为。

当 TTCAN 网络中的某一个控制器复位之后，另一个潜在的时间主导节点将会检查总线上是否还存在数据通信，以及是否还在发送参考消息。如果没有潜在时间主导节点以其标识符发送参考消息，则在第二个层面，会将它的局部时间作为当前网络的全局时间来使用。当潜在的时间主导节点接收到一个较高优先级的参考消息时，它会首先停止发送参考消息，然后再与较高优先级的时间主导节点所给出的基本循环同步。当潜在的时间主导节点接收到一个较低优先级的参考消息时，它首先与现有的基本循环同步，然后再试图成为时间主导节点，在下一个基本循环开始的时候发送自己的参考消息。由于具有较高优先级的消息会先赢得仲裁，确保了协议机制不会出错，而具有较高优先级的潜在时间主导节点在不干扰基本循环结构的情况下，逐步成为主动的时间主导节点。只要不发生通信错误，这些系统状态都是稳定的。

在通信期间，如果发生参考消息丢失的情况，所有的潜在时间主导节点都会立刻发现，这将产生一个较短的时间延迟。同样，这个延迟也会使得时间暂时中断。在时间暂时中断之后，会有一个潜在的时间主导节点以它自己的全局时间，即局部时间加局部偏移量，开始发送参考消息，这样就重建了一个新的时间主导节点，并可以发送参考消息。此外，潜在时间主导节点之间的竞争是由标准 CAN 总线的位仲裁机制来决定的。

4.9　TTCAN 的应用和 Simulink 仿真

4.9.1　TTCAN 的 Simulink 仿真

为了实现 TTCAN 协议的网络通信，在 Simulink 中采用收发消息的方式对其进行仿真。因此，首先需要对定义好的消息进行转换，使其成为能够被 Simulink 模块识别的消息数据。具体操作指令如下所述。

```
load SourceMsgs.mat
canMsgs = vntslgate（'privatecanslconvertmsgs'，canMsgObjects）；
save DriveReplay.mat canMsgs
whos
```

上述代码中的 load 指令主要用于加载指定的消息文件。如本例中，所加载的消息文件名称为 SourceMsgs.mat。需要注意的是，消息文件必须存放在 MATLAB 的默认路径中，或者添加存放文件的路径，使其成为 MATLAB 中可搜索的路径，否则系统会提示无法打开该文件。Vntslgate 指令用来对消息数据进行转换。save 指令用来对转换后的消息数据进行保存。whos 指令主要用于查看消息转换的结果。如果操作正确，则大致（不同数据消息转换的结果也不一致）可以得到如下所示的结果。

Name	Size	Bytes	Class	Attributes
canMsgObjects	1x100000	800104	can.Message	
canMsgs	1x1	2401232	struct	

在图 4.11 所示的 TTCAN 通信模型中，主要包含了两部分的内容。

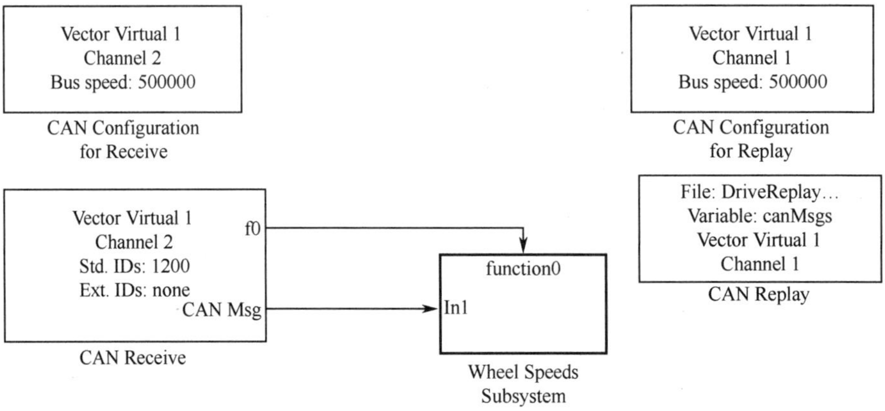

图 4.11　TTCAN 网络的接收发送模块

(1)TTCAN 重置模块。该模块主要功能是将数据消息传送到 Vector Virtual Channel 1。

(2) TTCAN 接收模块。该模块主要用于通过 Vector Virtual Channel 2 接收数据消息。可以看出，TTCAN 接收模块被配置为扩展 ID 模式，并且只允许 ID 为 1200 的 WheelSpeed 进行收发。

图 4.12 描述了 TTCAN 网络中，Wheel Speeds 子系统的基本配置。在 Wheel Speeds Subsystem 模块中，从 TTCAN 网络上接收到的数据包被提取出来，获得相应的车速信息。

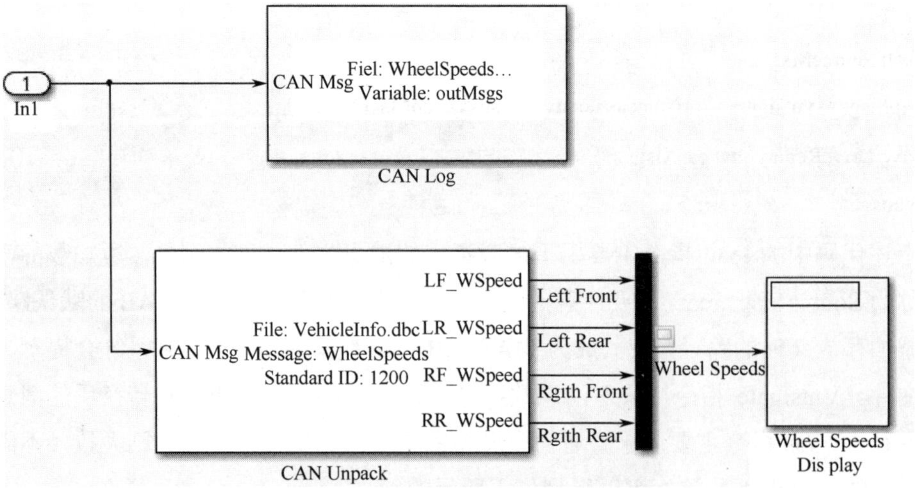

图 4.12　Wheel Speeds 子系统配置

运行仿真后，可以得到如图 4.13 所示的仿真曲线。该曲线是通过 TTCAN 网络进行接收和发送的车轮转速数据，能较为实时、可观地描述出当前车辆的运行状态。

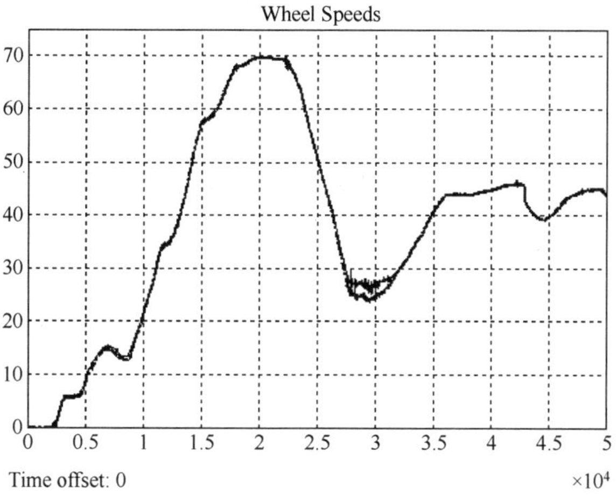

图 4.13　TTCAN 的仿真曲线

4.9.2　TTCAN 的应用场合

在一些应用场合中，严格的时间触发时序调度需要一个较长的时间周期，这对于延迟不容忍的系统而言并不是一个完美的解决方案。对一些时间而言，它们本身可能并不需要周期性的发送，但是却要求保证其延迟时间。例如，在发送机管理系统中，有些任务高度依赖于曲轴的当前位置。当系统通过 CAN 总线读取传感器的值，一旦到达一定的位置，就必须开始执行预先确定的动作。在这些应用场合中，有时候严格执行具有周期的时序定时是有意义的，但是更为重要的是在应用中如何中断时序，同时又能经过同步后重新启动时序并继续进行发送。

在 TTCAN 网络中，系统规范允许出现这种情况。如果在应用中当前的时间主导节点希望中断周期性的时序，而应用层又也已经激活了这个特性，则在当前基本循环结束后，会留出一段期望的时间间隙。如果这样，其他节点将不会把基本循环结果后未出现参考消息当成一个错误来处理，同时那些备份的潜在时间主导节点也不会发送参考消息。如果应用中的时间主导节点希望重新开始发送周期性的时序，则该节点会发送一个参考消息以同步相应的系统时间。

可以预期的是，在未来的车载网络中，一些与安全相关的系统需要进行确定性的消息发送，而这将会通过 TTCAN 的专用时间窗口来继续调度并实现。在 TTCAN 系统矩阵中，对于不同的基本循环序列，允许采用多种发送模式，TTCAN 所提供的全局时间容错以及基于时间主导原则的漂移修正服务，有效地支持了在分布式实时系统应用中对于系统宽度时间基准的要求。TTCAN 规范关注于现有 CAN 总线标准模块的扩展，对于 CAN 总线中一些现有的机制，如位仲裁等都加以了利用，同时允许在确定的框架范围内进行更加灵活的应用。TTCAN 允许定义仲裁时间窗以发送自发消息，通过协议保证了下一个周期性消息的确定性发送，同时建立起误差监督机制。基于时间触发的 TTCAN 则是一个较好的、具有较高可靠性的实时通信方案。

第 5 章　局部连接网络（LIN）

LIN 是 Local Interconnect Network 的缩写，是基于 UART/SCI（Universal Asynchronous Receiver-Transmitter/Serial Communication Interface，通用异步收发器/串行通信接口）的低成本串行通信协议，通常可被用于汽车、家电、办公设备等多种领域。

本文主要针对 LIN 在分布式的汽车电子网络系统中的应用，以 LIN2.1 为版本，围绕 LIN 网络的概念和特征以及网络结构的物理层、协议层和应用层的相关协议规定进行说明，同时对 LIN 协会所提出的 LIN 总线的概要及协议进行了归纳。

【本章重点】

1．车载 LIN 网络的基本结构；

2．车载 LIN 网络的通信协议；

3．车载 LIN 网络的数据传输。

【本章难点】

1．车载 LIN 网络的层次结构；

2．车载 LIN 网络的传输原理；

3．车载 LIN 网络的仿真设计。

5.1　车载 LIN 网络的基本概念

车载 LIN 网络（Local Interconnect Network）是一种低成本的串行通信网络，主要用于实现汽车中的分布式电子系统控制。通常来说，LIN 网络的目标是为现有汽车网络（如 CAN 总线）提供辅助功能，因此 LIN 总线是一种辅助的总线网络。在不需要 CAN 总线的带宽和多功能的场合，比如智能传感器和制动装置之间的通信，使用 LIN 总线可大大节省成本。

5.1.1 LIN 网络的发展历程

1996 年，Volvo 和 Volcano 通信（VCT）为 Volvo S80 系列开发了一种基于 UART/SCI 的协议，即 Volcano Lite。1997 年，Motorola 与 Volvo 和 VCT 合作，帮助它们改进 Volcano Lite 协议以满足各种不同需求，如无须晶振的从机设备自动同步，并制定可以支持各种半导体产品的开放标准。

1998 年 12 月，Audi、BMW、Daimler Chrysler 和 Volkswagen 也加入进来，由此形成了 LIN 协会（http：//www.lin-subbus.org）。开发 LIN 标准的目的在于适应分层次车内网络在低端，特别是对速度和可靠性要求不高、低成本的场合的需求。LIN 经历了几个版本的发布和更新，如表 5.1 所示。

表 5.1　LIN 协议的历史版本

版本发布时间	LIN 版本
1999.07	LIN 1.0 版本正式发布
2000.03	LIN 1.1 版本正式发布
2000.11	LIN 1.2 版本正式发布
2002.12	LIN 1.3 版本正式发布，主要针对物理层进行了修改，提供了节点之间的兼容性
2003.09	LIN 2.0 版本正式发布，支持配置和诊断的标准化，规定了节点性能文件等
2000.11	LIN 2.1 版本正式发布，澄清了部分内容，修正了配置部分，将传输层和诊断部分独立开来

事实上，LIN 技术规范中除定义了基本协议和物理层外还定义了开发工具和应用软件接口。LIN 通信是基于 SCI（UART）数据格式，采用单主控制器/多从设备的模式，仅使用一根 12V 信号总线和一个无固定时间基准的节点同步时钟线。

这种低成本的串行通信模式和相应的开发环境已经由 LIN 协会制定成标准。LIN 的标准化将为汽车制造商以及供应商研发应用操作系统降低成本。

在车载网络中，较为典型的 LIN 总线应用是汽车中的联合装配单元，如门、方向盘、座椅、空调、照明灯、湿度传感器、交流发电机等。对于这些成本比较敏感的单元，LIN 可以使那些机械元件，如智能传感器、制动器或光敏器件得到较广泛的使用。这些元件可以很容易地连接到汽车网络中并得到十分方便的维护和服务。在 LIN 实现的系统中通常将模拟信号量用数字信号量所替换，这将使总线性能优化。

5.1.2 LIN 网络的拓扑结构

在图 5.1 中，描绘了 LIN 网络和 CAN 网络在车载系统中的分布。通常来说，一个典型的车载 LIN 通信网络包含了 LIN 从机节点和 LIN 的主机节点。一个 LIN 节点即一个 LIN 接口。LIN 网络与图 5.1 中的主干线 CAN（Controller Area Network，控制器局域网）总线相连时，需要加入 CAN-LIN 网关，用来协调不同网络类型数据的交互通信。这类网络一般由 LIN 网络中的主机节点来充当，其网络拓扑的抽象结果如图 5.2 所示。

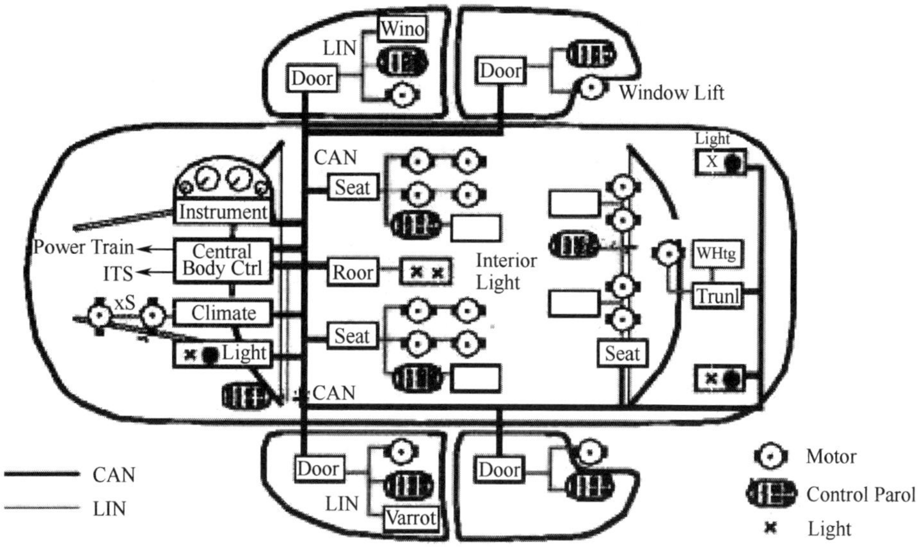

图 5.1 LIN 网络在汽车中的应用

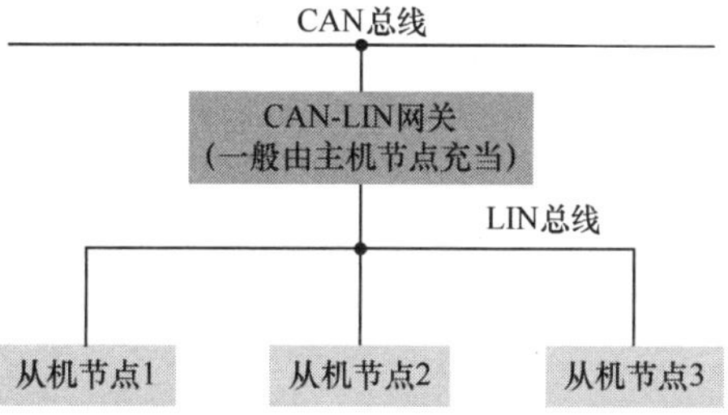

图 5.2 LIN 网络与 CAN 网络互联时的网关

需要注意的是，由于 LIN 网络在汽车中一般不独立存在，经常与上层网络，如 CAN 网络等相连，因此 LIN 网络也通常被称为 LIN 子网络。需要说明的是，LIN 子网络的概念是相对于上层网络而言的。通常而言，在不强调与上层网络相连的情况下，后面也称作 LIN 网络。此外，在车载网络中，一个单独的 LIN 节点也不一定对应一个单独的 ECU（Electronic Control Unit，电子控制单元）。因为在车载网络中，一个 ECU 可能提供多个 LIN 接口，并且这些接口可能连接到不同的 LIN 通信子网中。

在 LIN 网络的层次结构中，节点应用层向下层传输信号和消息。信号和消息位于帧中的数据段，是节点向其他节点传达的实质信息。它们之间的区别在于信号封装于信号携带帧（帧 ID 范围在 0x00～0x3B 之间）中，用于在运行状态传递上层发生的事件，如温度传感器的测量结果等。消息封装于诊断帧（帧 ID 为 0x3C 或 0x3D）中，是有固定格式、最大长度不超过 4095 字节的信息，如服务请求等。应用程序通过信号处理实现信号的传递，通过传输层实现消息的传递，如图 5.3 所示。

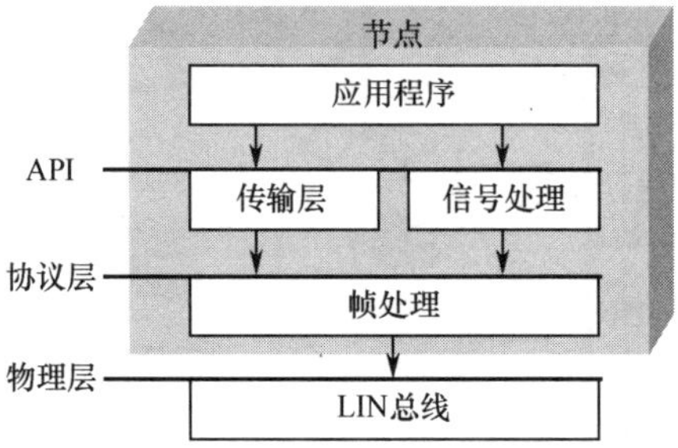

图 5.3　LIN 节点的构成

与 CAN 总线类似，LIN 总线的拓扑结构也为单线总线，即采用了单一主机多从机的概念。从电气参数角度来看，LIN 总线采用的电平为 12V，传输位速率最高为 20Kb/s。显然，相比 CAN 网络而言，LIN 总线网络更适合于在低速网络中被采用。

此外，由于物理层限制，一个 LIN 网络最多可以连接 16 个节点，而典型应用一般都建议 LIN 网络将其节点控制在 12 个以下，并且要求主机节点有且只有一个，而从机节点有 1～15 个，典型节点数量为 11 个。

从任务分配角度来看，LIN 网络中的主机节点（Master Node）包含了主机任务（Master Task）和从机任务（Slave Task），而从机节点（Slave Node）则只包含了从机任务，具体如图 5.4 所示。

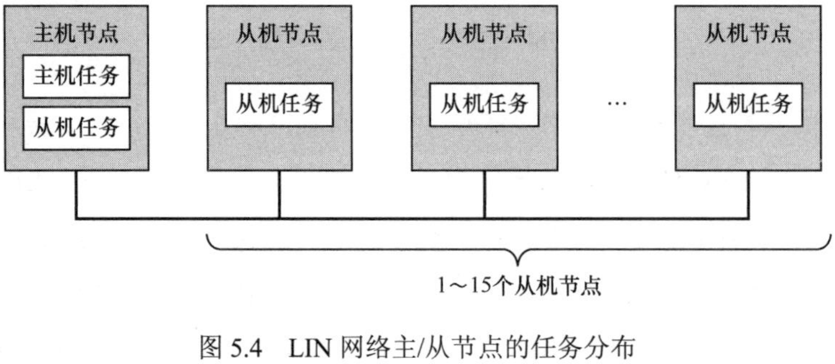

图 5.4　LIN 网络主/从节点的任务分布

具体来说，LIN 网络中的主机任务主要包含以下内容。

（1）调度总线上帧的传输次序；

（2）监测数据，处理错误；

（3）作为标准时钟参考；

（4）接收从机节点发出的总线唤醒命令。

根据 LIN 网络的协议和主从节点的任务分布机制，从机任务不能够主动发送数据，需要接收主机发送的帧头，即信息帧的起始部分，进而根据帧头所包含的信息判断以下三种不同类型的内容。

（1）发送应答，即帧中除帧头外剩下的部分；

（2）接收应答；

（3）既不接收也不发送应答。

5.1.3 LIN 网络的特点

相比 CAN 网络而言，LIN 网络虽然在部分性能上不及 CAN 网络，但同样也具有其自身的特点，具体如下所述。

1）主从式的拓扑结构

网络由一个主机节点和多个从机节点构成，即 LIN 网络与其他总线一样，均采用主从式的拓扑结构。这在一定程度上保证了数据信息传递的可靠性，也保持了一定的向上和向下的兼容性。

2）较低的应用成本

使用 LIN 可以大幅度地削减成本，因为 LIN 网络采用了开放型的协议规范，相应的协议规范可以免费从官方网站获得。这在很大程度上有利于 LIN 网络的推广和应用。同时，LIN 网络也实现了对其硬件成本的大幅削减，在 LIN 网络中采用了基于普通 UART/SCI 接口的低成本硬件实现方案，而无须单独的硬件模块支持，能有效地降低 LIN 网络的应用成本；此外，LIN 网络中的从机节点无须高精度时钟就可以完成自同步，总线采用一根单线电缆等，这些措施都能在很大程度上降低 LIN 网络解决方案的成本。其次，LIN 网络采用了工作流（Work Flow）和现成节点（Off-the-shelf Node）的概念，将网络装配标准化，并可通过 LIN 传输层进行再配置，这也在一定程度上削减了 LIN 网络在应用方案中的装配成本。而且 LIN 协议将 API（Application Programming Interface，应用编程接口）进行了标准化和规范化，这能在较大程度上缩短 LIN 配套软件开发周期。

3）数据传输的确定性

在 LIN 网络中，相比普通的 CAN 网络，数据信号的传输具有确定性，即传播时间可以提前计算出。这能有效地降低网络中发生数据冲突的概率，且能在一定程度上保证数据传输的有效性、可靠性和实时性，能够满足 LIN 网络在车载网络中的要求。

4）可预测的 EMC 性能

在 LIN 网络中，总线对系统的电磁兼容性（EMC，ElectroMagnetic Compatibility）性能具有较好的预测能力。为了限制系统的电磁干扰强度（EMI，ElectroMagnetic Interference），LIN 协议规定了网络中最大的位速率为 20Kb/s。

5）网络管理与诊断

在 LIN 网络中，系统提供了较为完善的信息处理、网络管理配置、信号识别以及网络故障诊断等功能，能够为 LIN 网络的可靠运行和管理提供较为全面的保障，在提高 LIN 网络数据传输的可靠性和实时性方面提供了较为周全的保障。

5.2 LIN 网络的通信协议

在前面的内容中，已经介绍过在 LIN 网络中，有且只有一个主节点和一个或多个从节点。同时，LIN 网络中的所有节点都有一个从通信任务，该通信任务分为发送任务和接收任务，而主节点在此之外还有一个主发送任务。

一般来说，一个 LIN 网络上的通信总是由主发送任务所发起的。而在 LIN 网络中，主控制器发送一个起始报文，该起始报文由同步断点和同步字节消息标志符组成。相应的，在接收并且滤除消息标志符后，一个从任务被激活并且开始本消息的应答传输。该应答由 2/4/8 个数据字节和一个校验码组成。起始报文和应答部分构成一个完整的报文帧，由报文标志符指示该报文的组成。

在 LIN 网络中，这种通信规则可以用多种方式来交换数据：由主节点到一个或多个从节点；由一个从节点到主节点或其他的从节点，通信信号可以在从节点之间传播而不经过主节点或者主节点广播消息到网络中的所有节点。需要补充说明的是，LIN 网络中报文帧的时序由主控制器控制。

5.2.1 LIN 网络的帧结构

在 LIN 网络中，信息帧（Frame）主要由帧头（Header）和应答（Response）两部分组成。一般来说，主机负责发送帧头，而从机则负责接收帧头并对帧头所包含信息进行解析，然后决定给出相应的反馈动作，如发送应答、接收应答，或者是不作任何反应。帧在总线上的传输如图 5.5 所示。

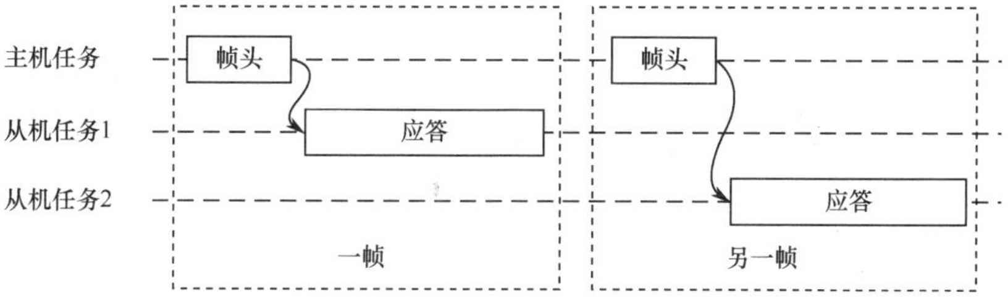

图 5.5 LIN 网络中的信息帧

一般来说，在 LIN 网络中，信息帧的帧头主要包含了同步间隔段、同步段以及 PID（Protected Identifier，受保护 ID）段，应答包括数据段和校验和段，具体如图 5.6 所示。在 LIN 总线中，值“0”代表显性电平（Dominant），而值“1” 则代表隐性电平（Recessive）。根据 LIN 总线上的物理层定义，总线上进行电平信号的“线-与”，即当 LIN 总线上有大于等于一个节点发送显性电平时，总线呈显性电平；所有的节点都发送隐性电平或不发送信息（不发送任何信息时总线默认呈隐性电平）时，总线才呈现隐性电平，否则 LIN 总线呈现显性电平。不难看出，在 LIN 网络中，显性电平起主导作用。

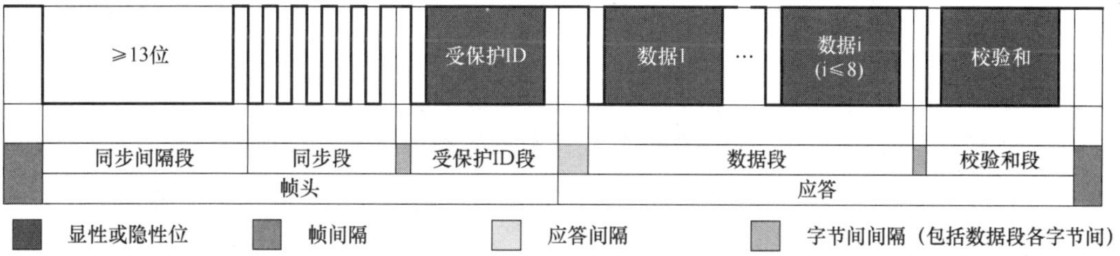

图 5.6 LIN 网络中信息帧的帧头

在图 5.6 中，帧间隔被定义为帧与帧之间的间隔；应答间隔则被定义为帧头和应答之间的间隔。此外，在 LIN 网络信息帧中，字节之间的间隔主要包括同步段和受保护 ID 段之间的间隔、数据段各字节间之间的间隔以及数据段最后一字节和校验和段之间的间隔。

1. 同步间隔段（Break Field）

在 LIN 网络中，同步间隔段由同步间隔（Break）和同步间隔段间隔符（Break Delimiter）构成，如图 5.7 所示。同步间隔是至少持续 13 位（以主机节点的位速率为准）的显性电平，由于帧中的所有间隔或总线空闲时都应保持隐性电平，并且帧中的任何其他字段都不会发出大于 9 位的显性电平，因此同步间隔可以标志一个帧的开始。同步间隔段的间隔符是至少持续 1 位的隐性电平。

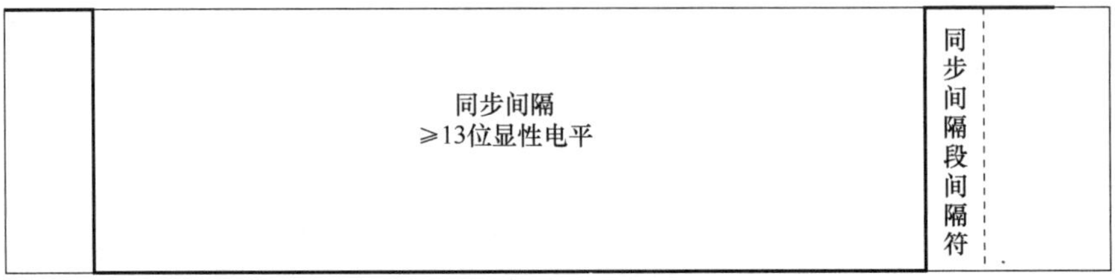

图 5.7　LIN 网络中信息帧中的同步间隔

在数据通信过程中，从机任务接收帧头的同步间隔段时，以该从机任务所在节点的位速率为准，当检测总线上出现持续 11 位的显性电平时，则认为是帧的开始。当从机节点使用精度较高的时钟时，系统的识别阈值可以选择 9.5 位。需要说明的是，LIN 协议并没有规定同步间隔段的发送和检测方法。

一般来说，LIN 网络中发送显性电平的下限为 13 位，上限则应该保证帧的最大传输时间 THeader_Maximum 在协议所规定范围之内。

当从机节点选择的时钟（精度不高的时钟）在容限范围内（±14%）时，（13-11.18）/13=14%。换句话而言，当处于最差情况下（时钟相差 14%）时，从机任务会按照自身时钟测量的主机节点发送的 13 位显性电平不会低于 11.18 位。若识别阈值高于 11.18 位，那么当选用 14%的时钟时，就会出现主机发送同步间隔，而从机检测不到的情形。

由于除同步间隔段以外，帧中任何其余部分都不会发送超过 9 位的显性电平，（10.26−9）/9 =14%，即是说判断阈值必须大于 10.26 位，否则可能把帧中其余部分误判作为同步间隔段。综上所述，在 LIN 网路中，识别阈值一般取值为 11 位显性电平。

当从机节点选择的时钟（精度较高的时钟）在容限范围内（±1.5%）时，按照上述的计算方法，识别阈值应在 9.135 位（由（9.135−9）/ 9 = 1.5%计算而来）到 12.805 位（由（13−12.805）/13=1.5%计算而来）之间。而在不同的 LIN 应用中，具体设定阈值随着所选时钟精度的变化，取值范围在 9.135～12.805 之间变动。

2. 同步段（Sync Byte Field）

在介绍同步段之前，首先需要补充介绍一下字节域（Byte Field）的概念。在 LIN 网络中，字节域主要包括 1 位起始位（Start Bit，显性）、8 位数据位和 1 位停止位（Stop Bit，隐性）。通常来说，这种数据格式是一种标准的 UART 数据传输格式，具体组织结构如图 5.8 所示。

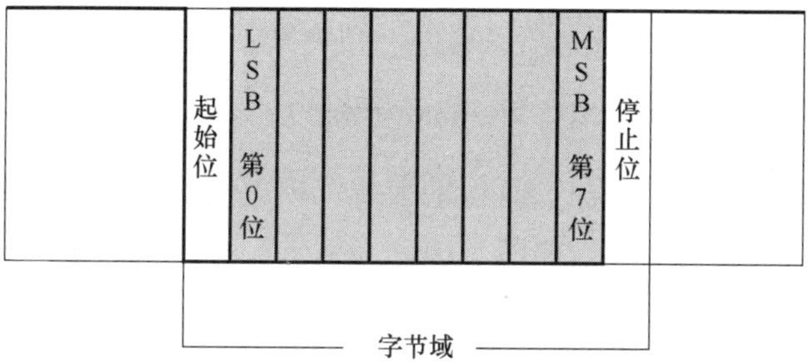

图 5.8 LIN 网络中字节域的基本结构

在 LIN 的一帧当中，除了上述所讲的同步间隔段，后面的各段都是通过字节域的格式在 LIN 网络中进行传输的。在 LIN 帧中，数据传输都是先发送 LSB（Least Significant Bit，最低有效位），最后发送 MSB（Most Significant Bit，最高有效位）。

为了实现不同节点之间数据信息的同步，LIN 网络采用下降沿为判断标志的方式进行数据同步，即采用字节 0x55（转换为二进制为 01010101b）的方式进行数据同步处理。具体同步段的字节域如图 5.9 所示。

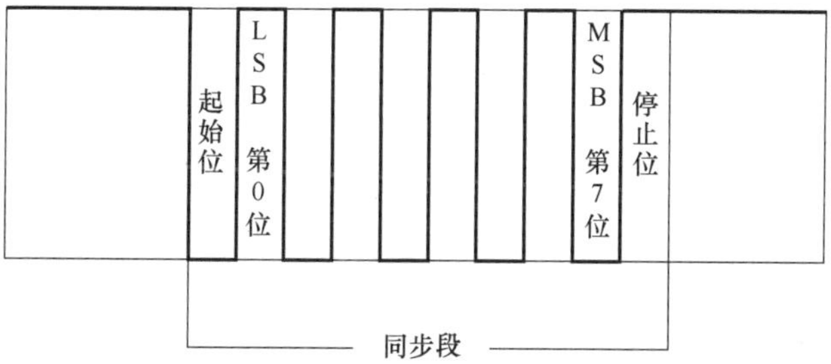

图 5.9 LIN 网络中的数据同步

通常情况下，为了降低成本，LIN 网络中的从机节点可以不采用精度高的时钟，而采用片上振荡器等精度和成本相对较低的时钟。由于采用低精度时钟而带来的与主机节点时钟之间产生的偏差，则需要通过同步段进行调整，这也是 LIN 网络中采用数据同步机制的目的，而相应的调整结果则是使得 LIN 网络中从机节点数据的位速率与主机节点一致。

需要补充说明的是，LIN 网络中同步段用于同步的基准时钟一般情况下都会选择主机节点的时钟。从机节点通过接收主机节点发出的同步段，计算出主机节点位速率，根据计算结果对自身的位速率重新作调整。具体的计算公式如下：

$$1位时间=\frac{第7位的下降沿时刻-起始位的下降沿时刻}{8}$$

通过上述公式进行计算，就可以得到主机节点实际传输 1 位所用的时间，即位速率。

3．受保护的 ID 段（Protected Identifier Field）

在 LIN 网络中，一般将受保护 ID 段的前 6 位称为帧 ID（Frame ID），加上两个奇偶校验位后则称为受保护的 ID 段，如图 5.10 所示。

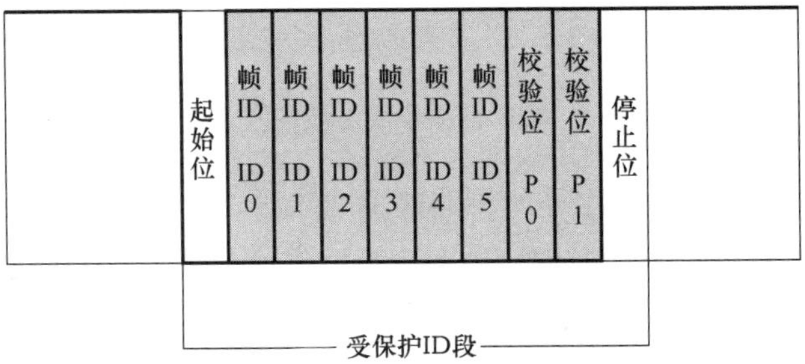

图 5.10　LIN 网络中的数据同步

根据 LIN 网络的协议规范，帧 ID 的数值应该在 0x00～0x3F 之间，共 64 个。帧 ID 的作用主要是标识 LIN 网络中信息帧的类别和目的地。在 LIN 网络数据通信过程中，从机任务对于帧头所做出的反应，如接收、发送、忽略或者应答部分等，都是依据帧 ID 来进行判断的。可以说，帧 ID 是数据通信中有关消息流向的主要标志。如果帧 ID 传输错误，将会导致信号无法正确到达目的节点。因此，在 LIN 网络数据通信过程中对帧 ID 引入了奇偶校验位以对数据传输的正确性进行检测。

具体的校验公式如下所示，其中“ ⊕ ”代表数据操作中的“异或”运算，“¬”代表数据操作中的“取非”运算。

$$P0=ID0 \oplus ID1 \oplus ID2 \oplus ID4$$

$$P1=\neg(ID1 \oplus ID3 \oplus ID4 \oplus ID5)$$

从上面两个有关奇偶校验的公式不难看出，PID 不会出现全 0 或全 1 的情况。因此，如果从机节点收到了“0xFF”或“0x00”，则可以判断当前的数据传输为传输错误。

在 LIN 网络中，系统依据各种帧 ID 之间的不同将信息帧大致进行了分类，具体如表 5.2 所示。

表 5.2　LIN 网络中信息帧的类型

信息帧的类型		帧 ID
信号携带帧	无条件帧	0x00～0x3B
	事件触发帧	
	偶发帧	
诊断帧	主机请求帧	0x3C
	从机应答帧	0x3D
保留帧		0x3E，0x3F

在表 5.2 中，帧 ID 为 0x3D 的从机应答帧是一个完整的帧，与前面介绍的帧结构中的“应答”不同。帧结构中的应答仅是帧结构中的某一部分，而不是一个完整的帧。

4．数据段（Data Field）

在 LIN 网络的数据通信过程中，节点发送的数据位于帧结构的数据段，主要包含 1 到 8 字节。从发送的顺序角度来看，节点会选择优先发送编号最低的字节 DATA1，然后再以编号依次增加的顺序继续发送其他数据，具体如图 5.11 所示。

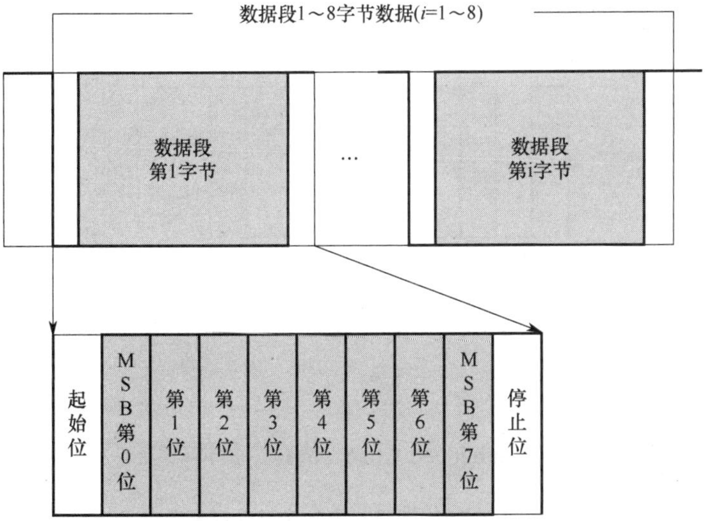

图 5.11　LIN 网络中的数据段结构

需要补充说明的是，LIN 协议规范中并没有规定信息帧中的哪一部分用来显示数据长度码的信息。事实上，LIN 信息帧中数据的内容和长度是由具体的应用层根据帧 ID 事先约定好的。

LIN 网络信息帧中的数据段主要包含了两种数据类型，即信号数据（Signal）和诊断消息（Diagnostic Messages）。信号数据（Signal）由信号携带帧传递，一个帧 ID 对应的数据段可能包含一个或多个信号。信号数据在更新过程中需要保证其完整性，不能只更新一部分，即需要保持更新操作的原子性。一个信号数据通常由一个固定的 LIN 节点发出，这类节点通常被称为该信号数据的发布节点；而其余的一个或多个 LIN 节点则用来接收该信号数据，这些节点通常被称为信号的收听节点（Subscriber）。

一般来说，LIN 总线上的数据是以广播形式被发送到总线上的，任何节点均能接收，但并非所有信号对每个节点都有用。收听节点接收帧的应答是因为该节点的应用层会使用这些信号，即帧 ID 是相互匹配的。而对于其余节点，由于用不到这些信号，所以没有必要作接收处理。这里非目标节点将忽略当前帧的应答部分。对于 LIN 网络数据通信而言，发布和收听由哪个节点进行完全根据应用层的需要由软件或配置工具实现。

一般情况下，对于一帧中的应答，总线上只存在一个发布节点，否则就会出现错误。但这个规定对于事件触发帧却是例外，因为对于时间触发帧而言，LIN 网络中可能存在零个、一个或多个发布节点。

5. 校验和段（Checksum Field）

LIN 网络中，校验和段对信息帧中所传输的数据内容进行校验，具体如图 5.12 所示。

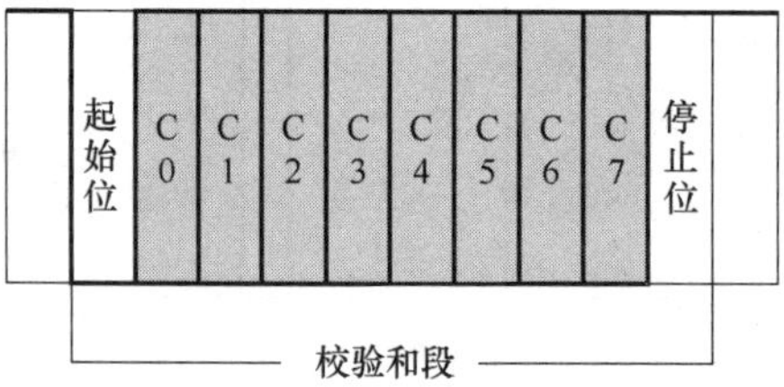

图 5.12　LIN 网络中的校验和段

而对于具体的数据校验和而言，校验和又可以进一步分为标准型校验和（Classic Checksum）及增强型校验和（Enhanced Checksum），具体如表 5.3 所示。

表 5.3　LIN 网络中的校验和类型

校验和类型	校验对象	适用场合
标准型校验和	数据段各字节	诊断帧，与 LIN1.x 从机节点通信
增强型校验和	数据段各字节以及受保护 ID	与 LIN2.x 从机节点通信（诊断帧除外）

在 LIN 网络中，系统具体采用标准型校验和还是增强型校验和主要由主机节点管理和决定，而发布节点和其他各个收听节点则会根据相应的帧 ID 来判断采用哪种校验和方式。

具体的校验方法如下所述。首先将校验对象的各字节作带进位二进制加法，并将所得最终的和逐位取反。需要注意的是，在本次二进制加法中，求和结果大于或等于 256 时，则自动减去 255 后再作为本次计算的结果并进行逐位取反。其次，以逐位取反后的结果作为要发送的校验和。接收方根据校验和的类型，对接收数据作相同的带进位二进制加法，但最终计算的加法和却不取反，并将该和与接收到的校验和作加法。如果计算的结果为 0xFF，则校验和无误，否则校验出错。

通过这种奇偶校验的方式，在一定程度上保证了 LIN 网络中数据传输的正确性。例如，采用标准型校验和，Data1 = 0x4A，Data2 = 0x55，Data3 = 0x93，Data4 = 0xE5，计算方法如表 5.4 所示。

表 5.4 校验和计算的过程

发送方/接收方										
	求和	进位	D7	D6	D5	D4	D3	D2	D1	D0
0x4A	0x4A		0	1	0	0	1	0	1	0
+0x55	0x9F	0	1	0	0	1	1	1	1	1
加上进位	0x9F		1	0	0	1	1	1	1	1
+0x93	0x132	1	0	0	1	1	0	0	1	0
加上进位	0x33		0	0	1	1	0	0	1	1
+0xE5	0x118	1	0	0	0	1	1	0	0	0
加上进位	0x19		0	0	0	1	1	0	0	1
取反	0xE6		1	1	1	0	0	1	1	0
接收方										
0x19（重新计算的校验和，不取反） +0xE6（接收到的校验和）	0xFF		1	1	1	1	1	1	1	1

5.2.2 LIN 网络帧的传输

在图 5.13 和图 5.14 中，分别给出了主机节点作为发布节点和从机节点作为发布节点时信息帧在 LIN 网络中的传输波形。

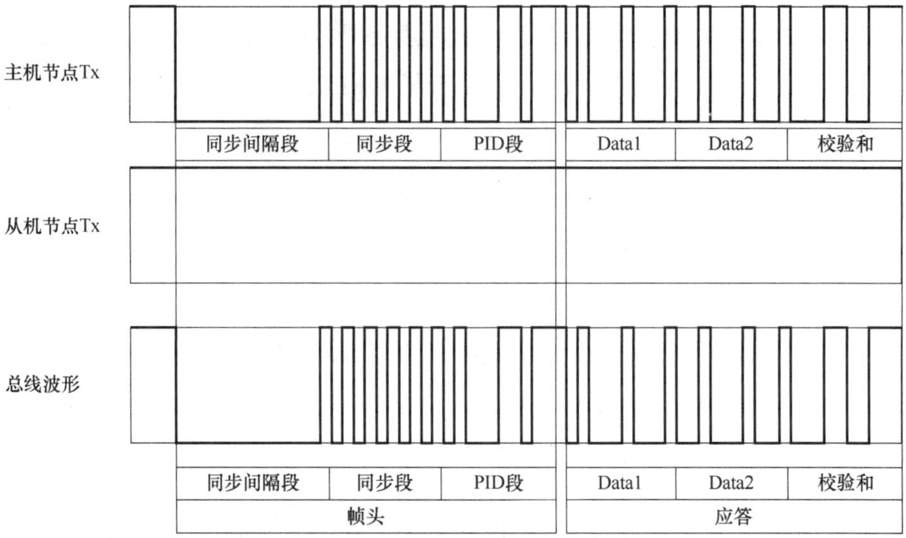

图 5.13　主机节点作为发布节点的帧传输波形

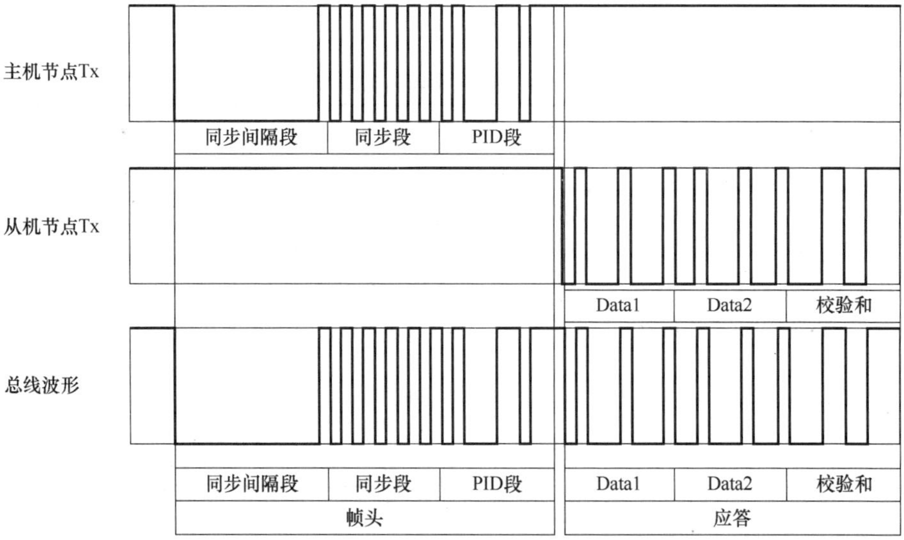

图 5.14　从机节点作为发布节点的帧传输波形

在前面的内容中已经介绍过，LIN 网络中信息帧在总线上传输是可以预测的，即信息帧的传输时间是可以进行计算的，具体的时间计算如表 5.5 所示。

表 5.5　LIN 网络信息帧在总线上的传输时间

$T_{Frame\_Maximum}$	$T_{Header\_Maximum}$					$T_{Response\_Maximum}$		
	$T_{Header\_Nominal}$				T_{Header_Rest}	$T_{Response\_Nominal}$		$T_{Response\_Rest}$
	同步间隔（最小值）	同步间隔段间隔符（最小值）	同步段	受保护 ID 段	40%× $T_{Header\_Nominal}$	数据段	校验和	40% × $T_{Response\_Nominal}$
时间（T_{bit}）	13	1	10	10		$10\times N_{Data}$	10	

其中，帧传输时间中的各个参数含义如下所述。$T_{Frame_Maximum}$为帧在总线上传输的最大时间；$T_{Header_Maximum}$为帧头在总线上传输的最大时间；$T_{Response_Maximum}$为应答在总线上传输的最大时间；T_{Header_Nomina}为帧头额定传输时间，即同步间隔段（包含同步间隔和同步间隔段间隔符）的最小传输时间+同步段传输时间+受保护 ID 段传输时间；帧头的余量 T_{Header_Rest}包含字节间间隔，规定为帧头额定传输时间的 0.4 倍；$T_{Response_Nominal}$为应答额定传输时间数据段传输时间+校验和段传输时间；应答的余量 TResponse_Rest 包含了应答间隔以及字节间间隔，规定为应答额定传输时间的 0.4 倍；N_{Data}表示数据段包含 N 字节。

5.3 LIN 网络中帧的类型

在前面的内容中已经提到，LIN 网络中存在多种不同格式的信息帧，包括无条件帧、事件触发帧、偶发帧、诊断帧以及保留帧等。不同格式的信息帧除了在格式上有所不同外，也具有不同的应用场合。

5.3.1 LIN 网络的无条件帧

在 LIN 网络中，无条件帧（Unconditional Frame）是具有单一发布节点，无论信号是否发生变化，帧头都被无条件应答的帧。

在数据传输过程中，无条件帧在主机任务分配给它的固定的帧时隙中传输。总线上一旦有帧头发送出去，必须有从机任务作应答（即无条件发送应答），如图 5.15 所示。其中列出的帧 ID 的值只是为了举例说明，协议并未强制规定。

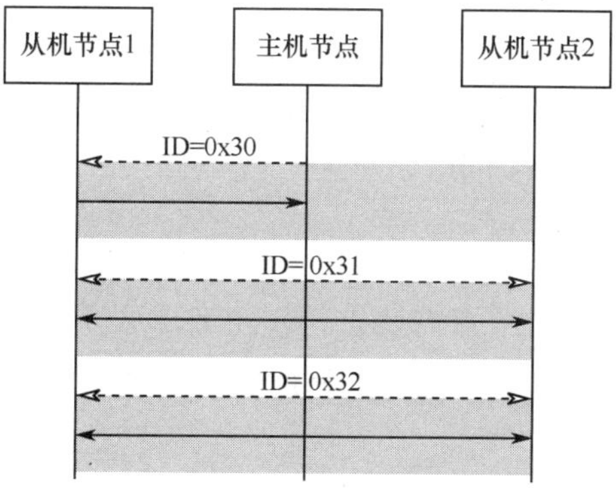

图 5.15 从机节点作为发布节点的帧传输波形

有关 LIN 网络无条件帧的应用大致可以分为 3 种类型，具体过程如下所述。

（1）帧 ID = 0x30，应答部分的发布节点为从机节点 1，收听节点为主机节点。典型应用为从机节点 1 向主机节点报告自身某信号的状态。

（2）帧 ID = 0x31，应答部分的发布节点为主机节点，收听节点为从机节点 1 和从机节点 2。典型应用如主机节点向从机节点发布信息。

（3）帧 ID = 0x32，应答部分的发布节点为从机节点 2，收听节点为从机节点 1。典型应用如从机节点之间彼此通信。

5.3.2 LIN 网络的事件触发帧

LIN 网络中的事件触发帧（Event Triggered Frame）是主机节点在一个帧时隙中查询各个从机节点的信号是否发生变化时所使用的帧，当存在多个发布节点时，LIN 总线则通过冲突解决进度表来解决冲突。

当从机节点信号发生变化的频率较低时，主机任务一次次地通过轮询的方式会占用一定的带宽。为了减小总线查询过程信号过程中带宽的占用，引入了事件触发帧的概念。

事件触发帧的典型应用就是在车载网络中系统以轮询的方式查看四个车门的开关情况。与其利用无条件帧每个车门轮询一遍，不如同时对四个车门进行询问。如果其中任何一个车门打开了（事件发生），则该车门需要对系统的询问作应答，即事件触发的含义。这样做可以减小 LIN 总线的占用带宽。

但需要注意的是，这种事件触发帧的轮询方式同时也会导致两种不可靠的结果。

（1）如果当前状态没有车门被打开，即无节点应答。在 LIN 网络中，事件触发帧允许一帧中只有帧头无应答。

（2）节点发送信号的冲突，即如果当前状态同时有大于或等于两个车门被打开，则所有节点都会对该问题同时产生回应。

在 LIN 网络中，事件触发帧允许两个以上的节点对帧头作应答而不视为错误。不过当总线上发生冲突时，主机节点需要重新作轮询，这样会额外增加一些 LIN 总线的响应时间，但由于事件触发帧本身就用来处理低概率事件，总的来说还是节省了总线的带宽。

原先用作轮询的无条件帧，称为与该事件触发帧关联的无条件帧，即事件触发帧的应答部分是与其关联的无条件帧所提供的应答。当 LIN 总线上发生冲突时，需要立刻中断当前的进度表，启动冲突解决进度表（Collision Resolving Schedule），重新调用这些关联的无条件帧。其中，冲突解决进度表要求包含所有关联的无条件帧。

图 5.16 示例描述了 LIN 总线中事件触发帧的传输状况。事件触发帧的帧 ID 为 0x10，与其关联的两个无条件帧的帧 ID 分别是 0x11 和 0x12，这些帧 ID 的值只是为了举例说明，协议并未强制规定。

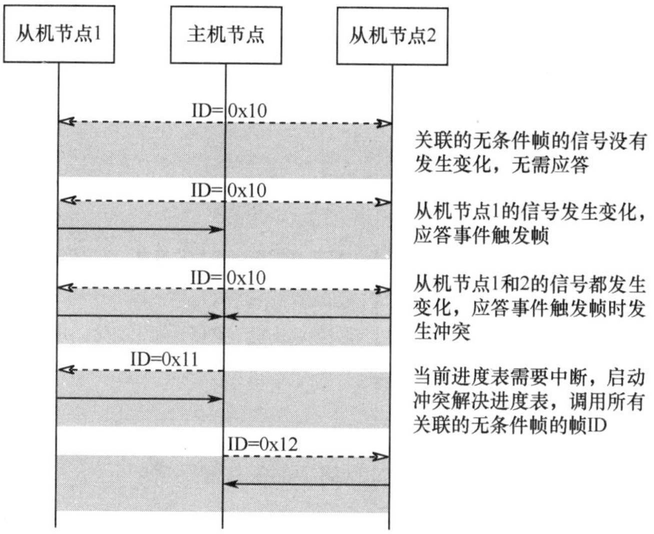

图 5.16　LIN 网络中的事件触发帧

一般来讲，LIN 总线上与事件触发帧关联的多个无条件帧需要满足以下 5 个条件。

（1）数据段包含的数据字节数等长；

（2）使用相同的校验和类型；

（3）数据段的第一字节为该无条件帧的受保护 ID，这样才能够知道应答是哪个关联的无条件帧发送出来的；

（4）由不同的从机节点发布；

（5）不能与事件触发帧处于同一个进度表中。

5.3.3　LIN 网络的偶发帧

LIN 网络中的偶发帧是主机节点在同一帧时隙中当自身信号发生变化时向总线启动

发送的帧。在数据传输过程中，当存在多个关联的应答信号变化时，LIN 总线会通过事先设定的优先级来仲裁。

与事件触发帧一样，偶发帧的应答也关联了一组无条件帧。规定偶发帧只能由主机节点作为发布节点。

偶发帧的传输可能出现以下 3 种状况。

（1）当关联的无条件帧没有信号发生变化时，该时隙保持沉默，如图 5.17 第一个帧时隙所示，主机节点连帧头都不需要发送。

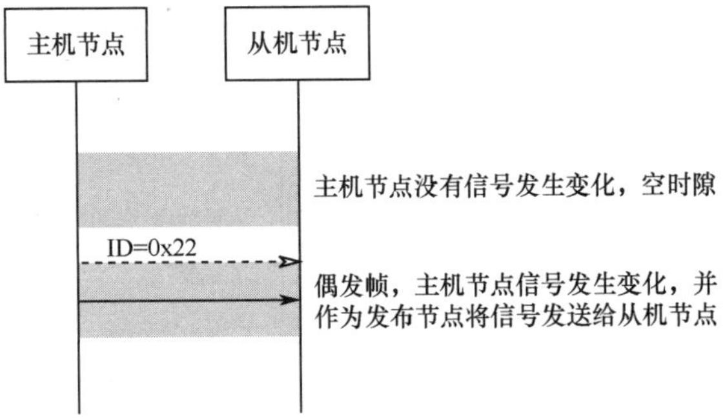

图 5.17　LIN 网络中的事件触发帧

（2）当其中一个关联的无条件帧包含的信号发生了变化，则发送该关联的无条件帧的应答部分。

（3）如果有两个或两个关联的无条件帧包含的信号发生了变化，则按照事先规定好的优先级，优先级较高的关联的无条件帧获得发送权，优先级较低的要等到下一个偶发帧的帧头到来时才能发送应答。由于主机节点是唯一的发布节点，所以主机节点事先就知道各个关联信号的优先级别，这样在传输时就不会产生冲突。

在 LIN 网络中引入偶发帧的目的在于为进度表增加一些动态特性，即当主机节点的信号发生变化时才有通信发生。事件触发帧和偶发帧反映了帧在不同时机（信号变化或未发生变化）的传输状况，引入它们的目的是为了增加通信的灵活性。

5.3.4　LIN 网络的诊断帧

LIN 网络中的诊断帧主要包括主机请求帧和从机应答帧，主要用于配置、识别和诊断。主机请求帧（Master Request Frame，MRF），帧 ID＝0x3C，应答部分的发布节点为主机节点；从机应答帧（Slave Response Frame，SRF），帧 ID = 0x3D，应答部分的发布节点为从机节点。数据段规定为 8 字节，一律采用标准型校验和。

由于 LIN 网络中的诊断帧的具体使用方式相对比较复杂，因此有关诊断帧的具体使用方式将在后续内容中单独介绍。

5.3.5　LIN 网络的保留帧

为了使 LIN 网络向上向下都能表现出较好的兼容性，总线在数据通信过程中还保留了部分用于扩展的保留帧（Reserved Frame）。在 LIN 网络中，保留帧的 ID 为 0x3E 和 0x3F，主要用来对 LIN 总线进行扩展。

5.4　LIN 网络中的进度表

LIN 网络中的进度表是信息帧的调度表，规定了 LIN 总线上帧的传输次序以及各帧在总线上的传输时间。对于任何通信网络而言，时序是最重要的数据组织和交互的方式。因此，在 LIN 网络中进度表是数据交互和通信可靠性的保障。

在 LIN 网络中，进度表通常位于主机节点，主机任务根据应用层的需要进行相应的调度。进度表可以有多个，一般情况下，轮到某个进度表执行的时候，LIN 网络会从该进度表规定的入口处开始顺序执行。在当前 LIN 网络执行到进度表的最后一个帧时，如果没有新的进度表启动，则系统会返回到当前的进度表第一个帧循环执行；也有可能在执行某个进度表当中发生中断，执行另一个进度表后再返回，事件触发帧的冲突解决过程就是一个典型的例子，具体如图 5.18 所示。

在 LIN 网络系统中，进度表除规定了帧 ID 的传输次序外，还规定了帧时隙（Frame Slot）的大小。帧时隙是进度表中所规定的一个帧的帧头起始到下一个帧的帧头起始的时间。每个帧的帧时隙都可以不同，一个帧时隙对应了进度表的一个入口，而进度表的调入点则通常被称为进度表的入口，如图 5.19 所示，其中 $i = 1 \sim 8$。

在图 5.19 中，$T_{\mathrm{Frame\_}M_{\mathrm{aximum}}}$ 为信息帧在 LIN 总线上传输的最大时间。在帧时隙的两端，抖动（Jitter）为帧的同步间隔段的下降沿与帧时隙起始时刻相差的时间。时基（Time Base）为 LIN 子网的最小计时单位，通常设定为 5ms 或 10ms。帧时隙必须为时基的整数倍，并且起始于时基的开始时刻（称为时基的节拍），切换到另外一个进度表时一定要等到当前帧时隙结束。

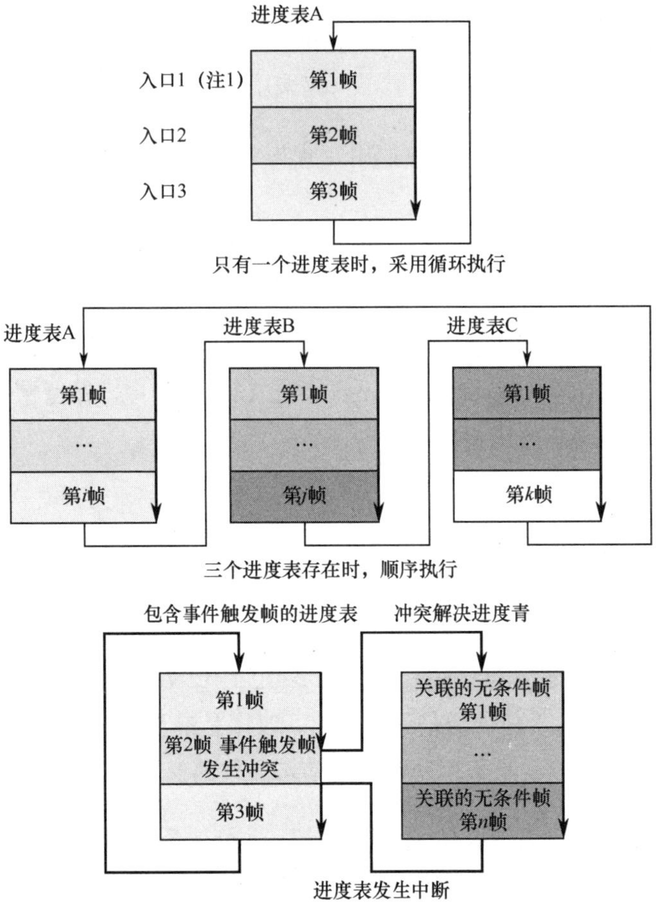

图 5.18 LIN 网络中的进度表

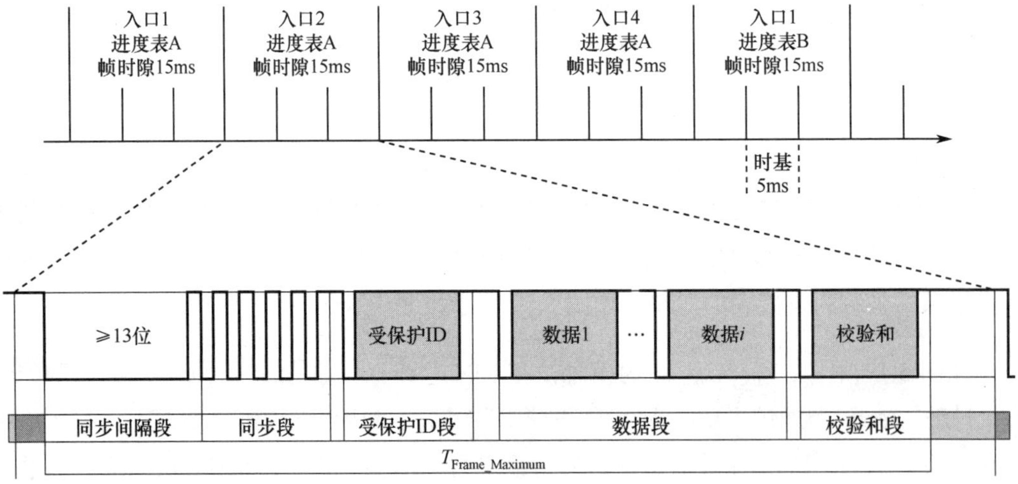

图 5.19 LIN 网络中的帧时隙

5.5　LIN 总线的状态机

在 LIN 网络中，可以通过状态机的形式来描述主机和从机的运行状态。当进度表启动后，主机任务依次发送同步间隔段、同步段和受保护 ID 段，具体如图 5.20 所示。

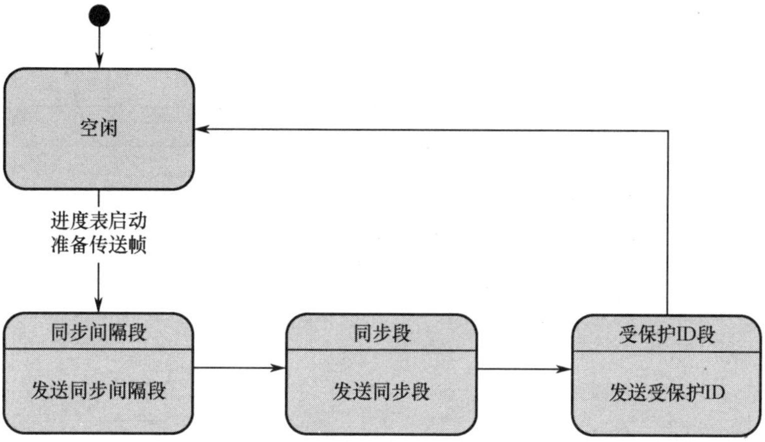

图 5.20　LIN 网络中主机运行的状态机

在 LIN 网络运行的初期，主机处于空闲（IDLE）的状态。当系统启动进度表后，主机节点即开始准备传送信息帧。此时，LIN 网络立即进入同步间隔段，即由主节点发送同步间隔段；然后，系统进入同步阶段，即由主节点对 LIN 总线的通信过程进行数据同步；在数据同步完成之后，LIN 网络由主节点发送受保护 ID，即进入受保护 ID 节点。最后，在主节点完成发送之后，主节点完成当前的状态循环，进入空闲状态，等待下一轮 LIN 数据的发送循环。

相比主节点的循环发送状态机，LIN 网络中的从机任务则主要负责发布或者接听帧的应答，包括两个状态机。

（1）同步间隔段和同步段检查器；

（2）帧处理器。

在 LIN 网络中，帧处理的状态机如图 5.21 所示。

在 LIN 网络运行的初始状态，所有的从机节点都处于空闲状态（IDLE），等待接收来自主机节点的同步间隔段或者同步段序列。如果从机节点正确接收到了来自主机节点的同步间隔段或同步段序列，则从机节点会进入活动状态。需要注意的是，如果从机节点接收到了同步间隔段或者同步段序列，并处于应答部分不全或者无应答，则从机节点则继续处于活动状态而不进行任何状态的迁跃。

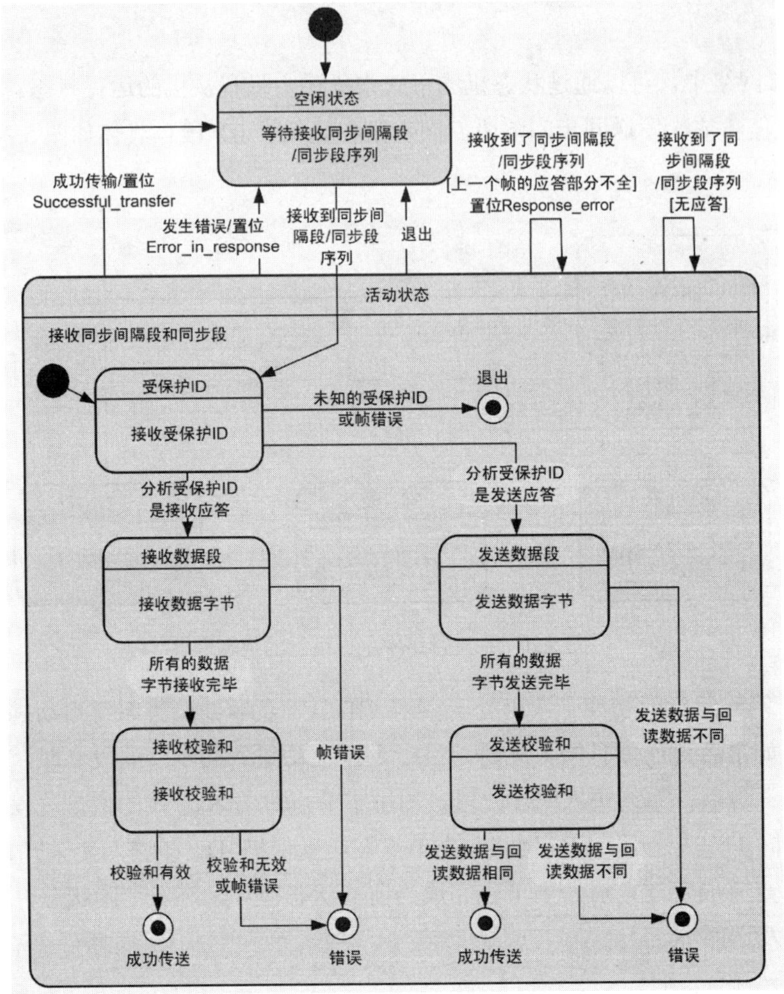

图 5.21　LIN 网络中主机运行的状态机

处于活动状态下的从机节点，开始接收受保护 ID，并对接收到的受保护 ID 进行相应的分析。如果接收到的受保护 ID 信息是未知的受保护 ID 或者发生帧错误，则从机节点退出当前活动状态。如果接收正常，则进一步根据受保护 ID 信息的类型进行具体分析，大致可以分为两种不同的类型。

如果接收到的受保护 ID 信息是接收应答，则从机节点进行接收数据字节，并在接收完成所有的数据段后进行接收校验和。如果校验后的校验和是有效的，则数据传输成功；如果校验和无效或者发生帧错误，则从机节点接收数据报错。

如果接收到的受保护 ID 信息是发送应答，则从机节点进行发送数据字节，并在发送完成所有的数据段后进行发送校验和。如果发送数据与回读的数据相同，则数据发送成功；如果发送数据与回读数据不同，则从机节点发送数据报错。

在 LIN 网络中，从机任务状态机具体如表 5.6 所示。

表 5.6　LIN 网络中的从机任务状态机

从机任务状态机		说　明
检测同步间隔段/同步段序列		要求节点处于任何状态下都能识别出该序列，包括已经检测到序列或进入帧处理的状态
帧处理	接收并分析 PID	对接收到的受保护 ID 进行分析，按照事先的设计，从机节点选择是接收应答部分，还是发送应答部分，或者不接收也不发送。在这五个子状态中，如果收到同步间隔段/同步段序列，将重新跳到“接收并分析 PID”的子状态，通信不停止，根据需要置位相应的错误标志
	接收数据	
	接收校验和	
	发送数据	
	发送校验和	

5.6　LIN 网络的管理

在 LIN 网络中，网络管理主要是指网络的休眠和唤醒管理。为了能在最大程度上降低 LIN 网络的系统功耗，不管是从机节点还是主机节点，如果 LIN 总线长期处于空闲状态（IDLE）则应当使其进入休眠状态；与之相反，如果 LIN 网络处于休眠状态，当有新的任务需要执行的时候，则所有的从机节点或主机节点均可以通过一定的方法将 LIN 网络从休眠状态唤醒。具体的状态机如图 5.22 所示。

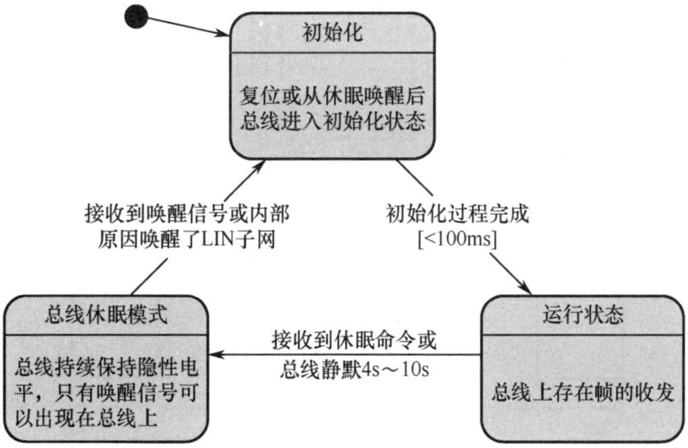

图 5.22　LIN 网络中的网络管理

5.6.1 LIN 网络的唤醒

当总线处于休眠状态时，主/从机节点都可以向总线上发送唤醒信号对 LIN 总线进行唤醒操作。一般情况下，LIN 总线上的唤醒信号应当持续 250μs～5ms，而总线上的其余节点，即除发送唤醒信号以外的节点，以 150μs 为阈值判定总线上的信号是否为唤醒信号。

在接收到总线上的唤醒信号后，每个从机节点必须在唤醒信号显性脉冲的结束处算起 100ms 以内准备接收来自主机的命令（帧头）；同样，主机节点也必须被唤醒，100ms 之内主机节点发送帧头开始通信。需要说明的是，LIN 总线上主机节点的同步间隔段也可以充当唤醒信号，但是由于从机节点需要作初始化处理，因此主机节点所发的这个信息帧有可能不会被正常接收。

如果当前节点在 LIN 总线上发送出唤醒信号后，在 150～250ms 之间没有接收到总线上的任何命令（帧头），则可以重新发送一次唤醒信号。一般来说，LIN 总线上的唤醒信号最多可以发送 3 次。如果节点在发送 3 次唤醒信号后仍然没有收到正确的应答，则当前节点必须等到至少 1.5s 之后才可以再次发送唤醒信号，如图 5.23 所示。

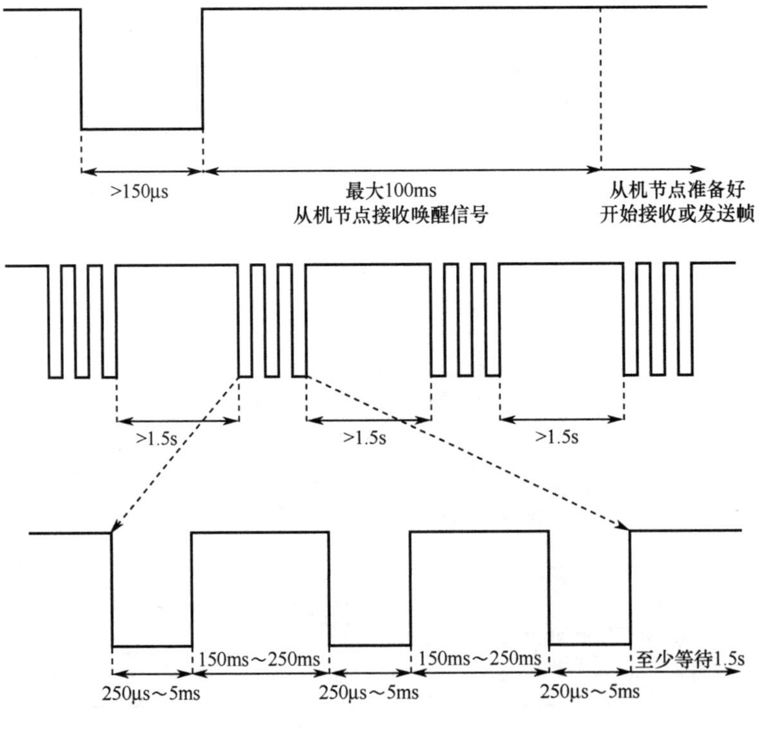

图 5.23　LIN 网络中的唤醒操作时序

5.6.2 LIN 网络的休眠

在正常工作状态下，LIN 总线可以在两种情况下进入休眠，具体如下所示。

1）利用诊断帧中的主机请求帧 0x3C 作为休眠命令

在休眠请求诊断帧中，除了要以 0x3C 作为休眠指令，还要求数据段的第一字节为 0x00，其余字节为 0xFF。一般而言，休眠命令由 LIN 总线上的主机节点发出，总线上的从机节点只判断数据段的第一字节，其余字节忽略。从机节点在接收到休眠命令后，不一定要进入低功耗模式，而是根据应用层需要设置进行相应的操作，具体如图 5.24 所示。

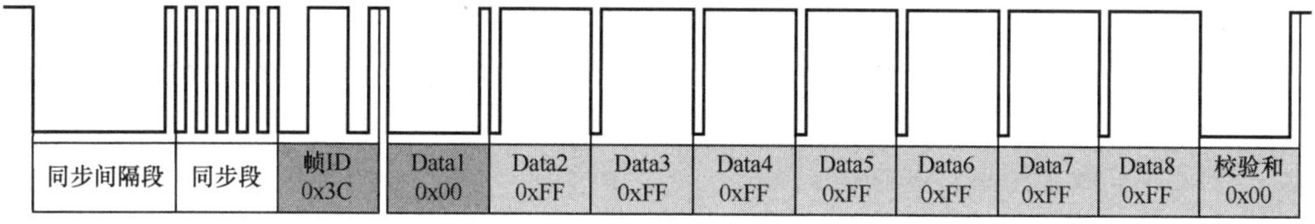

图 5.24　LIN 网络中的唤醒操作时序

在图 5.24 中，帧 ID（0x3C）和 Data1（0x00）是收听节点作为判断当前指令是否为休眠指令的依据，而收听节点则会自动忽略后续的其他字节。当然，系统也可以选择默认以 0xFF 的默认值来填充其他空余字节。

2）静默方式进入休眠模式

当 LIN 总线处于静默状态，即没有显性和隐性电平之间的切换，并保持至少 4～10s 时，LIN 总线上的节点会自动进入休眠状态。

所谓总线静默的方式，从本质上来说是总线长时间处于空闲状态而进入一种省电模式。如果说采用发送主机请求帧 0x3C 作为休眠命令而进入休眠模式是一种主动休眠的方法，静默方式则是一种被动进入休眠模式的方法。虽然两者在形式上有所不同，一个主动，一个被动，但其本质上都是一样的，即使得 LIN 总线进入休眠模式。

5.7 LIN 总线的状态管理

LIN 总线上的状态管理是为了检测总线在运行过程中发生的错误。总线错误一旦被发现，则根据应用层的相应设计需要采取不同的措施进行排除。其中一种方法是替换掉 LIN 网络中产生错误的节点，而另一种方法则是让发生问题的网络节点进入到自我保护/

安全模式（Limp Home Mode）。

在 LIN 网络中，协议规范强制规定每个从机节点都要在它发布的某个无条件帧中包含一个长度为 1 位的标量信号 response_error，用来向主机节点报告当前节点的自身状态；而主机节点则负责接收这个信号并且执行分析，具体参数如表 5.7 所示。事件触发帧由于允许总线冲突，需特殊处理。

表 5.7 LIN 总线中网络报告的参数

参数 response_error 值	主机节点对信号的参数意义
FALSE	从机节点操作正确
TRUE	从机节点有偶发错误
从机节点无应答	从机节点、总线或主机存在严重错误

在 LIN 协议中，并没有规定标准化的错误类型。在不同的应用场合中，用户可以自行定义不同的错误类型，具体可参考表 5.8。

表 5.8 LIN 网络中状态错误类型

错误类型	错误解释说明
位错误	通常，在一个时刻，LIN 总线上只有一个节点在向外发送信息，发送的同时回读总线上的数据，当发送节点发送电平与回读电平不一致时，视为位错误（事件触发帧的总线冲突除外）
同步段错误	根据接收的同步段重新计算的位速率超出了规定的容限，认为是同步段错误
PID 错误	接收节点对帧 ID（PID 的前六位）按照校验规则重新计算校验位（P0 和 P1），若与接收到的校验位不符，则接收节点认为是 PID 传输错误
无应答错误	发送完帧头后，如果总线上没有节点应答，视为无应答错误（事件触发帧除外）
应答不完整错误	收听节点接收的数据段不完整或没有接收到校验和段
校验和错误	收听节点接收到的校验和与重新计算的校验和（不取反）加起来不等于 0xFF
帧错误	字节域的停止位上出现了显性电平
物理总线错误	总线短路或直接连到电源上导致总线无法通信，该错误由主机节点负责检测

在 LIN 总线中，除了网络报告之外，在 LIN 节点内部之间还存在着相应的内部报告。在节点的内部报告中，LIN 节点自身需要设定两个状态位，即 Error_in_response 和 Successful_transfer。当发送或接收应答的时候发现错误，LIN 总线将置位 Error_in_response；如果 LIN 总线成功传输数据，则将置位 Successful_transfer。对于 LIN 网络而言，节点需要将这两个状态位报告给应用层。

5.8 LIN 节点的硬件设计

在前面的内容中主要解释了 LIN 网络的协议规范。事实上，任何网络协议的实现都需要硬件平台的支持。因此，系统的硬件设计，特别是LIN节点的硬件设计，是LIN总线得以实现的基础。

在LIN网络中，总线是衔接所有LIN节点的通信介质。LIN总线的特征阻抗，尤其是总线的容抗，会影响整个网络中信号的波形。因此对整个硬件系统的设计提出了较高的要求。

从汽车电子或者车载网络的角度来看，为汽车电子产品增加LIN功能所花费的成本与获得的灵活性相比，往往后者更为显著。汽车上大多数传感器、执行器除至少要接1根电源线和1根地线外，还有一些模拟/数字信号线，这些接口往往存在兼容性的问题。如果采用LIN规范，仅用3根线（电源、地和LIN）就可以实现标准化的数字接口。传感器、执行器通过总线相互连接，使得汽车结构的设计可以更加灵活，线束的数量（重量）不但不会增加，还可能减少。

一般而言，收发LIN网络中的信息帧需要的硬件系统主要包括以下三部分。

（1）LIN协议控制器（Protocol Controller）；

（2）总线收发器（Bus Transceiver）；

（3）LIN总线。

具体如图5.25所示。

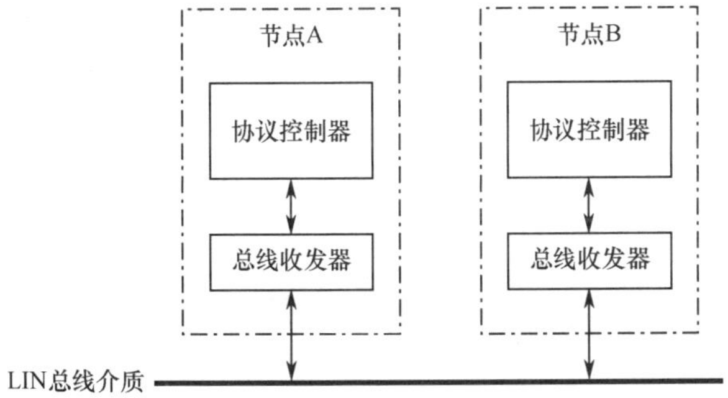

图5.25 LIN网络中的硬件组成

在LIN总线中，协议规范并没有限定LIN网络中具体传输介质的类型和连接器的规格。通常情况下，LIN网络主要使用铜线作为传输介质，针对铜线的总线收发器也是市场主流。鉴于这种情况，在下面的章节中，如无特别说明，均是针对铜线介质展开。

总的来说，LIN总线的硬件系统具有以下特点。

（1）总线采用一根信号线的形式实现数据传输，即采用单线通信的方式；

（2）由于 LIN 总线采用数据同步的方式，因此主从机节点之间无须高精度时钟源作为全局时钟；

（3）具有较低的 EMI 并可控；

（4）最高通信速率为 20Kb/s。

5.8.1 LIN 网络的协议控制器

在 LIN 网络中，协议控制器的主体是一个基于 UART/SCI 的通信控制器，其通信工作方式是半双工。一般而言，在设计协议控制器的过程中既可以使用专用的模块实现，也可以用"UART/SCI+定时器"的方式来实现。

在发送数据的过程中，协议控制器的主要作用就是把二进制并行数据转变成在 LIN 总线上可传输的高-低电平信号，并按照规定的串行格式，即 8 个数据位、1 停止位、无校验位的格式送往总线收发器；在数据接收过程中，协议控制器的主要作用则是把来自 LIN 总线收发器的高-低电平信号按照同样的串行格式储存下来，然后再将储存结果转换成二进制并行数据。

同时，LIN 网络的协议控制器还要能够产生和识别帧的同步间隔段。正如前面相关内容所述，同步间隔段包含一个低电平脉冲，长度至少为 13 位。发送和识别同步间隔段虽然增加了硬件设计的复杂度，但是从接收方的角度看，这样做能把同步间隔段与普通的数据字节区别开，从而确保了 LIN 网络中同步信息的特殊性。

此外，协议控制器要能执行本地唤醒（Local Wakeup）的操作功能。需要唤醒总线时，协议控制器则通过总线收发器向 LIN 总线送出唤醒信号。不仅如此，协议控制器还要能识别总线唤醒（Bus Wakeup）。当接收节点收到来自 LIN 总线的唤醒信号时，协议控制器能够正确动作，进入规定的通信状态。

根据硬件资源不同可以将协议控制器的设计大致分为三类。

（1）UART/SCI+定时器+外部中断；

（2）硬件 LIN（Hardware LIN）；

（3）LIN 模块（LIN Module）。

不同的设计方案分别面向不同的应用场合，可以满足对成本和性能有不同侧重的要求。

5.8.2 LIN 网络的总线收发器

在 LIN 总线中，总线收发器的主体是一个双向工作的电平转换器，主要功能则是完成 LIN 通信协议控制器中的高-低电平与 LIN 总线的隐性-显性电平之间的转换。这里所谓的“显性-隐性”有两个含义，一是突出 LIN 总线上信号“线-与”的本质，二是与协议控制器的“高-低电平”相区别。具体的 LIN 总线上显性-隐性电平的定义如表 5.9 所示。

表 5.9 LIN 总线上显性-隐性电平的定义

	最 小 值	典 型 值	最 大 值	说 明
显性	未规定	未规定	0.4 *V*sup	*V*sup 是指 LIN 总线收发器的电源电压
隐性	0.6 *V*sup	未规定	未规定	

在 LIN 协议规范中规定，LIN 总线的电平参考点是总线收发器的电源参考点。为了克服电源波动和参考点漂移的影响，LIN 总线规范要求总线收发器要能承受±11.5%的电源波动和参考点电平波动，并且能承受电源和参考点之间 8%的电位差波动。需要注意的是，收发双方的电平鉴别门限也设置了较大的冗余度。

同时，总线收发器还包括一些其他附加的功能，例如总线阻抗匹配、压摆率（Slew-rate）控制等。此外，LIN 规范要求总线收发器具备这样一种特性，即当本地收发节点掉电或工作异常时，单个节点的故障不影响 LIN 总线上其他节点的正常工作。

在一些要求不高的场合，可以采用简单的收发器电路实现 LIN 总线网络数据收发的功能，具体的硬件电路如图 5.26 所示。

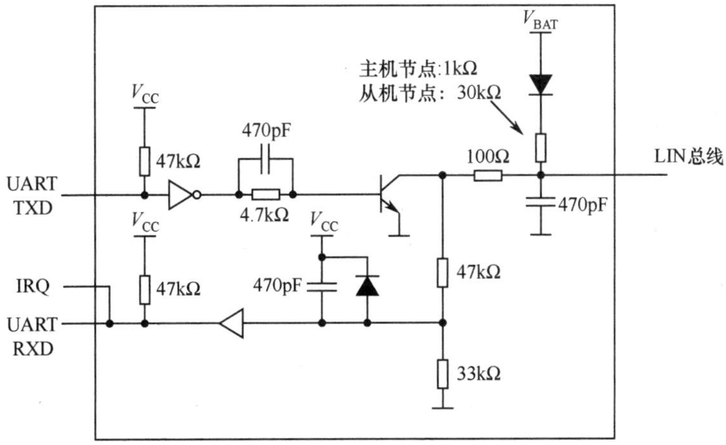

图 5.26 LIN 网络中的硬件收发电路

图5.26所示的硬件电路是一种简单通用的设计思路，功能相对单一。随着汽车电子技术的发展，不少半导体厂商也为用户提供了大量集成化的总线收发器设计方案。这些设计方案的硬件电路功能完善，环境适应能力强，在设计过程中也可以进行适当的参考和借鉴。

5.8.3 LIN网络硬件电路设计的注意事项

1．EMI对LIN网络硬件的影响

对于任何电子设备而言，在工作过程中都会受到EMI的影响。这里所谓的EMI指的是电磁干扰。对于LIN网络而言，EMI主要由位速率和压摆率共同决定。位速率决定单位时间内电平变化次数，而压摆率则决定了电平跳变的快慢。

一般情况下，单位时间内跳变次数越多，每次跳变持续时间越短，跳变过程包含的谐波成分就越丰富，EMI也越大；相反，跳变持续时间越长，单位时间内跳变次数越少，其谐波成分越少，EMI也较低。

事实上，LIN网络中的EMI并非不可控；相反，LIN网络可以通过协议控制器和总线收发器实现对EMI的控制。其基本的工作机理在于协议控制器可以控制LIN总线位速率，而总线收发器可以控制压摆率。

另外，LIN协会把LIN的最高位速率限制在20Kb/s。从物理层的角度来看，这个数据传输速度并不是LIN网络数据传输的极限，而是LIN网络在数据传输速率与EMI之间权衡的结果。

2．工作环境对LIN网络硬件的影响

在LIN网络的控制系统中，片上振荡器容易受到环境温度和电源电压的影响，石英晶体容易受到冲击振动的破坏。因此在选择时钟源时，一定要考虑使用环境的温度范围、电源电压范围和冲击振动情况。在电路板布局时，要让时钟器件尽量避开热源和易受外力冲击的部位。总之，要确保在最恶劣的情况下，也能保证时钟的精度和稳定性。

LIN的硬件部分应该在-40℃～125℃的温度范围内保证满足LIN规范规定的指标。在电源适应性方面，要能承受±11.5%的电压波动。需要注意的是，在新的LIN规范2.1版中已经将这个指标提高到±11.5%。此外，对于汽车电子产品，还要承受汽车电源系统常见的总线短路、负载突降（Load Dump）、电源反接、蓄电池串联（Jump-start）等现象。

3．阻抗负载对LIN网络硬件的影响

为了实现总线上“线-与”特性，LIN规范规定了主机节点和从机节点的端接电阻，

具体的典型值如表 5.9 所示。

表 5.9 LIN 网络中的端接电阻

	最小值	典型值	最大值	单位
主机节点	900	1000	1100	Ω
从机节点	20	30	60	kΩ

在 LIN 网络中，端接电阻一端连接 LIN 总线，另一端经串联二极管连接收发器电源，具体如图 5.27 所示。图中的串联二极管是必需的，当 ECU 的电池断路的时候，它可以防止 LIN 总线向 ECU 供电。

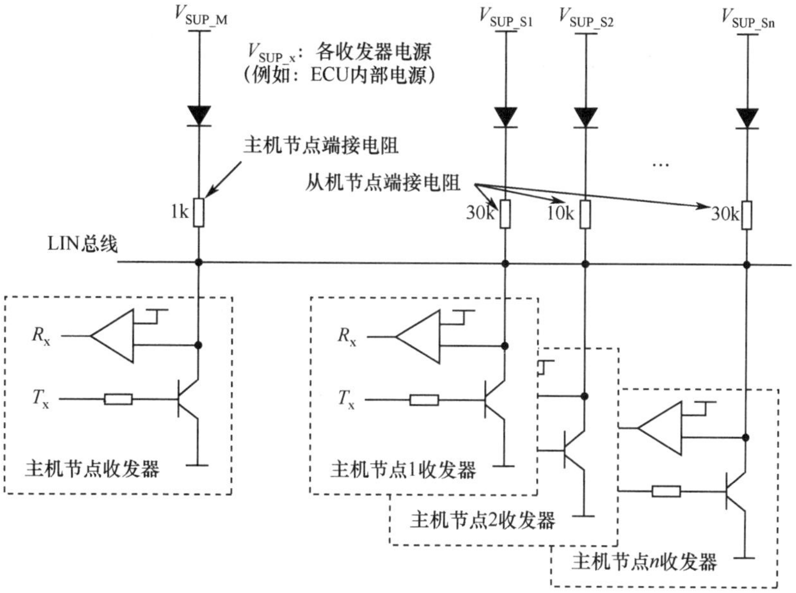

图 5.27 LIN 网络中的端接电阻电路

LIN 子网各节点并联在一起，构成如图 5.28 所示的等效电路。其中，总线负载电阻等于各节点端接电阻的并联等效电阻（总线的电阻通常很小，可以忽略），总线负载电容等于各节点输入电容和总线分布电容的并联等效电容。总线电阻决定了总线收发器驱动级的功率和通信期间的功耗，而总线电容可以较好地吸收周围环境的噪声干扰。同时，总线电阻和总线电容构成的 RC 滤波器还有助于控制压摆率。

此外，为确保最恶劣情况下正常通信的需要，LIN 规范除了限制节点的端接电阻、电容和时间常数，还规定 LIN 总线长度不超过 40m，一个 LIN 网络的最大节点数目不超过 16。值得注意的是，由于端接电阻连接着电源和 LIN 总线，当出现 LIN 总线对地短路时，如果不采取保护措施，会有较大的电流流过端接电阻，产生显著的功耗。

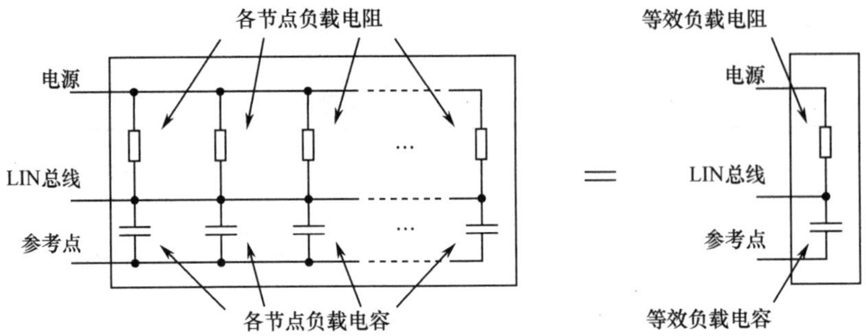

图 5.28　LIN 网络的总线等效电路

4. ESD 对 LIN 网络硬件的影响

所谓 ESD（Electrostatic Discharge）指静电危害，表现为短暂而幅度迅速衰减的高压、大电流放电，由于其瞬间电压可达数千伏，对于工作在干燥的环境或者接地不良的电子产品威胁最严重。

在 LIN 网络中，总线收发器最容易受到 ESD 的冲击。LIN 规范要求总线收发器的电源和地应直接连接到 ECU 的接口处，这就使电源线成为 ESD 侵入的窗口。同样，LIN 总线也可能窜入 ESD。如果处理不当，容易因为放电过程中的高压、大电流烧毁内部器件。

为了避免 LIN 网络中因为 ESD 而产生的危害甚至损失，在 LIN 网络总线收发器的设计过程中可以采取以下措施。

- 在电源线和地线之间串联电阻和电容；
- 地线加粗，并与其他大面积接地导体就近，链接低阻抗；
- 在 LIN 信号线与地线之间并接 ESD 保护器件，例如瞬态电压抑制器件（Transient Voltage Suppressor，TVS）、RC 滤波器等。但需要注意的是，RC 滤波器的截止频率应远高于 LIN 的位速率，否则会影响 LIN 通信波形。

5.9　LIN 网络中的信号源

在前面的内容中已经提及过 LIN 网络相关的特征，即无须高精度的时钟而通过总线数据同步就可以实现数据的同步。但需要注意的是，在 LIN 网络中，主机节点必须设置较高精度的时钟，而从机节点则不必。因此，从中不难看出，在 LIN 网络中主机节点是 LIN 网络的时间基准，这在一定程度上保证了位速率的准确性。

特别的是，LIN 规范规定一个 LIN 网络里只有一个主机节点，这就保证了 LIN 网络数据传输过程中位速率的唯一性和全局性。不仅如此，LIN 规范规定所有通信都由主机节点发起，并在帧头中加入同步段，这也就给从机节点提供了相应主机节点位速率的信息。在这种 LIN 通信机制中，只要所有从机节点都能在 LIN 通信时与主机节点采用同样的位速率，即数据同步，LIN 网络就能正常工作。

这种做法虽然在一定程度上降低了系统数据传输效率，但是不仅能大幅减少系统对高精度时钟在数量和质量上的要求，降低了成本；另一方面在总线产生冲突的时候也不需要仲裁，降低了软硬件设计复杂度。在 LIN 网络中，主机节点以及从机节点位速率要满足表 5.10 的要求。

表 5.10　LIN 网络中主从节点

参数名称	允许误差	参数的含义
Ftol_res_master	±0.5%	主机节点位速率相对于额定位速率的最大偏差
Ftol_res_slave	±1.5%	对于自身位速率较准确的从机节点（例如使用了高精度时钟），可以不必利用同步段修正自身的位速率。这个指标表示此类从机节点的位速率与额定位速率的最大偏差
Ftol_unsync	±14%	对于自身位速率不准确的从机节点，需要利用同步段修正自身的位速率。这个指标表示此类节点在同步之前的位速率与额定位速率的最大偏差
Ftol_sync	±2%	同步后，主机节点和从机节点位速率的最大偏差
Ftol_sl_to_sl	±2%	收发应答段期间，互相通信的两个从机节点位速率的最大偏差

在表 5.10 中，对 LIN 网络中主机节点和从机节点的位速率必须在使用环境要求的温度范围和电压范围内，优于规定的精度（主机节点是±0.5%，从机节点是±14%）。在进行数据同步之前，主机和从机节点的位速率与额定位速率的误差应符合参数 Ftol_res_master 和参数 Ftol_res_slave/Ftol_unsync 的要求规定。主机节点按主机位速率发出同步间隔段，从机节点应可按从机位速率将其解释为长度 9～11 位的显性电平（这个宽度必须是帧的其他部分不可能出现的）。这里除了要考虑从机节点对时间的测量误差（取决于时钟精度）外，还要考虑从机节点可用位速率与额定位速率的误差，以及 LIN 总线电抗特性造成的传输延迟（固有误差，取决于硬件设计）。

在 LIN 网络成功进行数据同步之后，从 PID 段到校验和段，通信双方的位速率相对误差不大于±2%（即 Ftol_sync 和 Ftol_sl_to_sl）。如果是主机节点与从机节点通信，设 Ftol_res_master 为±0.5%，那么不论从机节点是否利用同步段修正位速率，其位速率相对于额定位速率的误差不能大于 Ftol_sync - Ftol_res_master，即±1.5%。如果是从机节点之间通信，对从机节点各自的位速率误差的要求将高于±1.5%。

5.10 LIN 网络中的信号处理、配置、识别和诊断

从应用层的角度来看，LIN 网络提供了四项基本功能，即信号处理、配置、识别和诊断。这四项基本功能共同构成了 LIN 的应用层。通常而言，通信网络模型中的传输层是配置、识别和诊断这三项功能的通信载体，并且实现应用层消息与帧之间的格式转换和传输。为了规范使用，LIN 网络规范协议还为应用层和传输层定义了 API 接口，方便用户进行标准型的操作。

5.10.1 LIN 网络中的传输层

在 LIN 网络中，传输层的任务相对比较单一。从本质上来说，传输层就是充当一个“翻译官”的角色，即将来自诊断服务的消息 “翻译”成协议层可以处理的 PDU（Packet Data Unit，分组数据单元）。或者反过来，把协议层收到的 PDU“翻译”成诊断服务需要的消息。消息到 PDU 的转换过程称为拆分，PDU 到消息的转换过程称为重组（Unpacking）。PDU 对应着帧结构的数据段，并通过诊断帧发送或接收。

1. PDU 结构

为满足汽车行业的要求，LIN 网络中传输层 PDU 的格式与 ISO 制定的基于 CAN 网络的诊断标准较为相似（是 ISO 标准的子集）。这种兼容性大大减少了在 CAN 和 LIN 之间转换数据格式的工作量，降低了对节点计算能力的要求。

从发送格式上来看，PDU 单元可分为单帧（Single Frame，SF）、首帧（First Frame，FF）和续帧（Consecutive Frames，CF）三种。从发送源上来看，LIN 网络中的主机节点发送请求 PDU，而从机则发送应答 PDU。

图 5.29 为 LIN 网络传输层的 PDU 格式，包括节点地址（NAD），协议控制信息（PCI），LEN，服务 ID（SID），应答服务 ID（RSID），消息字节段（D1～D6）。首字节 NAD 首先发送，末字节 D4，D5，D6 最后发送。

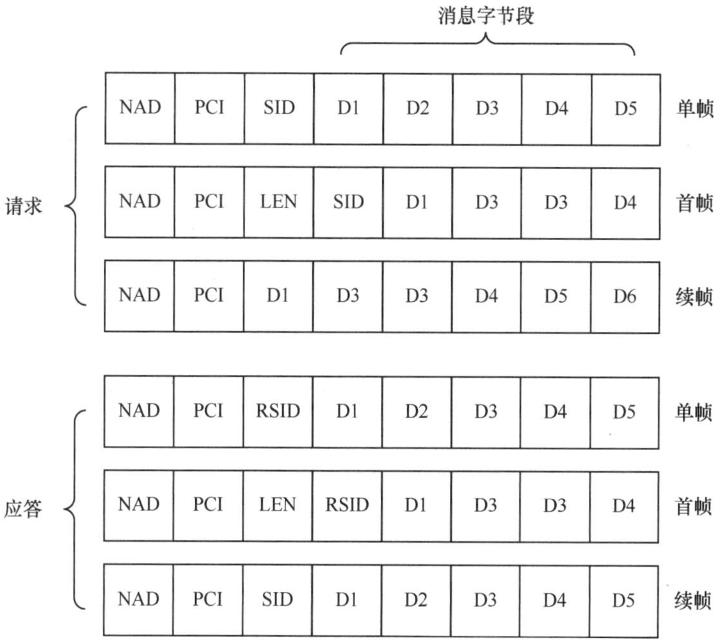

图 5.29 LIN 网络传输层的 PDU 格式

在 LIN 网络传输层中 PDU 单元的第一字节是 NAD（node address）。该字节内容主要用于区分不同从机节点的地址。在表 5.11 中列出了 NAD 的取值范围。

表 5.11 LIN 网络传输层 PDU 中 NAD

NAD 取值	取值含义
0x00	用于休眠命令
0x01～0x7D	从机节点地址，即 NAD
0x7E	功能节点地址（功能 NAD）
0x7F	广播节点地址（广播 NAD）
0x80～0xFF	用户自定义

在 LIN 网络传输层中，PDU 单元的第二字节是 PCI（Protocol Control Information）信息。该字节内容主要包含了 PDU 单元类型和消息字节长度的信息，具体内容如表 5.12 所示。

表 5.12 LIN 网络传输层 PDU 中 PCI

类型	PCI 信息				附加信息			
	B7	B6	B5	B4	B3	B2	B1	B0
SF 单帧	0	0	0	0	Length			
FF 首帧	0	0	0	1	Length 高 4 位			
CF 续帧	0	0	1	0	帧计数器			

在单帧结构中，附加信息 Length 表示消息字节数加 1。在首帧结构中，附加信息只表示 Length 的高 4 位，低 8 位在 LEN 中表示。因此消息长度为 12 位的数据，最大长度为 4095（0xFFF）。续帧结构中的附加信息表示首帧后跟随的续帧的编号，第一个续帧编号为 1，之后累加 1。如果续帧数多于 15 个，那么帧计数器在第 16 个续帧时从 0 重新计数。

此外，SID（Service Identifier）表示了从机节点应完成的服务请求。节点配置服务的 SID 区间为 0xB0～0xB7，诊断服务的 SID 区间为 0x00～0xAF 和 0xB8～0xFE。 RSID（Response Service Identifier）表示从机节点应答的内容，它的值是 SID+0x40。

相比结构信息的字节段，消息字节段的内容则取决于服务的种类。在单帧中，消息字段最多 6 字节。在首帧和续帧中，所有 PDU 的消息字段，经过“重组”组成一个完成的消息。

2. 传输层通信

在 LIN 网络中，应用层发出的消息如果长度不超过单帧的容量，传输层会按单帧的格式交给协议层发送。传输层收到的单帧也会直接作为消息送往应用层。如果消息长度超过单帧的容量，传输层先要把消息拆分成首帧和续帧并排好次序，然后再交给协议层依次发送。反过来，协议层收到的首帧和续帧，传输层先要按照接收次序将其重组为消息，最后交给应用层处理。

需要说明的是，LIN 传输层只能按顺序接收续帧，而且 LIN 传输层具备出错重传功能。LIN 网络中的传输层是通过传输层 API 来完成的，表 5.13 列出了传输层与 API 的对应关系。

表 5.13　LIN 网络传输层与 API

传输层操作	传输层 API
收发 PDU	ld_put_raw ld_get_raw
收/发一个消息	ld_send_message ld_receive_message

5.10.2　LIN 网络中的应用层

LIN 应用层提供信号处理、配置、识别和诊断四项功能。配置、识别和诊断功能又包含若干项目，称为服务（Service）。为了区别，每项服务都有固定、唯一的服务代号（Service ID，SID）。图 5.30 描述了 LIN 应用层及其关联。

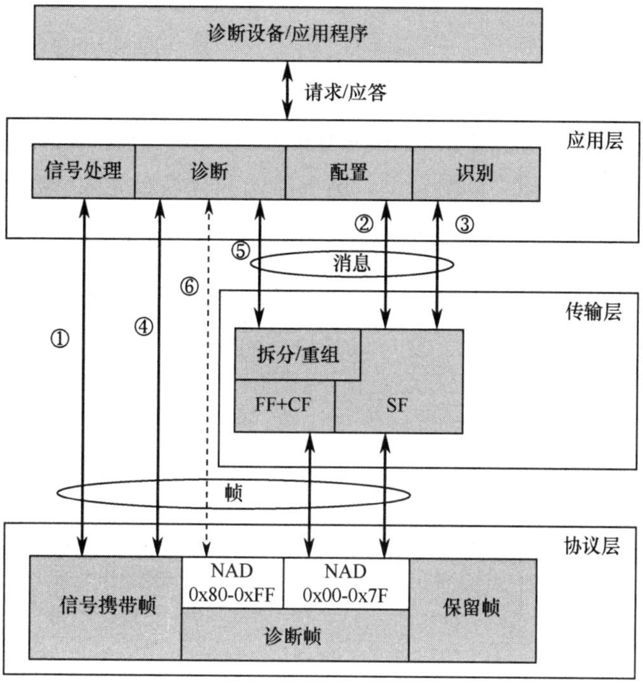

图 5.30　LIN 网络的应用层

（1）信号通过信号携带帧通信。

（2）配置服务通过传输层，以单帧的形式通信。

（3）识别服务通过传输层，以单帧的形式通信。

（4）基于信号的诊断服务。

（5）诊断传输层，通过传输层通信，需要使用复帧的形式通信。

（6）用户自定义的诊断。

LIN 应用层的配置、识别和诊断都是针对逻辑节点（Logical Node）的。逻辑节点是能够对来自主机节点和/或诊断设备的服务请求作出响应的功能实体。为了区别不同的逻辑节点，LIN 定义了 NAD（Node Address for Diagnose，诊断地址）。

对于一个物理节点来说，从机任务和接口对应着实现帧收发的软件和硬件实体，而逻辑节点则代表了配置、识别和诊断方面的能力。物理节点、从机任务以及接口是一一对应的，但是物理节点可以包括 1 个或者多个逻辑节点。为了规范地使用应用层的功能，LIN 规范定义了一套 API。

1．信号处理

LIN 网络中的信号处理功能是指应用层可以不经过传输层，直接从协议层获取或修改网络中的信号。这些信号由 NCF（Node Capability File，节点性能文件）定义，既可以是工作参数（例如温度、压力的测量值、继电器的开合状态等），也可以是状态标志（例如某信号携带帧的收发状态）。

信号处理功能的工作模型如图 5.31 所示。信号携带帧在 LIN 网络的节点之间传递，每个节点既可以是信号的发布者，又可以是信号的接收者。

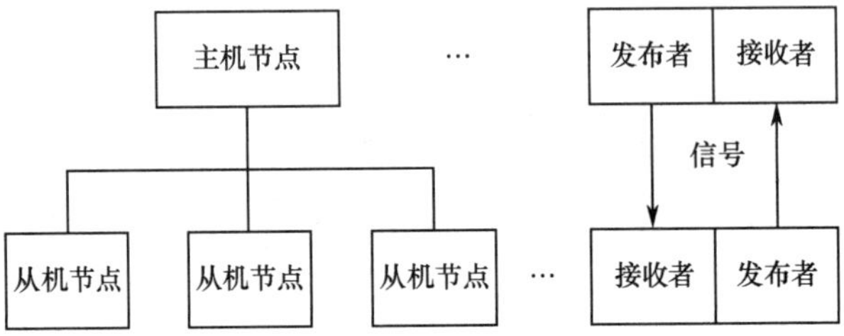

图 5.31　LIN 网络的应用层

2．节点配置

在 LIN 网络中，其通信协议规范规定，每个逻辑节点都应该有 NAD。在 LIN 网络运行期间，任意两个逻辑节点的 NAD 都必须不同，否则就会产生冲突。此外，每个逻辑节点都要能处理带有某些 PID 的帧。由此可见，NAD 和 PID 分别与逻辑节点建立了一种映射关系，LIN 规范把 NAD 和 PID 的这样一种组合称为逻辑节点的配置项（Configuration）。在 LIN 网络中，一个逻辑节点可以有一个或者多个配置项，但在网络运行期间，LIN 网络中的每个逻辑节点只能有一个配置项有效。

在 LIN 网络中，所谓的配置功能是指 LIN 的主机节点能自动地给所有逻辑节点选择配置项，以消除 NAD 和 PID 分配中存在的冲突，使网络正常工作。配置功能是确保各节点协调运作的内部功能，包含分配 NAD、分配 PID 等服务。需要注意的是，LIN 网络中的配置功能是通过传输层完成配置服务的。

为了适应汽车行业的需要，LIN 规范在定义配置功能的服务时，同时也参照了 ISO 制定的 UDS（Unified Diagnostic Services，车辆统一诊断服务）标准和 OBD（On-board Diagnostic，车载自动诊断）标准。配置功能各项服务及其 SID 都是 ISO 标准的子集。

LIN 网络中配置功能的工作模型与计算机局域网的“客户机-服务器”模型很相似，如图 5.32 所示。主机节点可以被视为客户机，逻辑节点被视为服务器。客户机首先向服务器发出服务请求，服务器依照请求执行操作，然后向客户机返回应答。

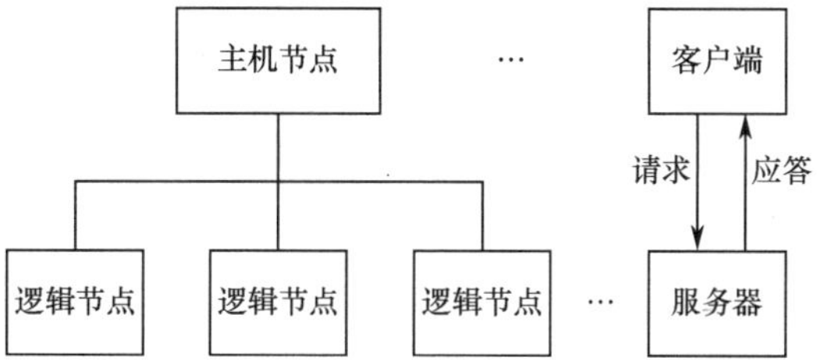

图 5.32　LIN 网络节点的配置/识别模型

1）LIN 节点的存储

LIN 网络中的节点存储模型如图 5.33 所示。如同商品包装上的条形码，每个物理节点都有一个固定的编码，叫做 LIN 产品代号（LIN Product Identification）。产品代号是出厂时赋予的，除非修改产品，否则其内容不变。产品代号保存在不需要电源就能维持记录的地方，例如 ROM 或者非易失性存储器（Non-volatile Random Accessible Memory，NVRAM）。在进行配置服务时，从主机接收的产品代号必须和从机节点保存的产品代号一致，才能正常进行配置服务，具体格式如表 5.14 所示。

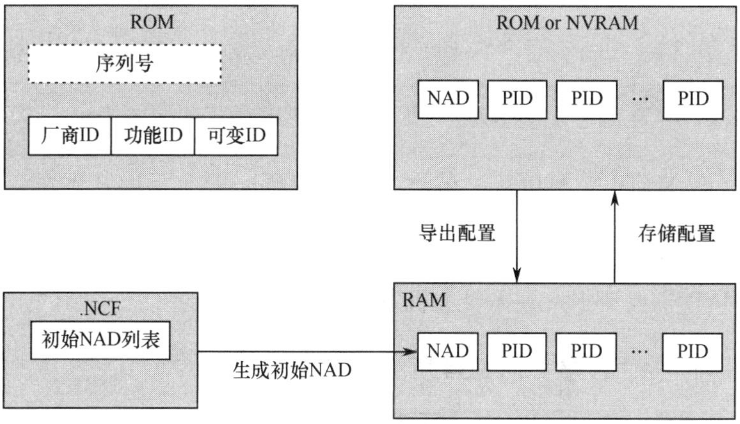

图 5.33　LIN 网络节点存储模型

表 5.14　LIN 产品代号存储格式

D1	D2	D3	D4	D5
厂商 ID LSB	厂商 ID LSB	功能 ID LSB	功能 ID LSB	可变 ID

另外，LIN 网络中的从机节点还可以有一个序列号，用于识别特殊的节点，序列号大小为 4 字节。从机节点可以将相应的配置信息保存起来，重启后调用保存的配置信息，而无须主机节点再次分配。

针对配置项的存储类型，LIN 规范定义了三种从机节点配置模型，如表 5.15 所示。

表 5.15　LIN 网络从机节点配置模型

从机节点配置	重启后的配置	存储配置
无配置节点	无	无
预配置节点	有	无
全功能节点	有	有

第 1 种，无配置节点。这种类型的从机节点在上电重启后，自身没有相应的配置项，每次重启都需要主机节点对其进行配置。

第 2 种，预配置节点。这种类型的从机节点在重启后，会在存储空间中调用预先设置的配置项。但是在主机重新对其进行配置后，不能存储当前的新配置项。

第 3 种，全功能配置节点。这种类型的从机节点可以保存主机对其的参数配置，并在重启后自动调用此配置。

2）LIN 网络从机节点的 NAD 配置

通常来说，在 LIN 网络中有 3 种方法对从机节点进行相应配置 NAD，具体如下所述。

- 如果初始 NAD 等于配置 NAD，那么不需要进行其他配置操作。
- 如果配置 NAD 需要由从机节点存储的保留配置中提取，则需要调用 ld_set_configuration 进行配置。
- 如果 NAD 需要变更，则需要主机发送配置 NAD 请求。

LIN 网络中 NAD 的配置如图 5.34 所示。

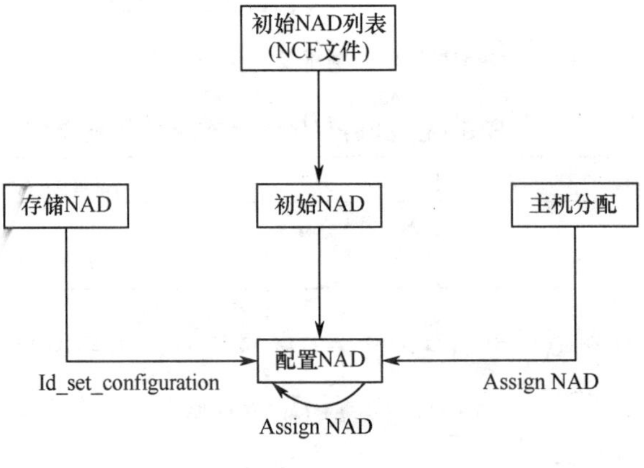

图 5.34　LIN 网络中 NAD 的配置

在 LIN 网络中，主机节点给从机节点分配 NAD 是通过 Assign NAD 服务完成的。首先主机节点向从机节点发送配置 NAD 请求，如果从机节点配置成功，从机节点会应答。具体的分配 NAD 服务的 PDU 结构如表 5.16 所示。

表 5.16　LIN 网络主从节点分配 NAD 交互

主机请求	NAD	PCI	SID	D1	D2	D3	D4	D5
	初始 NAD	0x06	0xB0	厂商 IDLSB	厂商 IDMSB	功能 IDLSB	功能 IDMSB	新分配 NAD
从机应答	NAD	PCI	RSID	未定义				
	初始 NAD	0x01	0xF0	0xFF	0xFF	0xFF	0xFF	0xFF

每个从机节点有一个初始 NAD，初始 NAD 是从一个初始 NAD 列表中选择的。初始 NAD 列表是在编写节点性能文件（NCF）时设置的。LIN 协议没有对生成初始 NAD 的具体方法进行限制。

3）LIN 网络从机节点的 PID 配置

在 LIN 网络中，从机节点各个帧的 PID 都需要主机节点进行分配。一般情况下，LIN 网络通过分配 PID 列服务，主机节点一次最多可给从机节点分配 4 个帧的 PID。具体的分配 PID 列服务 PDU 结构如表 5.17 所示。

表 5.17　LIN 网络主从节点分配 PID 交互

主机请求	NAD	PCI	SID	D1	D2	D3	D4	D5
	NAD	0x06	0xB7	开始 Index	PID Index	PID Index+1	PID Index+2	PID Index+3
从机应答	NAD	PCI	RSID	未定义				
	NAD	0x06	0xF7	0xFF	0xFF	0xFF	0xFF	0xFF

其中，表 5.16 中消息字节段的第一字节是开始帧索引，表示分配第一个帧的排列号。从机节点中各帧的排列顺序是按照节点性能文件（NCF）和 LIN 描述文件（LDF）中定义的顺序定义的。第一帧的索引编号是 0。

后续四字节是给从机节点分配的 PID。如果分配的 PID 值为 0，表示对应的信号携带帧无效。如果分配的 PID 值为 0xFF，表示保持对应帧的 PID 不变。

除了对从机节点 NAD 和 PID 的配置，LIN 网络协议规范还定义了其他配置服务，如条件变更 NAD，数据导入，保存配置。配置功能由配置与识别 API 完成，表 5.18 列出了配置服务与 API 的对应关系。

表 5.18　LIN 网络配置服务于 API

服 务 配 置	功　　能	识别与配置 API
Assign NAD	为逻辑节点分配新的 NAD	ld_assign_NAD
Conditional change NAD	为 NAD 有冲突的逻辑节点分配新的 NAD	ld_conditional_change_NAD
Assign frame ID range	为逻辑节点可以处理的帧分配新的 PID	ld_assign_frame_id_range
Save configuration	请求逻辑节点保存当前的配置项	ld_save_configuration ld_read_configuration

3. 识别功能

识别功能是指 LIN 网络中的主机节点能够获取逻辑节点的信息，例如产品代号等。借助识别功能，主机节点和逻辑节点还可以实现一些自定义的操作。

识别功能与上面介绍的配置功能使用同样的工作模型，而在识别服务中，主机节点发送的请求 PDU 单元结构如表 5.19 所示。

表 5.19　LIN 网络识别功能的交互

主机请求	NAD	PCI	SID	D1	D2	D3	D4	D5
	NAD	0x06	0xB2	识别 ID	厂商 ID LSB	厂商 ID MSB	功能 ID LSB	功能 ID MSB
从机应答	NAD	PCI	RSID	D1	D2	D3	D4	D5
识别 ID=0	NAD	0x06	0xF2	厂商 ID LSB	厂商 ID MSB	功能 ID LSB	功能 ID MSB	可变 ID
识别 ID=1	NAD	0x05	0xF2	序列号 0 LSB	序列号 1	序列号 2	序列号 3 MSB	0xFF
识别 ID=32-63	NAD	0x05	0xF2	用户自定义	用户自定义	用户自定义	用户自定义	用户自定义
失败应答	NAD	0x03	0x7F	请求 SID 0xB2	错误代码 0x12	0xFF	0xFF	0xFF

其中，在 LIN 网络的识别过程中，从机节点需要根据目标 ID 的值来回应相应的信息。目标 ID 指定的相关信息如表 5.20 所示。

表 5.20　LIN 网络从机节点的目标 ID

目　标　ID	指定读出的内容	应答消息的长度
0	LIN 产品 ID	6=5+RSID
1	序列号	5=4+RSID
2～31	保留	NA
32～63	用户自定义	用户自定义
64～255	保留	NA

4．诊断功能

诊断功能是指 LIN 网络之外的诊断设备可以直接连接 LIN 的主机节点，或者通过外部的其他网络，如 ISO11898 中所定义的 CAN 网络，连接主机节点，进而通过诊断设备可以按规定的诊断协议，如 ISO15765 规范，与 LIN 的逻辑节点通信。与配置功能相比，诊断功能是 LIN 网络作为一个整体对外呈现的可配置、可访问的属性。

为了适应汽车行业的需要，LIN 规范定义诊断服务时，参照了 ISO 制定的 UDS 标准和 OBD 标准。LIN 诊断功能是以上两个标准的子集，相同服务的 SID 也相同。

诊断功能的工作模型如图 5.35 所示，它是配置功能工作模型的扩展。主机节点在此扮演了一个“网关”的角色，在诊断设备和 LIN 网络之间传递服务请求和应答。

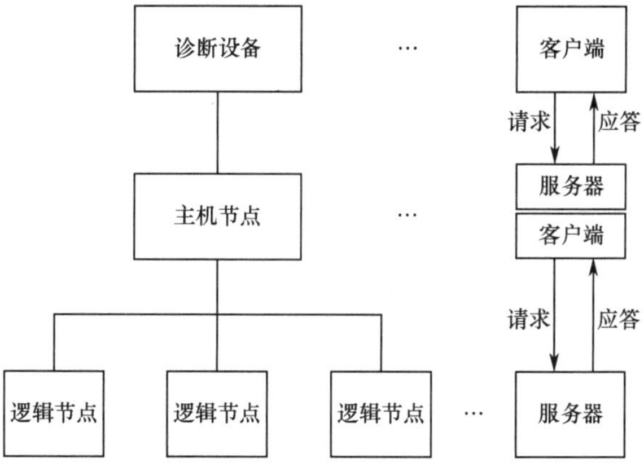

表 5.35　LIN 网络诊断模型

LIN 网络诊断功能所对应的实用意义可以用一个例子来说明：假设采用 LIN 子网的车门连接在底盘 CAN 网络上，诊断车门故障时，只需要把 OBD 设备连接于车载计算机的 CAN 接口即可，而不需要拆下车门；确定车门故障点后，拆下车门维修完毕，只需把 OBD 设备连接于车门的 CAN 接口，就能确认门是否已被修好，而不需要事先把车门装回。

一般而言，LIN 网络中节点的计算能力与网络成本成正比。应用层的四项功能中，只有诊断功能可以根据具体产品而灵活裁减，其余的功能都是固定而且必需的。诊断功能的可裁减性具体体现在两方面，即实现方式以及支持的服务种类，这些都是直接影响着节点计算负荷的因素。

LIN 网络有三种方式来实现诊断功能，它们的差别在于传输层的复杂度，因为拆分/重组需要一定的计算量。具体如表 5.21 所示。

表 5.21 LIN 网络中的诊断功能

	方式 A	方式 B	方式 C
传输层	NA	支持 SF、FF、CF	根据应用层设计而定
协议层	信号携带帧	诊断帧	诊断帧，并使用自定义 NAD
计算量	最小	大	根据应用层设计而定
可移植性	好	好	差

在 LIN 网络中，逻辑节点的功能越复杂，所支持的服务越多，对逻辑节点的计算能力要求也就越高。依据诊断服务的数量，LIN 规范划分出三种不同的诊断类型，即 I 类、II 类和 III 类，适用于不同条件的逻辑节点。其中，I 类诊断类型最低，III 类诊断类型最高。通常情况下，较高类型可以完全包含较低类型的功能。

I 类是所有诊断类型的公共部分，提供信号处理、识别、配置功能，诊断功能则采用方式 A，这也是每个逻辑节点必备的服务。

II 类节点在 I 类节点诊断方式的基础上增加了 UDS 所定义的识别服务，诊断方式一般采用方式 B。

III 类节点相比 II 类节点，在其基础上又增加了 UDS 定义的部分其他服务。此外，III 类节点还增加了通过 LIN 总线在线升级的功能。

在 LIN 网络中，诊断类型的关联如图 5.36 所示。

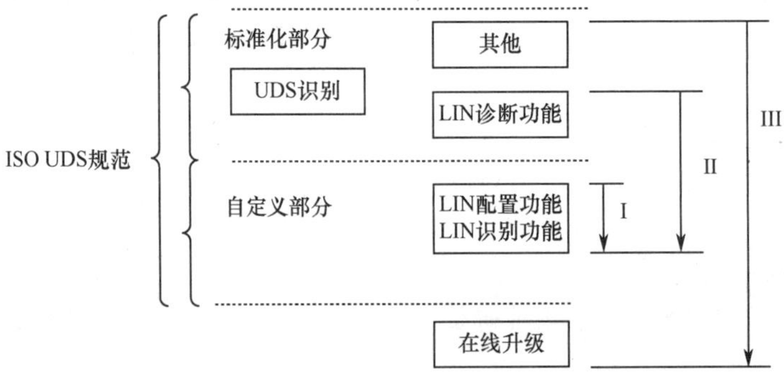

图 5.36 LIN 网络诊断模型的关联

第 6 章　无线车载网络技术

在前面的章节中，主要介绍传统有线式的车载网络通信技术；而随着无线通信技术的发展，车载网络正朝着无线通信的方向发展。目前对车载网络 VANET 的研究基于多种无线技术，如专用短距离通信（Dedicated Short Range Communication，DSRC）、UMTS、WiMAX 和 Bluetooth 等。虽然具体采用哪种技术实现车辆间互联还没有定论，但协议标准化的进程大致沿着 DSRC 这条技术路线。

BroadR-Reach 技术为满足汽车行业的严格要求而设计，通过单对非屏蔽双绞线提供高性能的 100Mb/s 带宽，由于无须布设昂贵、笨重的屏蔽电缆，汽车制造商可以极大地降低互连成本和电缆重量。

常见的车载无线连接方式有蓝牙 Bluetooth，射频识别技术 RFID，无线传感网络 ZigBee，无线保真 WiFi 等。这些介质访问方式提高了网络的利用率和高优先级消息的实时性，但在重负载 CAN 中，低优先级消息经常由于总线冲突而被迫退出发送，导致低优先级消息传输时延长，且传输时延不可预测。因此，CAN 不适合实时性和可靠性要求特别高或有安全性要求的场合，如汽车电子钟的 X-by-wire（线控技术）。为此国外有专家自 2000 年起研究时间触发机制的 CAN 总线，即 TT CAN（Time Triggered Controller Area Network）。2004 年国际标准化组织将 TT CAN 制定为 ISO 11898-4 国际标准。

在本章内容中，主要在 CAN 网络技术的基础上向读者介绍车载网络 TTCAN 总线技术以及 TTCAN 总线在车载网络中基本的仿真应用，通过具体的仿真实例介绍 TTCAN 网络的结构和应用。

【本章重点】

1．车载蓝牙 Bluetooth 的基本通信协议；

2．车载射频识别技术 RFID 的基本通信协议；

3．车载无线传感网络 ZigBee 的基本通信协议；

4．车载无线保真 WiFi 的基本通信协议；

5．车载自组织网络VANET的基本通信协议。

【本章难点】

1．车载蓝牙Bluetooth和射频识别技术RFID的协议标准；

2．车载ZigBee在传输层的应用；

3．车载自组织网络VANET的配置与调度。

6.1 无线车载网络技术简介

通常意义上来讲，经典的车载网络都是采用传统有线式的数据通信方式，如前面章节中所介绍的CAN网络、LIN网络等。这些网络各自具有自身的优点和特色，也是最早被应用在汽车上进行数据通信的组织结构形式。

随着电子与通信技术的发展，传统的有线式通信的缺点日益突出，如车载网络中线束过于复杂难以布局、车与车外部之间无法通信等，特别是新型车联网技术的发展，已经迫使汽车生产厂商在保持原有通信性能的前提条件下，进行技术更新迭代。而无线车载网络技术，如蓝牙、RFID、自组织网络Ad Hoc等，不仅能够满足原有车载网络数据通信的性能指标，实现车辆内部的数据交互，更能实现车-车之间和车-路之间的数据交换，以满足车辆通信中所特有的高移动性和随机不确定性所等带来的问题。

1999年，美国联邦通信委员会（Federal Communications Commission，FCC）在5.9GHz分配了75MHz频段用于DSRC通信。2002年ASTM（American Society for Testing and Materials）组织确定了DSRC规范E2213-02，将5.9GHz纳为规格制定方向，IEEE802.11a则被采用作为物理层传输技术。2003年年底，ASTM又推出下一版本E2213-03，并受到FCC的青睐，成为北美DSRC规范。与此同时，FCC又在DSRC频段制定了相应的服务规则。之后ASTM决议将E2213-03标准移往IEEE制定，主要是期待以IEEE的影响，对DSRC规范的推广有所帮助。2004年，IEEE成立了802.11p工作组以制定IEEE802.11在车辆环境下无线接入（Wireless Access in the Vehicular Environment，WAVE）的版本，并以IEEE1609系列协议作为上层协议，从而形成车辆通信网络的基本协议构架。目前WAVE标准的正式版本尚未发布，VANET历时十余年的标准化进程仍在继续。

车辆通信和组网中的一些关键问题同时也是学术界研究的热点。车辆通信网络的MAC协议设计便是其中之一。可靠而高效的接入控制对于移动环境下拓扑频繁变化的

VANET 来讲尤为重要。

为了进一步实现车载网络的互联，FCC 进一步将 DSRC 频段分为带宽为 10MHz 的 7 个独立的信道，包括一个控制信道（CCH）和 6 个服务信道（SCH），同时规定控制信道用于安全应用和控制信息的交互，服务信道用于承载非安全应用。这个规定使得采用多信道构架的 MAC 协议设计成为可能。

可以看到，在 VANET 中，车辆节点间（Vehicle to Vehicle，V2V）除了进行安全信息的交互外，也会与路边基础设施（Vehicle to Infrastructure，V2I）或其他车辆通信以获取丰富的非安全信息。而如果让整个网络的安全和非安全应用都在一个信道上完成，则难以保证安全应用的服务质量（Quality of Service，QoS），因为大量的非安全信息可能导致网络拥塞，使安全消息无法有效传递，从而严重削弱 VANET 在主动安全方面的重要作用。另外，车辆数量的增加将加剧网络中的竞争和冲突，在单信道配置下非安全应用的 QoS 也无法保证。采用多信道的 MAC 机制是解决上述问题直接而有效的方法之一。通过将不同的服务和终端分隔在不同的信道上，多信道 MAC 协议可以获得更高的网络吞吐量和更低的网络时延。很自然地，在车辆网络中如何合理而有效地利用多个信道进行通信就成为一个十分值得探讨的问题。

当然，有关 VANET 的多信道 MAC 机制的研究只是无线车载网络里非常小的一个研究课题，而基于无线传输技术的车载网络在很多领域还存在更多的问题尚待解决，例如目前车辆之间的信息传输延迟、数据交换的信息安全等。所以考虑到车辆运行的特殊环境，无线车载网络还有很多问题值得探讨。

6.2 蓝牙技术在车载网络中的应用

蓝牙（Bluetooth），一种无线技术标准，用来让固定与移动设备在短距离间交换数据，以形成个人局域网络（PAN）。其使用短波特高频（UHF）无线电波，经由 2.4～2.485 GHz 的 ISM 频段来进行通信。1994 年电信商爱立信（Ericsson）发展出这个技术，最初是希望创建一个 RS-232 数据线的无线通信替代版本。它能够连接多个设备，克服同步的问题。

蓝牙技术目前由蓝牙技术联盟（SIG）来负责维护其技术标准。这个联盟拥有超过 20 000 家公司成员，其成员的领域分布在电信、计算机、网络与消费性电子产品上。IEEE 曾经将蓝牙技术标准化为 IEEE 802.15.1，但是这个标准已经不再继续使用。

自 20 世纪 90 年代末诞生以来，蓝牙技术为语音和数据包的传输提供了可靠的无线连接，从而彻底改变了移动电话、计算机、汽车和消费电子产品等领域。而随着汽车行业的迅速发展，这种“无线式”的通信技术彻底改变了人们对传统通信技术有线制的观念。图 6.1 为车载蓝牙耳机。

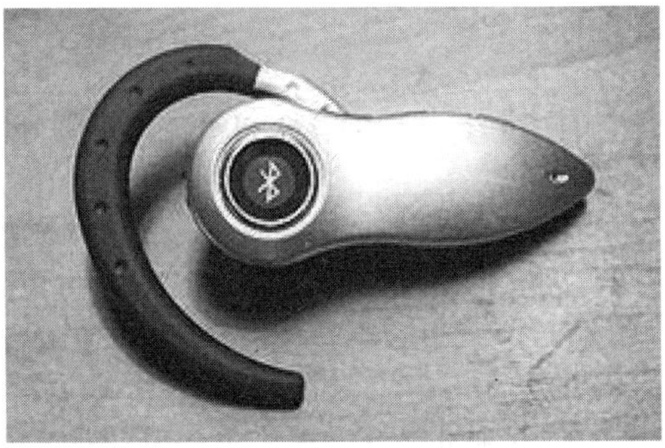

图 6.1　车载蓝牙耳机

目前许多汽车的车载多媒体信息系统都支持蓝牙接入功能，比如凯迪拉克 XTS 豪华轿车上所搭载的 CUE 移动互联体验系统的蓝牙接入功能，最多可支持 10 组蓝牙配对，包括智能手机、平板电脑和多媒体播放器等。车主可以通过蓝牙配对，将这些便携设备中的信息与 CUE 系统实现共享。比如，可以读取手机中的通讯录，通过 CUE 系统的人声识别功能直接进行语音拨叫；可以读取手机或多媒体播放器中的音乐文件，通过 CUE 系统在车内音响中播放，并在 CUE 系统的显示屏上显示曲目名、歌词和专辑封面图像等。

6.2.1　蓝牙技术的发展历史

在诞生初期，蓝牙技术被认定为一种应用范围很小的“线缆替代”技术。如今，蓝牙技术已经成为汽车电子设计中不可分割的一部分。市场调查机构 Forrester 的数字也重点指出：蓝牙技术的应用正从单一的移动电话领域向其他应用领域转移，包括家庭娱乐、博彩和车载应用领域等。事实上，市场分析公司 ABI 预期，2018 年全球可基本实现对所有出厂的汽车实现全部蓝牙装备。

随着在车载应用领域的发展，蓝牙技术将如何更好地适用于汽车？有哪些具体的用途、哪些技术发展将进一步扩大这种应用？在本章节中主要探讨当前和将来蓝牙技术的某些应用实例，以及蓝牙标准的最新发展情况。在这些发展当中，一部分使无线技术按照驾驶室环境的严格要求来细调其性能，还有一部分将为蓝牙技术打开新的应用领域。

在车载应用领域中，配有蓝牙技术的无线电装置、电话、信息娱乐和导航系统市场必将迅速发展。在上个世纪前，该技术领域中上市的蓝牙产品还只有汽车生产商在其豪华车型上内置的电话系统。这些系统中，一部分是利用驾驶员的移动电话通过蓝牙技术实现通信，还有一部分是利用供乘客使用的蓝牙手机取代了早期的 DECT 电话。现在，越来越多提供蓝牙连接的车载产品在汽车零配件市场有售，销售者包括专业系统安装商和主要零售商。换句话说，虽然蓝牙技术存在其自身的缺点和不足，如带宽较小、有效距离短等，但却已经成为汽车电子和车载网络中不可缺少的重要组成部分。

欧洲、美国和亚洲许多地区有关免提设备的立法导致了各种蓝牙耳机的诞生，使正在驾驶的司机能够通过蓝牙移动电话的语音命令来拨打和接听电话。这些耳机价格便宜，无须安装，在需要充电的时候接插到点烟器插座上即可。但是，它们无法构成综合车载通信系统的组成部分。随后又出现了车载免提听筒，使司机能够利用蓝牙移动电话通过连接在控制箱上的麦克风进行通信。车载免提听筒包括从可以接插到点烟器插座上配备扬声器的单一模件，到利用汽车立体声系统作为扩音器的各种综合机型，其中某些机型需要专业安装。但是在拨打电话的时候，不是所有插入式机型都能够使汽车内的收音机或立体声系统静音，这就意味着司机仍然需要进行手动控制。支持蓝牙免提和耳机框架协议的车载 CD/MP3 播放器是第一批脱离单一电话模式的产品，可以通过蓝牙移动电话的免提语音控制进行车载娱乐。表 6.1 列出了不同版本的蓝牙技术的发展情况及其新增的功能性描述。

表 6.1　蓝牙技术的发展历史

版　本	规范发布日期	增 强 功 能
0.7	1998 年 10 月 19 日	Baseband、LMP
0.8	1999 年 1 月 21 日	HCI、L2CAP、RFCOMM
0.9	1999 年 4 月 30 日	OBEX 与 IrDA 的互通性
1.0 Draft	1999 年 7 月 5 日	SDP、TCS
1.0 A	1999 年 7 月 26 日	/
1.0 B	2000 年 10 月 1 日	WAP 应用上更具互通性
1.1	2001 年 2 月 22 日	IEEE 802.15.1
1.2	2003 年 11 月 5 日	列入 IEEE 802.15.1a
2.0+EDR	2004 年 11 月 9 日	EDR 传输率提升至 2-3Mb/s
2.1+EDR	2007 年 7 月 26 日	简易安全配对、暂停与继续加密、Sniff 省电
3.0+HS	2009 年 4 月 21 日	交替射频技术、取消了 UMB 的应用
4.0+HS	2010 年 6 月 30 日	传统蓝牙技术、高速蓝牙和新的蓝牙低功耗技术

6.2.2　蓝牙技术在汽车上的应用

虽然蓝牙技术从自身领域而言已经有了较为完善的发展，但要在汽车中置入蓝牙技术，需要解决某些关键问题。蓝牙技术最初的开发目的是适应严酷的应用环境，如汽车驾驶室。这正是某些世界领先的汽车生产商迅速采用蓝牙技术的原因。举例来说，CSR 公司的 BlueCore 芯片超越了驾驶室应用所要求的温度范围-40℃～85℃，并可以在-40℃～105℃的温度范围内运行。

除了温度以外，其他车载射频设备，如汽车立体声装置、GPS 导航设备、卫星数字音频无线电服务（SDARS）装置、GSM 无线电收发器以及其他电器设备，均可能造成干扰或受到干扰。一辆汽车实际上就是一个可以反射的“罐头盒”，无线电波就在汽车驾驶室内进行反射，从而造成周相移动，重叠的周相移动可消除或破坏所需的信号。

这些射频信号对于汽车无线系统的数据流量构成不利影响。随着蓝牙应用扩展到信息娱乐、互联网诊断以及其他有关领域，汽车将越来越广泛地配备各种蓝牙装置，从而进一步增加潜在的干扰风险。

蓝牙技术拥有各种抗干扰的防线。蓝牙无线电技术规范中给出的第一道防线是跳频，要求接收器和发射器按照预先确定的模式，将 79 个不同信道中的一个信道每秒钟调整 1600 次。这样就在很大程度上提高了抗干扰水平，但如果有跳频，汽车驾驶室内大量的射频信号仍然可能对数据流量和链接可靠性造成不利影响。

除此之外，蓝牙技术规范还包含一些抵抗任意射频干扰源的方法，这些方法在汽车驾驶室中可有效地运用。这种称为 CQDDR（信道质量数据驱动率）的技术可以监控环境中的噪声，使蓝牙装置能够测量有多少数据在传输中被损坏，然后动态地调整蓝牙数据包类型，从而达到最好地适应环境的目的，这样就可以实现最高的有效数据速率。如果汽车驾驶室的射频环境比较差，那么为汽车应用所选择的芯片就应该融合 CQDDR，以保证实现最高的数据速率。在拨号上网等数据应用情况下尤其如此，因为不是所有的蓝牙系统都融合了 CQDDR。

目前，将汽车娱乐系统与蓝牙耳机免提控制融为一体的蓝牙链接仅用于带宽相对比较低的音频数据。但是，最近许多设备制造商已经在市场上推出了首批蓝牙立体声耳机，这些产品采用了专门用于立体声音质的流媒体的新型蓝牙芯片。以 CSR 公司的 BlueCore3 多媒体芯片为例，它整合了一个芯片电池充电器和一个数字信号处理器（DSP），以提高音频质量并延长电池使用时间。这个技术的发展意味着未来的播放器能够让乘客在无须打扰司机的情况下收听音乐。

6.2.3 蓝牙的基带规范

蓝牙技术是以近距离无线连接为基础，而欲代替使用电缆连接的固定或移动的电子设备。该技术的使用，使系统具有操作简单、功耗低、价格低等特点。

蓝牙工作在全球通用的 2.4MHz 的 ISM 频段，收发信机采用跳频技术来达到抗干扰和抑制信号衰减目的，利用二进制调频（FM）模式使收、发信机的复杂性得以简化。符号速率为 1ms/s。信道时隙以 625μs 的标称时隙长度作为应用标准。由于蓝牙系统采用了全双工分时（TDD）传输信息技术，所以在信道里信息以分组结构的方式进行信息交换。在传输过程中，各信息分组用不同的跳频算法实现信息传输。理论上讲，一个分组覆盖一个单时隙，实际上一个分组可扩展覆盖 5 个时隙。

蓝牙协议使用了电路和分组切换的组合方式，时隙可以作为同步分组保留。同时，蓝牙也能支持一个异步数据信道乃至三个同步话音传输信道或同时支持异步数据信息和同步话音信道。每个话音信道支持 64Kb/s 同步话音信道连接。异步信道最大可不对称地支持 723.2Kb/s（且回程为 57.6Kb/s）或对称地支持 433.9Kb/s。

一般来说，蓝牙系统由无线电设备部分、链接控制部分、链接管理支持部分和主终端接口功能组成，其结构如图 6.2 所示。

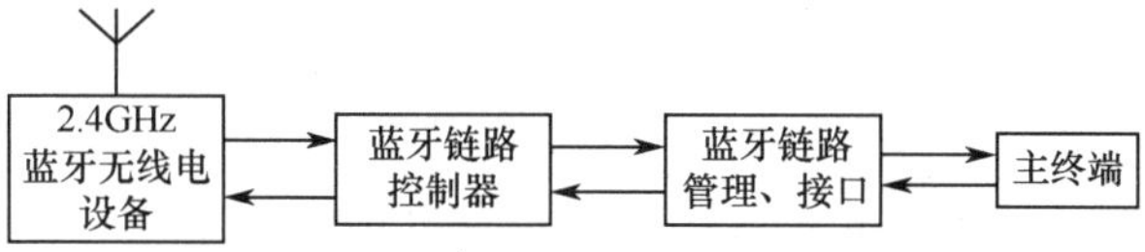

图 6.2 车载蓝牙系统的结构

在车载网络中，蓝牙系统能够提供点对点连接方式，即蓝牙中仅有两点，或一点多址连接方式，其连接方式如图 6.3 所示。

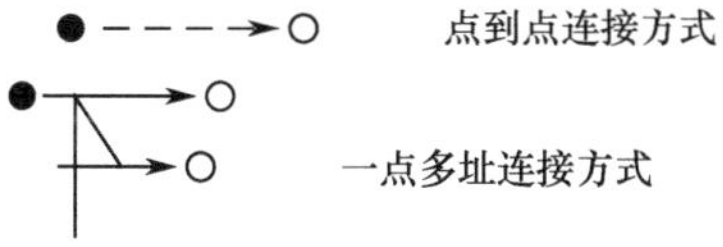

图 6.3 车载蓝牙系统的点对点连接方式

在一点多址连接方式中，信道分在几个蓝牙单元中。分在同一信道中的两个或两个以上的单元形成一个匹克网（Piconet）。一个蓝牙单元作为匹克网的主单元，其余的可作为从单元看待。在一个匹克网中最多可有 7 个活动从单元。另外，更多的从单元被锁定在休眠状态中。这些处于休眠状态的从单元在该信道中不能被激活，但对主单元来讲它们仍由主单元同步。无论对激活或休眠状态来讲，信道访问都由主单元控制。

具有重叠覆盖域的多匹克网形成一个散射网络（Scatternet）结构。每个匹克网只能具有一个单独主单元，然而从单元可分享基于时分多址的不同匹克网。另外，在一个匹克网中主单元可视为另一个匹克网的从单元，且各匹克网间不再是以时间或频率同步，各匹克网有自己的跳频信道。

6.2.4　蓝牙的物理通道与链接

在蓝牙通信过程中，信道使用一组伪随机跳频序列经 79 或 23 个射频跳频点跳频来表示。跳频序列对匹克网是唯一的，而且由蓝牙主单元的设备编址来确立，跳频序列的相位由蓝牙主单元的时钟确定。信道被分成时隙（时间片）的形式，且每个时隙符合 RF 跳频，跳频序列符合不同的射频跳频模式，最大跳频速率是 1600 跳/s，在匹克网中的全部蓝牙单元同时且同步跳入一个信道。

每个信道被进一步分成长度为 625μs 的时隙，时隙据蓝牙匹克网中主单元的时钟来编号。时隙编号区域从 0～227 且循环周期是 227，在这个时隙里，主和从单元都能传输分组。

由于蓝牙系统中主-从单元的分组传输采用的是分时双工（TDD）交替传输方式，所以在系统中主单元都是采用偶数编号时隙来实现信息传输，而从单元却采用奇数编号时隙来实现信息传输。分组的起始位置与时隙起始点相吻合。由主或从单元完成的分组传输可以扩展到 5 个时隙，TDD 和定时工作方式如图 6.4 所示。

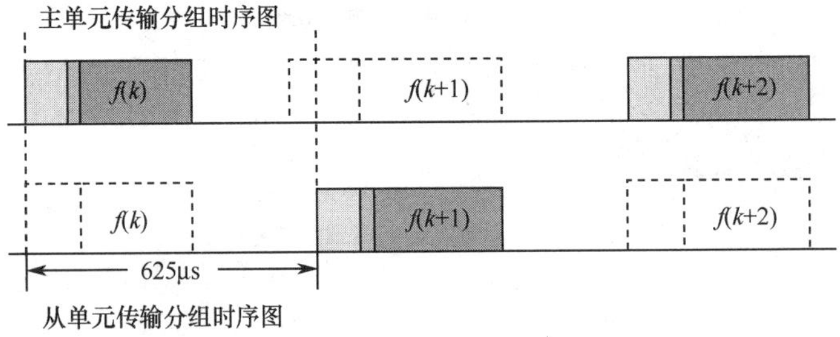

图 6.4　车载蓝牙 TDD 和定时工作方式

在主单元和从单元之间，可以确定不同的类型链接关系。下面定义了两种不同类型的链接。

- 同步定向链接（SCO）；
- 异步无链接（ACL）。

同步定向链接（SCO）是在匹克网中主单元和从单元之间实现点到点链接。主单元通过有规律地使用保留时隙来维持 SCO 链接。而 ACL 链接是主单元与共存于匹克网中的所有从单元之间实现一点多址的连接方式。

在这种连接方式中，主单元并不以时隙来保留 SCO 链接，主单元在每个时隙基上建立对任何其他从单元的 ACL 链接，其中包括已预定用 SCO 链接方式中的从单元。

1）SCO 链接

SCO 链接是在蓝牙主单元与指定的从单元之间实现点到点的同步连接。SCO 链接方式采用保留时隙来传输分组，因此该方式可看作在主单元和从单元之间实现电路交换连接。SCO 链接主要用于支持类似于话音这类时限信息，具有较少的时间延迟。

在蓝牙通信系统中，由主单元方面看，它可以支持多达 3 路的相同从单元或不同从单元的 SCO 链接。而由从单元方面看，针对同一主单元它可以支持多达 3 路的 SCO 链接。若链接来源于不同主单元，此时从单元只能支持 2 路 SCO 链接，在此种情况下不能再传输 SCO 分组。

在蓝牙通信过程中，主单元以有规律的时间间隔来发送分组，所以在保留的主-从时隙里，称到从单元的 SCO 间隔为 T_{sco}（记数时隙）。在主-从时隙里 SCO 从单元总是允许响应 SCO 分组传输。但若先前的主-从时隙使用不同的编址，此时这种传输不能使用。如果在分组头里，SCO 从单元对从单元的编址码有解码错误，在保留的 SCO 时隙里它仍允许返回一个 SCO 分组。

SCO 链接由主单元发送 SCO 建立消息，经链接管理（LM）协议来确立。该消息分组含定时参数（如 SCO 间隔 T_{sco} 和规定保留时隙补偿 D_{sco}）等。

为防止时钟隐藏问题，在 LMP 中设置信息的初始化标志应指出是初始化方式 1 或初始化方式 2 被采用，从单元将通过初始化标志指示采用的初始化模式。若当前主时钟（CLK27）的 MSB 是 0，主单元使用初始化模式 1；当前主时钟（CLK27）的 MSB 是 1 时，主单元使用初始化模式 2。由主从保留的主-从 SCO 时隙取决于满足下述等式，相应的时隙被初始化。

初始化方式 1：$CLK_{27\text{-}1} \% T_{sco} = D_{sco}$

初始化方式 2：（$CLK_{27\text{-}1}$，$CLK_{26\text{-}1}$）$\% T_{sco} = D_{sco}$

在蓝牙通信过程中，主-从 SCO 时隙直接跟随保留主-从 SCO 时隙。在初始化后，作为下一个主-从 SCO 时隙的时钟值 CLK（K+1），是通过加固定间隔 T_{sco} 到当前主-从 SCO 时隙的时钟值来建立的。

2）ACL 链接

在 SCO 链接不保留的时隙里，主单元可以与任何属于每个时隙基里的从单元进行分组交换。ACL 链接提供在主单元与所有在匹克网中活动从单元的分组交换链接，异步和等时两种服务方式均可采用。在主-从之间，若仅存在单个 ACL 链接，对大多数 ACL 分组来说，分组重传是为确保数据的完整性而设立的。

在从-主时隙里，当且仅当先前的主-从时隙已被编址，则从单元允许返回一个 ACL 分组。如果在分组头的从单元地址解码失败，它就不允许传输。

ACL 分组未编址作为广播分组的指定从单元且各从单元可读分组。如果在 ACL 链接上没有传输数据且没有轮询申请，那么在 ACL 链接上就不会发生传输过程。

6.2.5 蓝牙通信的分组

在蓝牙数据通信中，当在基带里进行分组和消息的详细说明时，位排序必须遵循下列规则，即 Little Endian 格式。

- b0 代表最低有效位（LSB）；
- LSB 是第一个发送位；
- 在例中 LSB 被放在左边位置上。

基带控制器认为来自高层软件层中的第一位是 b0，即经无线发送的第一位，且数据帧在基带电平内产生。如头帧信息和有效信息头长度信息，用 LSB 先发送。例如，X=3 的 3 位参数，其传输码值是 b0 b1 b2=110，数位“1”首先经空中发送，最后才是数位“0”。在匹克网信道上的数据以分组形式传输，一般格式如图 6.5 所示。

LSB 72	54	0～2745 MSB
识别码	头	有效信息

图 6.5　车载蓝牙中标准分组的格式

每个分组由三个实体组成，即识别码、头和有效信息，在格式中每个实体的位数也给出。

其中，识别码和头是一个固定值，分别用 72 位和 54 位表示，有效信息可表范围从 0 到最大为 2745 位。分组也具有几种不同的类型格式，如分组可仅由识别码组成（压缩格式），也可以是用识别码和头组成的分组，或“识别码-头-有效信息分组”。

1）标准分组的识别码

在蓝牙通信中，每个分组都是用识别码作开始表示，若头信息紧随其后，则识别码长度是72位，否则是68位。这种识别码主要用于同步、DC补偿平衡和识别。识别码识别所有在匹克网的信道上的交换分组。在同匹克网中发送的所有分组优先相同信道识别码。在蓝牙系统接收机里，通过滑动相关器关联于识别码，且当超过门限电平时被激发，该激发信号被用于确定接收定时。

识别码也被用于呼出和查询过程。在这种情况下，识别码自身就被当作一个信令消息，且既不是头也不是有效信息的表示。识别码由头、同步字或许有尾组成，具体结构如图6.6所示。

LSB 4	64	4 MSB
头	同步字	尾

图6.6　车载蓝牙中识别码的格式

通常来说，蓝牙系统中可以支持了三种不同类型的识别码。

- 信道识别码（CAC）；
- 设备识别码（DAC）；
- 查询识别码（IAC）。

各种不同类型的识别码通常被应用在蓝牙系统中不同的操作模式中。信道识别码定义了一个匹克网。该代码包含在匹克网信道上的所有交换分组中。设备识别码用作一个特定的信令过程，如呼入或呼出响应。

一般而言，查询识别码有两个变量。

（1）一般查询识别码（GIAC）：该查询码为所有设备公用，可用来检测在指定范围内是否有其他蓝牙单元。

（2）专用查询识别码（DIAC）：该查询识别码为在蓝牙系统中具有公共属性的专用设备组使用，可以用于发现在该范围里的这些专用蓝牙单元。

信道识别码CAC由头、同步字和尾组成，而且它的整个长度是72位。当CAC是当作没有头的自包含消息使用时，DAC和IAC就不能包含尾且长度值是68位。不同识别码类型用了不同的低地址部分（LAPS）来创建同步字，关于基带（BD）地址的LAP字段问题参考有关蓝牙设备的编址部分内容，表 6.2 仅列出了不同识别码类的概要。

表 6.2　蓝牙系统中的识别码

代码类型	LAP	代码长度
CAC	主单元节点	72
DAC	呼入单元节点	68/注释长度为 72，只能配合用于 FHS 分组
CIAC	保留	68/注释长度为 72，只能配合用于 FHS 分组
DIAC	专用	68/注释长度为 72，只能配合用于 FHS 分组

蓝牙分组中的报头是一个方便用于 DC 补偿的固定 0～1 四位符号模式。该序列或是 1010 或是 0101，取决于下述同步字的 LSB 分别是 1 还是 0。

同步字是一个来自 24 位地址（LAP）的 64 位代码字；对于 CAC 使用主单元的 LAP，对于 GIAC 和 DIAC、保留字使用专用 LAP；对于 DAC 使用从单元的 LAP。基于不同的 LAPS 在同步字之间建立一个足够大的海明空间。另外，一个较好的同步字自相关特性可以改善定时同步过程。

报尾同下面的识别码的数据头一样是一个附加的同步字，这是一种使用 CAC 的典型情况。但是报尾也被用在 DAC 和 IAC 的情形中，此时这些代码用于在呼叫响应和查询响应过程中的 FHS 分组交换。

报尾也是一个四个字符的固定模式。报尾与同步字的三位 MSBS 一起形成一个用于扩展 DC 补偿的 0，1 交替的 7 位模式，报尾序列究竟是 1010 或是 0101 取决于同步字的 MSB 分别是 0 还是 1。报尾的具体结构如图 6.7 所示。

图 6.7　车载蓝牙中的尾结构

其中，图 6.7（a）表示了蓝牙帧结构中当同步字 MSB 是“0”时，CAC 中的报尾结构；而 6.7（b）代表当同步字 MSB 是“1”时，CAC 中的报尾结构。

2）标准分组的分组头

蓝牙报头中包含链接控制（LC）信息并由六个字段组成，即

- AM_ADDR　　3 位：活动成员地址；
- TYPE　　4 位：类型码；

- FLOW 1 位：流控制；
- ARQN 1 位：确认指示；
- SEQN 1 位：序列号；
- HEC 8 位：头错误校验。

在数据分组中，分组头包含了 HEC 的整个头信息，由 18 位组成，且该头信息以 1/3 比例前向纠错码编码（有关内容详见本书的纠错部分），导致头信息为 54 位编码格式。

LSB 3 位	4 位	1 位	1 位	1 位	8 位 MSB
AM_ADDR	TYPE	FLOW	ARQN	SEQN	HEC

但需要注意的是，AM_ADDR 和 TYPE 信息字段使用它们自身的 LSB 首先被发送。头其他不同字段的功能稍后再逐一解释，其头信息的格式安排如下。

AM_ADDR 代表成员地址而且用来区分在匹克网上的不同活动成员。在匹克网中有一个或多个从单元与主单元相连，为分别识别每个从单元，各个从单元在它们处于活动状态时都分配一个临时 3 位地址值。

在主单元和从单元之间进行分组交换时，每个从单元都带有自身的 AM_ADDR 信息，即在主-从分组和从-主分组里都要使用从单元的 AM_ADDR。

若主-从之间采用广播分组方式，那么保留所有的“全 0”地址，但 FHS 分组格式除外。在 FHS 分组格式中可以使用“全 0”成员地址，但它不是广播消息。从单元可以是处于脱离链接或暂时放弃它们的 AM_ADDR 状态，但当它们重新进入匹克网时，则必须重新分配新的 AM_ADDR。

报文分组可以有 16 种不同类型。4 位类型码（Type）正好指出了这 16 种不同类型结构。特别值得注意的是，类型码的解释取决于与分组相关的物理链接类型。首先它需要确认分组是以 SCO 链接还是以 ACL 链接发送，其次它还需要确认是以 SCO 分组还是以 ACL 分组接收。同时类型码也展现了当前分组将有多少个时隙出现，这种方法使没有编址的接收设备不能在时隙的持续期间从传输信道里监听传输信息。

流量位（Flow）则被用于额外 ACL 链接分组的流量控制。当以 ACL 方式链接，其接收器的 RX 缓冲区已满或 RX 正处于忙碌状态时，停止（STOP）指示（FLOW=0）将返回暂时停止数据的传输。注意，STOP 信号只涉及 ACL 分组，分组包含链接控制信息（ID，POLL 和 NULL 分组）或仍可以接收的 SCO 分组。当 RX 缓冲区为空时，则继续（GO）

指示信息（FLOW=1）将返回。当没有分组可以接收或接收头信息有错，则 GO 将以隐含的方式指示出来。

在分组报文中，通常使用 1 位 ARQN 指示来表明使用 CRC 的有效载荷的正确传输。该确认指示可以是一个以 ACK 表示的有效确认或是一个以 NAK 表示的无效确认。若接收是成功的，则 ACK（ARQN=1）返回，否则 NAK（ARQN=0）返回。当没有接收到涉及确认返回信息时，系统将以 NAK 形式隐含指示出来，实际上我们可将 NAK 看作默认返回的信息。

ARQN 在返回分组头信息里稍带确认。接收正确的校验由循环冗余校验（CRC）码来校验。使用未编码的 ARQ 方式意指 ARQN 与来自同一源的最后接收到的分组有关。

SEQN 提供一个序列码方式来排列分组流的顺序。对每个包含使用 CRC 数据新的传输分组，SEQN 位将反相，这就要求在接收点滤出重传过程。重传过程出现是因为 ACK 失败，导致收端重复接收一次同样的分组。通过对相邻分组的 SEQN 进行比较，则正确接收的重传过程就可以不考虑。SEQN 必须存在头格式里，究其原因是因为在未编码的 ARQ 方式里缺少分组编号。

为检测头完整性，每个报头都有一个“头校验错”信息字。HEC 由一个 8 位字组成，该字由多项式 647（八进制数）生成。HEC 生成器用 8 位值进行初始化。若 FHS 分组以主呼叫响应状态发送，从单元使用高地址部分（UAP）。若 FHS 分组以查询响应方式发送，此时就使用缺省校验初始化（DCI）。在其他情况里，主设备都采用 UAP 方法。在初始化后，HEC 形成 10 位头。在校验 HEC 之前，接收装置必须以适当的 8 位 UAP（或 DCI）来初始化 HEC 校验电路。如果 HEC 没有校验，则忽略整个分组。

3）有效信息格式

在前面的分组内容里，有几种有效信息格式需考虑。在有效信息里，有两个字段应区分：（同步）话音字段和（异步）数据字段。具有两种字段的 DV 数据段除外，其中 ACL 分组只有数据字段，SCO 分组只有话音字段。

话音字段是一个定长字段。作为 HV 分组，话音字段的长度是 240 位。作为 DV 分组，话音字段长度是 180 位，不带有效信息头。

相比话音字段，数据字段由三个段组成：有效信息头、有效信息主体和 CRC 码（仅 AUX1 分组不具有 CRC 码）。

● 有效信息头

在数据分组中，仅数据字段具有有效信息头，该头长度是一个或两字节。若段内是一个或两个分组，就只有一字节有效信息头；若段内有三个或四个分组，就应有两字节有效信息头。有效信息头指出了逻辑信道（两位 L_CH 表示）。

逻辑信道里的控制流（用 1 位的 FLOW 表示），有效信息长度指示器（分别用 5 位或 9 位来表示一字节或两字节有效信息头）。在两字节有效信息头的情况下，长度指示器有四位扩展到下一字节，第二字节的剩余四位留作备用或设置成“0”。一字节或两字节有效信息头的格式如图 6.8 所示，其中，L_CH 字段最先传输，然后是长度字段。

LSB 2	1	5 MSB
L_CH	FLOW	长度

（a）单时隙

LSB 2	1	9	4 MSB
L_CH	FLOW	长度	未定义

（b）多时隙

图 6.8 有效信息头的格式

- 有效信息主体

有效信息主体包括用户主体信息和确定用户吞吐量的有效性。有效信息主体的长度由有效信息头的长度字段指出。

- CRC 代码发生器

在有效信息里的 16 位循环冗余校验码通过 CRC-CCITT 多项式 210041（八进制表示）产生，并以相同的方法产生 HEC。在确定 CRC 码之前，用一个 8 位值来初始化 CRC 发生器。对于在 FHS 分组里的 CRC 码，发送主呼叫响应状态，使用从单元的 UAP。对于在 FHS 分组发送查询响应状态，从单元使用 DCI。而对于所有其他的分组，使用主单元的 UAP。

8 个二进制数放在 LFSR 电路的 8 个不重要（最左边）的位置，而其余 8 位同时设置为“0”。其后，CRC 码安排在信息上。若 CRC 码附加在信息中，则 UAP（或 DCI）被忽略。在接收端的接收信息校验前，CRC 电路以相同的方法使用 8 位 UPA（DCI）被初始化。

6.2.6 蓝牙通信的纠错

在蓝牙技术中使用了三种纠错方案。

- 1/3 比例前向纠错码；
- 2/3 比例前向纠错码；

- 用于数据的 ARQ 方案。

对数据有效信息使用 FEC 方案目的是减少重发次数。这样虽然提高了数据的可靠性，但 FEC 的采用增加了一些不必要时间开销，从而导致数据吞吐量下降。因此，分组究竟是否采用 FEC 码的选择，提出了在链接方式中应选用什么方式的分组问题。一般在 ACL 链接中使用 DM 和 DH 分组，而在 SCO 链接中使用 HV 分组。分组头总以 1/3 比例前向纠错码保护，它含有很重要的链接信息，能容忍多位错误。

1）1/3 比例前向纠错码

1/3 比例前向纠错码是一种较简单的纠错码格式。它在分组头里 FEC 码用一种简单的 3 倍重复格式，即重复码对每位信息重复三次来实现。其结构如图 6.9 所示。

b_0	b_0	b_0	b_1	b_1	b_1	b_2	b_2	b_2	------

图 6.9　1/3 比例前向纠错码的格式

在整个分组头里都采用了三位重复码，同时 HV1 分组里的话音字段也采用了这种编码格式。

2）2/3 比例前向纠错码

相比 1/3 比例前向纠错码，另一种 FEC 方案采用了一种（15，10）缩短海明码表示方式。产生的多项式为：g（D）=（D+1）（D4+D+1）。它符合八进制数 65 表示。线性反馈移位寄存器（LFSR）则主要用于负责产生的这种代码。

这种 2/3 比例前向纠错码用在 DM 分组、DV 分组中的数据字段、FHS 分组和 HV2 分组中。由于编码操作采用长度为 10 的信息段，所以用“0”的尾部位可附加在 CRC 位。整个编码的位数（即有效信息头、用户数据、CRC 和尾部数位）必须是 10 的整数倍，于是附加在尾部的位数是最不可能达到的，即在间隔 0，…，9 中，这些尾部位不包含在有效信息长度指示器里。

3）ARQ 自动重复请求方案

使用自动重复请求方案，DM、DH 和 DV 分组的数据字段传输或重发，直到收端（或超时执行）返回成功接收确认信息为止。该确认信息包含在返回分组头里，故称为稍带确认法（Piggy-backing）。为确定有效信息正确与否，循环冗余校验码就加载在有效信息中。ARQ 方案只工作在分组有效信息上（仅有效信息具有 CRC）。需要补充说明的是，分组头和话音有效信息不由 ARQ 保护。

6.2.7 蓝牙通信的逻辑信道

在蓝牙系统中规定了五种逻辑信道。

- 链接控制器（LC）控制信道；
- 链接管理器（LM）控制信道；
- UA 用户信道 ；
- UI 用户信道；
- US 用户信道。

控制信道 LC 和 LM 分别用在链接控制层和链接管理层，UA、UI 和 US 用户信道分别用于异步、等时和同步用户信息。LC 信道传送分组头，而其他的信道传送分组有效信息。LM、UA 和 UI 信道在有效信息头里的 L_CH 字段标出。US 信道只经 SCO 链接传输，UA 和 UI 信道一般经 ACL 链接传输。然而它们也能在 SCO 链接上以 DV 分组里的数据传送，LM 信道既可以用 SCO 链接传送也可用 ACL 链接传送。

1）LC 信道

LC 控制信道（链接控制）映射到分组头上，该信道传送类似于 ARQ、流控制和有效信息特征的低层链接控制信息。没有分组头的 ID 分组除外，LC 信道可传送各种分组。

2）LM 信道

LM 控制信道用来传送主单元和从单元链接管理器之间的互换控制信息。典型的 LM 信道使用 DM 分组保护模式，LM 信道由有效信息头里 L_CH 代码 11 指定。

3）UA/UI 信道（用户异步/登时数据）

UA 信道传送 L2CAP 表示的异步用户数据，该数据可以用一个和多个基带分组传送。对于分段消息，在起始分组使用有效信息头的 10L_CH 代码，余下的连续分组使用 L_CH 代码 01。如果没有使用分段消息，所有的分组都使用 L2CAP 开始代码 10。

等时数据信道由高层正确定时开始分组支持。在基带层里，L_CH 代码用法同 UA 信道一样。

4）US 信道（用户同步数据）

US 信道传送明显表示的同步用户数据，该信道在 SCO 链接上执行。

5）信道映射

LC 信道被映射到分组头上。所有其他的信道被映射到有效信息上。US 信道只能映射到 SCO 分组，而所有其他的信道映射到 ACL 分组或 SCO DV 分组。如果涉及较高优先权信息，LM、UA 和 UI 信道可以中断 US 信道。

6.3 射频技术 RFID 在车载网络中的应用

射频识别（RFID）是一种无线通信技术，可以通过无线电信号识别特定目标并读写相关数据，而无须识别系统与特定目标之间建立机械或者光学接触。

无线电的信号是通过调成无线电频率的电磁场，把数据从附着在物品上的标签上传送出去，以自动辨识与追踪该物品。某些标签在识别时从识别器发出的电磁场中就可以得到能量，并不需要电池；也有标签本身拥有电源，并可以主动发出无线电波（调成无线电频率的电磁场）。标签包含了电子存储的信息，数米之内都可以识别。与条形码不同的是，射频标签不需要处在识别器视线之内，也可以嵌入被追踪物体之内。

许多行业都运用了射频识别技术。将标签附着在一辆正在生产中的汽车，厂方便可以追踪此车在生产线上的进度。类似地，仓库可以追踪药品的所在。射频标签也可以附于牲畜与宠物上，方便对牲畜与宠物的积极识别（积极识别意思是防止数只牲畜使用同一个身份）。射频识别的身份识别卡可以使员工得以进入锁住的建筑部分，汽车上的射频应答器也可以用来征收收费路段与停车场的费用。

某些射频标签附在衣物、个人财物上，甚至于植入人体内。由于这项技术可能会在未经本人许可的情况下读取个人信息，这项技术也会有侵犯个人隐私的忧患。

6.3.1 RFID 技术的发展背景

射频标签是产品电子代码（EPC）的物理载体，附着于可跟踪的物品上，可全球流通并对其进行识别和读写。RFID（Radio Frequency Identification）技术作为构建“车联网”的关键技术近年来受到人们的关注。

RFID 技术最早起源于英国，应用于第二次世界大战中辨别敌我飞机身份，20 世纪 60 年代开始商用。RFID 技术是一种自动识别技术，美国国防部规定 2005 年 1 月 1 日以后，所有军需物资都要使用 RFID 标签；美国食品与药品管理局（FDA）建议制药商从

2006 年起利用 RFID 跟踪常造假的药品。Walmart，Metro 零售业应用 RFID 技术等一系列行动更是推动了 RFID 在全世界的应用热潮。

2000 年，每个 RFID 标签的价格是 1 美元。许多研究者认为 RFID 标签非常昂贵，只有降低成本才能大规模应用。2005 年时，每个 RFID 标签的价格是 12 美分左右，现在超高频 RFID 的价格是 10 美分左右。RFID 要大规模应用，一方面是要降低 RFID 标签价格，另一方面要看应用 RFID 之后能否带来增值服务。欧盟统计办公室的统计数据表明，2010 年，欧盟有 3%的公司应用 RFID 技术，应用分布在身份证件和门禁控制、供应链和库存跟踪、汽车收费、防盗、生产控制、资产管理等领域。

从结构上讲 RFID 是一种简单的无线系统，只有两个基本器件，该系统用于控制、检测和跟踪物体，系统由一个询问器和很多应答器组成。

最初在技术领域，应答器是指能够传输信息和回复信息的电子模块。近些年，由于射频技术发展迅猛，应答器有了新的说法和含义，又被叫作智能标签或标签。RFID 电子标签的阅读器通过天线与 RFID 电子标签进行无线通信，可以实现对标签识别码和内存数据的读出或写入操作。RFID 技术可识别高速运动物体并可同时识别多个标签，操作快捷方便。

在未来，RFID 技术的飞速发展对于物联网领域的进步具有重要的意义。

6.3.2 RFID 技术的特点

射频识别 RFID 系统最重要的优点是非接触识别，它能穿透雪、雾、冰、涂料、尘垢和条形码无法使用的恶劣环境阅读标签，并且阅读速度极快，大多数情况下不到 100ms。有源式射频识别系统的速写能力也是重要的优点。可用于流程跟踪和维修跟踪等交互式业务。

制约射频识别系统发展的主要问题是标准不兼容。射频识别系统的主要厂商提供的都是专用系统，导致不同的应用和不同的行业采用不同厂商的频率和协议标准，这种混乱和割据的状况已经制约了整个射频识别行业的增长。许多欧美组织正在着手解决这个问题，并已经取得了一些成绩。标准化必将刺激射频识别技术的大幅度发展和广泛应用。

物流管理的本质是通过对物流全过程的管理，实现降低成本和提高服务水平两个目的。如何以正确的成本和正确的条件，去保证正确的客户在正确的时间和正确的地点得到正确的产品，成为物流企业追求的最高目标。一般来说，企业存货的价值要占企业资产总额的 25%左右，占企业流动资产的 50%以上。所以物流管理工作的核心就是对供应链中存货的管理。

在车辆运输管理方面采用射频识别技术，只需要在车载货物的外包装上安装电子标签，在运输检查站或中转站设置阅读器，就可以实现车载运输系统的可视化管理。与此同时，货主可以根据相应的权限，访问在途可视化网页，了解车载货物的具体位置，这对提高交通运输的服务水平有着重要意义。

（1）快速扫描。RFID 辨识器可同时辨识读取数个 RFID 标签。

（2）体积小型化、形状多样化。RFID 在读取上并不受尺寸大小与形状限制，不需为了读取精确度而配合纸张的固定尺寸和印刷品质。此外，RFID 标签更可往小型化与多样形态发展，以应用于不同产品。

（3）抗污染能力和耐久性。传统条形码的载体是纸张，因此容易受到污染，但 RFID 对水、油和化学药品等物质具有很强抵抗性。此外，由于条形码附于塑料袋或外包装纸箱上，所以特别容易受到折损；RFID 卷标是将数据存在芯片中，因此可以免受污损。

（4）可重复使用。现今的条形码印刷上去之后就无法更改，RFID 标签则可以重复地新增、修改、删除 RFID 卷标内储存的数据，方便信息的更新。

（5）穿透性和无屏障阅读。在被覆盖的情况下，RFID 能够穿透纸张、木材和塑料等非金属或非透明的材质，并能够进行穿透性通信。而条形码扫描机必须在近距离而且没有物体阻挡的情况下，才可以辨读条形码。

（6）数据的记忆容量大。一维条形码的容量是 50B，二维条形码最大的容量可储存 2～3000 字符，RFID 最大的容量则有数兆字节。随着记忆载体的发展，数据容量也有不断扩大的趋势。未来物品所需携带的资料量会越来越大，对卷标所能扩充容量的需求也相应增加。

（7）安全性。由于 RFID 承载的是电子式信息，其数据内容可经由密码保护，使其内容不易被伪造及变造。

RFID 因其所具备的远距离读取、高储存量等特性而备受瞩目。它不仅可以帮助交通运输系统大幅提高智能车辆管理、信息管理的效率，还可以让交通运输企业和交通管理互联，从而更加准确地接收反馈信息，控制需求信息，优化整个供应链。

6.3.3 RFID 技术的原理和结构

RFID 技术的基本工作原理并不复杂：标签进入磁场后，接收解读器发出的射频信号，凭借感应电流所获得的能量发送出存储在芯片中的产品信息（无源标签或被动标签），或者由标签主动发送某一频率的信号（Active Tag，有源标签或主动标签），解读器读取信息并解码后，送至中央信息系统进行有关数据处理。

1. RFID 系统的基本结构

一般来说，射频识别系统包含射频标签（Tag）、读写器（Reader）和数据管理系统三部分。射频标签由天线及芯片组成，每个芯片都含有唯一的识别码，一般保存有约定格式的电子数据，在实际应用中，射频标签一般粘贴在待识别物体的表面，电子标签又称为射频标签、应答器、数据载体；读写器是可非接触地读取和写入标签信息的设备，它通过网络计算机系统进行通信，从而完成对射频标签信息的获取、解码、识别和数据管理，可设计为手持式或固定式，读写器又称为读出装置、扫描器、通信器、阅读器；数据管理系统主要完成数据信息的存储和管理，并可以对标签进行读写控制。数据管理系统可以由简单的小型数据库担当，也可以是集成了 RFID 管理模块的大型 ERP（企业资源规划）数据库管理软件。电子标签与阅读器之间通过耦合元件实现射频信号的空间（无接触）耦合，在耦合通道内，根据时序关系，实现能量的传递和数据的交换。

一套完整的 RFID 系统，最为核心的就是由阅读器与电子标签，也就是所谓的应答器及应用软件系统三个部分所组成，其工作原理是读写器发射一特定频率的无线电波能量，用以驱动电路将内部的数据送出，此时读写器便依序接收解读数据，送给应用程序做相应的处理，如图 6.10 所示。图 6.10 是射频识别系统的基本模型。

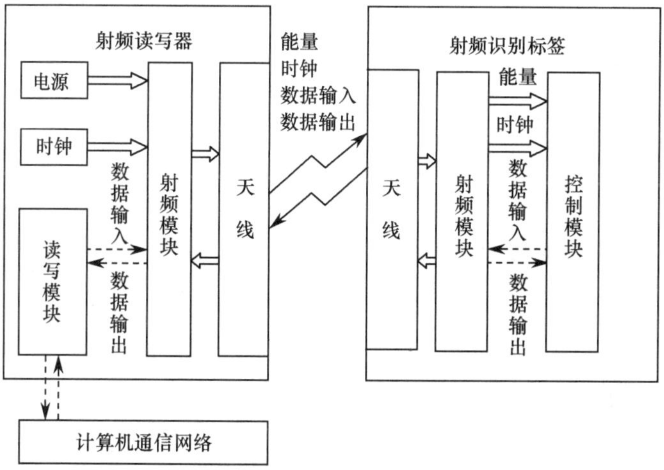

图 6.10 射频识别系统的基本模型

按 RFID 卡片阅读器及电子标签之间的通信及能量感应方式大致上可以将 RFID 分成感应耦合及后向散射耦合两种。一般低频的 RFID 大都采用第一种式，而较高频大多采用第二种方式。

阅读器根据使用的结构和技术不同可以是读或读/写装置，是 RFID 系统信息控制和处理中心。阅读器通常由耦合模块、收发模块、控制模块和接口单元组成。阅读器和应答器之间一般采用半双工通信方式进行信息交换，同时阅读器通过耦合给无源应答器提供能量和时序。在实际应用中，可进一步通过 Ethernet 或 WLAN 等实现对物体识别信息的采集、处理及远程传送等管理功能。应答器是 RFID 系统的信息载体，应答器大多是由耦合原件（线圈、微带天线等）和微芯片组成无源单元。

1）标签（Tag）

RFID 系统中的标签由耦合元件和芯片组成，每个标签有唯一的电子编码，附着在物体上识别目标对象；通常电子标签由耦合元件以及 RFID 芯片组成，RFID 芯片主要由射频接口模块、数字控制模块和存储系统三部分组成，其结构如图 6.11 所示。

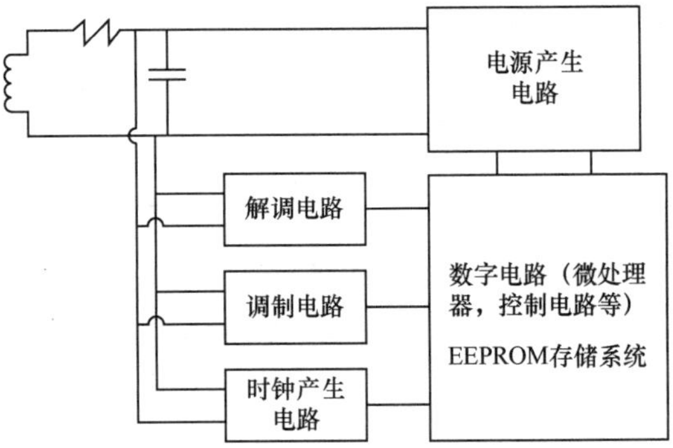

图 6.11　RFID 芯片系统结构

射频接口主要由调制电路、解调电路、时钟产生及复位电路和电源产生电路 4 个功能模块组成。调制电路和解调电路用于实现信息在电磁信号和电信号之间的转换；时序产生电路是为数字控制逻辑服务的，通过时钟恢复获得时钟信号，并分频产生调制电路和存储电路所需要的时钟信号。电源产生电路从阅读器发射的电磁波中提取能量给芯片内部电路使用，解决了电子标签内电路正常工作所需要的能量问题，为整个数字电路和存储系统提供稳定的电压。

数字控制模块主要实现对阅读器发出的信息进行解调、解码、校验、判断，并对解码后的指令进行相应的处理。它由收发控制模块（编解码子模块、CRC 子模块、移位寄存器等）、映射模块、状态机等模块组成。状态机是 RFID 芯片工作流程的控制中心；编解码子模块实现了对阅读器发来的数据脉冲位置解码和对电子标签需要发送的数据的曼彻斯特编码；CRC 子模块保证了数据交换过程的完整性；映射模块实质上是一些特殊的数据通道，它将状态机、收发移位寄存器和存储器分别对应连接起来，实现数据和命令的分离。

2）读写器（Reader）

RFID 中的读写器通常也被称为阅读器，用于产生发射无线电射频信号并接收由标签反射回的无线电射频信号，经处理后获取标签数据信息，有时还可以写入标签信息的设备。读写器的收发距离可长可短，根据它本身输出功率和使用频率的不同，从几厘米到几十米不等。射频识别阅读器结构图如图 6.12 所示。

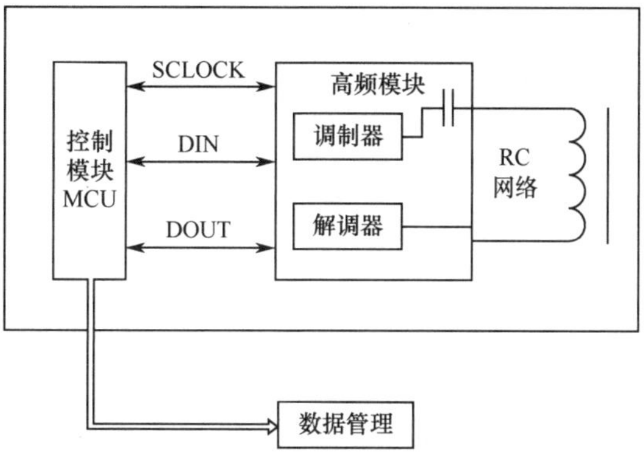

图 6.12　射频识别阅读器结构图

阅读器控制单元的功能包括：与应用系统软件进行通信，并执行应用系统软件发来的命令；控制与电子标签的通信过程；信号的编解码；执行防冲突算法以精简电子标签芯片控制电路设计；对电子标签与阅读器间要传送的数据进行加密和解密，以及进行电子标签和阅读器间的身份验证等附加功能。高频模块主要通过无线射频自动捕获电子标签中的数据，完成收发信号的调制与解调。

3）天线（Antenna）

在标签和读写器之间传递射频信号，控制数据的获取和通信。一般而言，天线都会和读写器整合在一起，可设计为手持式或固定式。以常见的交通卡为例，卡内嵌有一个电子标签，公交车上的读卡器内置了一个读写器和一根天线，其读写距离为 10cm 左右，属于低频产品，成本相对较低。

2. RFID 系统的信号耦合

发生在阅读器和电子标签之间的射频信号的耦合类型有两种。

（1）电感耦合。变压器模型，通过空间高频交变磁场实现耦合，依据的是电磁感应定律，如图 6.13（a）所示。

（2）电磁反向散射耦合。雷达原理模型，发射出去的电磁波，碰到目标后反射，同时携带回目标信息，依据的是电磁波的空间传播规律，如图 6.13（b）所示。

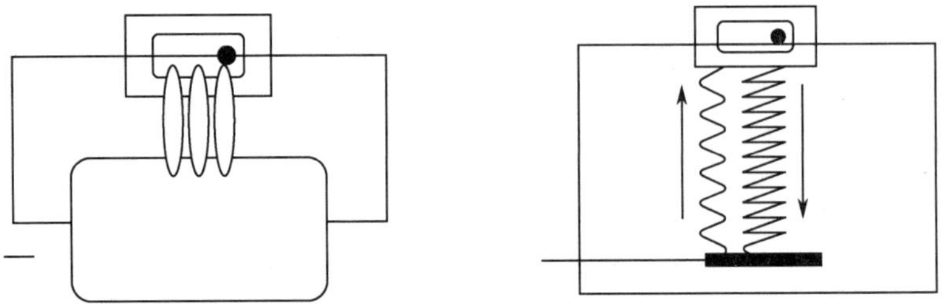

（a）电感耦合　　（b）电磁耦合

图 6.13　射频信号的耦合

电感耦合方式一般适用于中、低频工作的短距离射频识别系统。典型的工作频率有 125kHz、225kHz 和 13.56MHz，识别作用距离小于 1m，典型作用距离为 10～20cm。

电磁反向散射耦合方式一般适用于高频、微波工作的远距离射频识别系统。典型的工作频率有 433MHz、915MHz、2.45GHz 和 5.8GHz，识别作用距离大于 1m，典型作用距离为 3～10m。

在射频识别系统的工作过程中，始终以能量为基础，通过一定的时序方式来实现数据的交换。因此，在 RFID 工作的空间通道中存在三种事件模型：以能量提供为基础的事件模型，以时序方式实现数据交换的实现形式事件模型，以数据交换为目的的事件模型。

1）以能量提供为基础的事件模型

读写器向电子标签提供工作能量。对于无源标签来讲，当标签离开读写器的工作范围以后，电子标签由于没有能量的激活而处于休眠状态，当电子标签进入读写器的工作范围以后，读写器发出来的能量激活电子标签，电子标签通过整流的方法将接收到的能量转换为电能存储在电子标签中的电容里，从而为电子标签的工作提供能量，完成数据的交换。对于有源标签来讲，有源标签始终处于激活状态，处于主动工作状态，和读写器发射出的电磁波相互作用，具有较远的识读距离。

2）以时序方式实现数据交换的事件模型

时序指的是读写器和电子标签的工作次序。通常有两种时序，一种是 RTF（Reader

Talks First，读写器先发言），另一种是 TTF（Tag Talks First，标签先发言），这是读写器的防冲突协议方式。在一般状态下，电子标签处于“等待”或“休眠”工作状态，当电子标签进入读写器的作用范围时，检测到一定特征的射频信号，便从“休眠”状态转到“接收”状态，接收读写器发出的命令后，进行相应的处理，并将结果返回读写器。这类只有接收到读写器特殊命令才发送数据的电子标签采用的是 RTF 方式。与此相反，进入读写器的能量场就主动发送自身序列号的电子标签采用的是 TTF 方式。

为了实现多标签无冲撞同时识读，对于 RTF 的方式，读写器先对一批电子标签发出隔离指令，使得读写器识读范围内的多个电子标签被隔离，最后只保留一个电子标签处于活动状态，与读写器建立无冲撞的通信联系；通信结束后，读写器发出指令使该电子标签进入休眠，指定一个新电子的标签执行无冲撞通信指令。如此重复，完成多标签同时识读。对于 TTF 的方式，电子标签随机地反复发送自己的识别 ID，不同的电子标签可在不同的时间段被读写器正确读取，完成多标签的同时识读。

3）以数据交换为目的的事件模型

读写器和标签之间的数据通信包括读写器向电子标签的数据通信和电子标签向读写器的数据通信。

在读写器向电子标签的数据通信中，又包括离线数据写入和在线数据写入。无论是只读电子标签还是可读写的电子标签，都存在离线写入的情况。这是因为，对于任何一只电子标签，都具有唯一的 ID 号，这个 ID 号对于标签来讲，是不可更改的。这样的 ID 号码可以在标签制造时由工厂固化写入（工厂编程）。对于数据的在线写入来讲，指的是可写标签。电子标签的可写性能对系统提出了很高的技术要求，要求系统具有较大的能量、较短的写入距离、较慢的写入速度、较复杂的写入校验过程等。

对于标签向读头的数据通信过程，其工作方式包括以下两种：

（1）标签收到读头的射频能量时，即被激活并向读头反射标签存储的数据信息；

（2）标签被激活后，根据读头指令转入数据发送状态或休眠状态。

在这两种工作方式中，前者属于单向通信，后者属于半双工双向通信。电子标签与阅读器构成的射频识别系统是为应用服务的，应用的需求可能多种多样，各不相同。阅读器与应用系统之间的接口通常用一组可由应用系统开发工具调用的标准接口函数来表示。

3. RFID 系统的工作流程

不同的 RFID 系统具有不同的功能，但其系统的基本工作流程是一致的，具体如下所述。

（1）读写器将无线电载波信号经过发射天线向外发射。

（2）当电子标签进入发射天线的工作区时，电子标签被激活，接收读写器的操作指令，将自身信息的代码经天线发射出去。

（3）系统的接收天线接收电子标签发出的载波信号，经天线的调节器传输给读写器。读写器对接收到的信号进行解调解码，送往后台的电脑控制器。

（4）电脑控制器根据逻辑运算判断该标签的合法性，针对不同的设定做出相应的处理和控制，发出指令信号控制执行机构的动作。

（5）执行机构按照电脑的指令动作。

（6）通过计算机通信网络将各个监控点连接起来，构成总控信息平台，可以根据不同的项目设计不同的软件来完成要实现的功能。

图 6.14 为一种无源 RFID 的原理示意图，其基本流程如上所述。

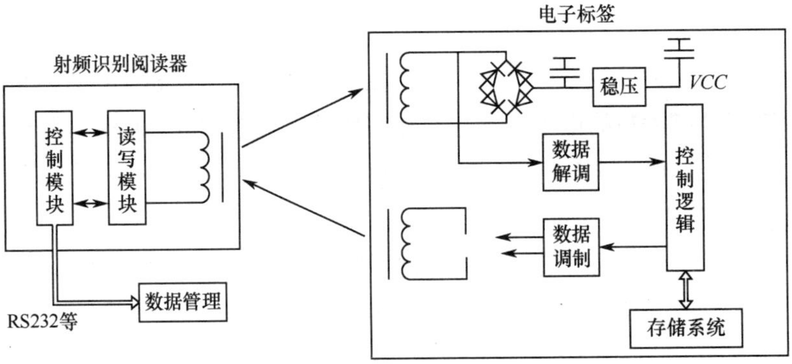

图 6.14　无源 RFID 的原理示意图

4．RFID 系统的数据传输

从读写器到射频标签方向的数据传输过程中，所有已知的数字调制方法都可以选用，但该过程与工作频率和耦合方式无关。常用的数据调制解调方式有：幅移键控（Amplitude Shift Keying，ASK）、频移键控（Frequency Shift Keying，FSK）和相移键控（Phase Shift Keying，PSK）等。为简化射频标签设计并降低成本，多数射频识别系统采用 ASK 调制方式。

数据编码一般又称为基带数据编码，RFID 系统常用的数据编码方式有以下几种：双反向不归零码（NRZ）、曼彻斯特编码（Manchester）、单极性归零编码（UnipolarRz）、差动双相编码（DBR）、米勒编码（Miller）、差动编码、脉冲宽度编码（Pule Width Modulation，PWM）和脉冲位置编码（Pule Position modulation，PPM）。每种编码都有其适用场合。

6.3.4 RFID 的技术标准

针对 RFID 而言，由于目前还没有正式的 RFID 产品（包括各个频段）国际标准，因此，各个厂家推出的 RFID 产品互不兼容，造成了 RFID 产品在不同市场和应用上的混乱和孤立，这势必对未来的 RFID 产品互通和发展造成障碍。标准化是推动 RFID 产业化进程的必要措施。射频标签的通信标准是标签芯片设计的依据，目前国际上与 RFID 相关的通信标准主要有 ISO/IEC 18000 标准（包括 7 个部分，涉及 125kHz、13.56MHz、433MHz、860MHz～960MHz、2.45GHz 等频段），ISO11785（低频），ISO/IEC 14443 标准（13.56MHz），ISO/IEC 15693 标准（13.56MHz），EPC 标准（包括 Class0、Class1 和 GEN2 等三种协议，涉及 HF 和 UHF 两种频段），DSRC 标准（欧洲 ETC 标准，含 5.8GHz）等。目前电子标签芯片的国际标准出现了融合的趋势，ISO/IEC 15693 标准已经成为 ISO18000-3 标准的一部分，EPC GEN2 标准也已经启动向 ISO18000-6Part C 标准的转化。

1. ISO/IEC 1569 标准

ISO/IEC 15693 标准主要由物理特性、通信接口和初始化、防冲突和传输协议三部分组成。ISO/IEC 15693 标准定义了电子标签和阅读器之间的双向通信协议，其基本通信模型如图 6.15 所示。

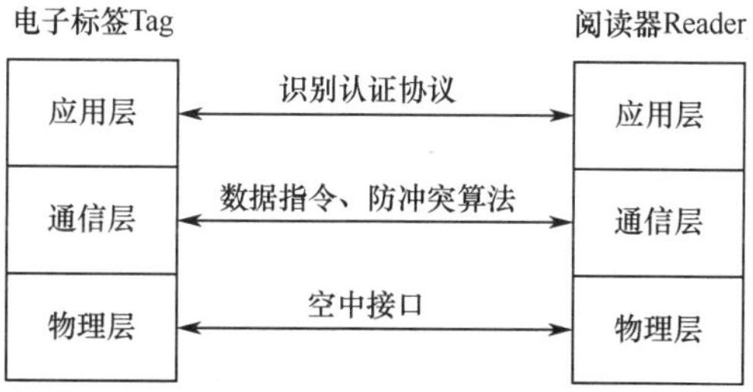

图 6.15 RFID 基本通信模型

RFID 系统的通信模型分为三层，从下到上依次为物理层、通信层和应用层。物理层即空中接口部分，主要关心的是电气信号问题，例如频道分配、物理载波等；通信层定义了阅读器与电子标签 Tag 之间双向交换数据和指令的格式，其中最重要的就是解决多个电子标签同时访问一个阅读器时的冲突问题；应用层用于解决和最上层应用直接相关的内容，包括认证、识别以及应用层数据的表示、处理逻辑等。具体的通信过程如图 6.16 所示。

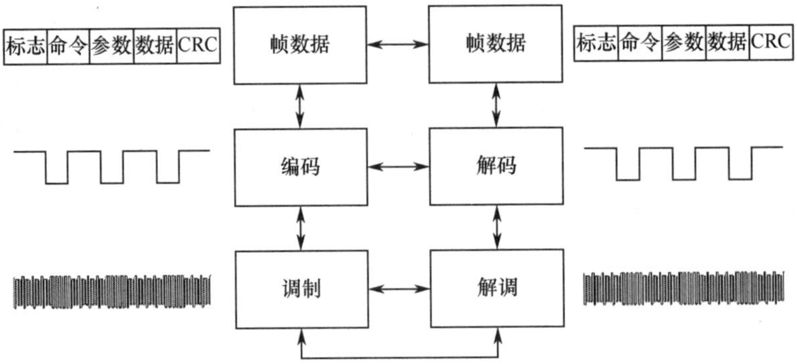

图 6.16 阅读器和电子标签的通信模型

Step1：电子标签进入阅读器的有效场后被激活。

Step2：电子标签等待阅读器的指令。

Step3：阅读器发送指令给电子标签。

Step4：电子标签发送响应给阅读器。

Step5：电子标签在被阅读器的电磁场激活的 1ms 内，应该做好准备从阅读器接收指令，阅读器在发送指令给电子标签之后的 300μs 内，应该做好准备从电子标签接收响应。

数据通信的流程是发送方将要发送的数据组成帧，然后选用相应的编码方式对帧数据进行编码，并且为帧数据加上帧头和帧尾，最后进行调制发送。在接收方，首先将收到的调制信号进行解调，然后对信号进行解码和去帧头帧尾，最后得到帧数据。

在 ISO/IEC 15693 协议标准中规定了以下内容。

（1）每一个查询和响应都包含在一个帧中，帧头（SOF）和帧尾（EOF）将在下面定义。

（2）每一个查询都包含以下的域：标志位、命令代码、与特定命令相关的特定可选参数域、应用数据域、CRC。请求帧格式如表 6.3 所示。

表 6.3 请求帧格式

帧头（SOF）	标志位（FLAG）	命令代码	命令参数	应用数据域	CRC	帧尾（EOF）

（3）在一个请求帧中，“标志”域描述了 VICC 应该执行的操作，以及相应的域是否出现。该域包含了 8 位。请求标志域通知电子标签哪些可选数据将出现在请求帧中，并且确定了电子标签如何进行响应。

（4）每一个响应包含下列的域：标志位、与特定命令相关的特定可选参数域、应用数据域、CRC。响应帧格式如表 6.4 所示。

表 6.4　响应帧格式

帧头（SOF）	标志位（FLAG）	命令参数	应用数据域	CRC	帧尾（EOF）

（5）协议是面向位的。在一帧中所传输的数据位是 8 的整数倍。

（6）单字节的传输都是从最低位开始的。

（7）多字节的传输从最低字节开始，每一字节从最低位开始。

（8）标志位的设定表明可选域的存在。当标志位被设为 1，该域出现；否则该域不出现。

（9）RFU 标准应该设定为 0。

电子标签在被阅读器的电磁场激活的 1ms 内，应该做好准备从阅读器接收指令，阅读器在发送指令给电子标签之后的 300μs 内，应该做好准备从电子标签接收响应。

2．曼彻斯特编码模块

曼彻斯特码由于其特殊的性能，被广泛应用于数字通信的编码方式。根据 ISO/IEC 15693 协议标准描述，从电子标签到阅读器的数据要进行曼彻斯特编码。曼彻斯特编码是串行数据传输的一种重要的编码方式，它最大的优点是数据和同步时钟统一编码。曼彻斯特码中含有丰富的时钟信号，直流分量基本为零，这使得解码方能够较容易恢复同步时钟，并同步解出数据，具有很好的抗干扰性能。

在曼彻斯特编码中，整个时钟周期内电平由高向低变化表示 0，电平由低向高变化表示 1，如图 6.17 所示。RFID 系统遵循“阅读器先说”的原则，阅读器发送请求信号给电子标签，电子标签的数字部分对请求信号进行相应的处理，并发出回复信息给阅读器。

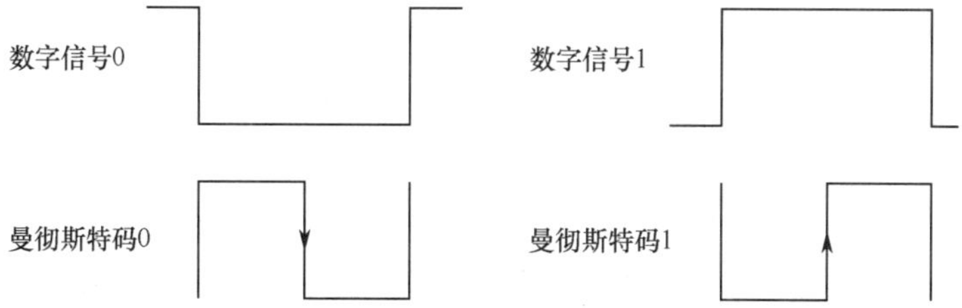

图 6.17　曼彻斯特编码方式

电子标签的数字部分框架如图 6.18 所示。PPM 解码模块接收模拟部分发送过来的信号，将脉冲位置编码方式的数据解码成电子标签数字部分可识别的二进制数据，并将此二进制数据发送到 CRC 校验模块和状态机模块。CRC 校验模块确认信号传输无误后，状态机对请求信号进行处理并发出回复信号给 CRC 编码模块产生 CRC 校验码，最后由曼彻斯特编码模块将回复信号以及CRC校验码一并以特定的脉冲形式发送给模拟部分进行处理。

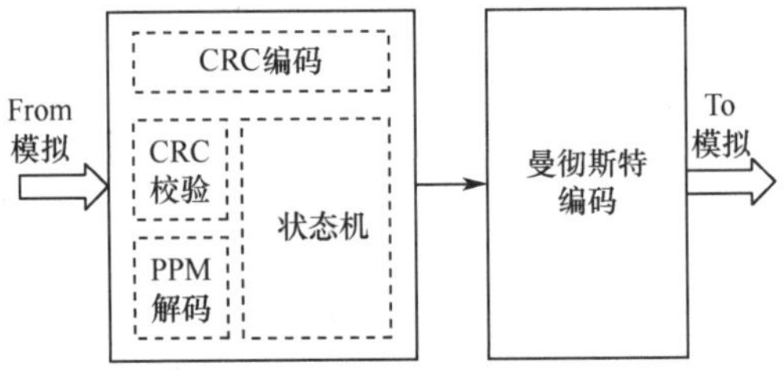

图 6.18　数字部分框架

为了防止信息受干扰或相互碰撞，防止对某些信号特性的蓄意改变，曼彻斯特编码要对标签回复的信息提供某种程度的保护。可见，曼彻斯特编码模块对整个数字部分起着非常重要的作用。如果编码不正确或者抗干扰能力不强，阅读器无法接收到正确的回复信号，从而导致电子标签与阅读器的通信失败。

因此，为了准确实现编码的功能，需要在充分理解标准的基础上，严格定义该模块与状态机之间的接口时序。

在数字框架中，每个模块的基本功能说明如下所述。

- PPM 解码：对解调后的数据进行解码，得到从阅读器发送过来的帧数据。
- CRC 模块：对收到的数据进行 CRC 校验，出错时电子标签不做响应；在发送数据时用来产生 CRC 校验码。
- 状态机：控制整个电子标签系统的所有操作。对接收的指令和数据进行处理，控制电子标签的状态，根据指令要求对 EEPROM 进行读写。
- Manchester 编码模块：对要发送的比特流进行曼彻斯特编码。

从 RF 模块过来的解调后的数据首先经过 PPM 解码，解码后得到帧数据，前两字节是 Flag 和 CMD，存入相应的专用寄存器中，其他的数据在通用移位寄存器中进行存储，存储的同时把数据送到 CRC 模块进行校验。如果 CRC 错误，电子标签不做任何响应；如没有发现错误，电子标签读取帧数据来进行相应的操作。

电子标签要发送响应时，首先把要发送的数据写入通用移位寄存器，当计时器完成计时准许发送，数据串行进入数据发送模块，并同时送到 CRC 模块进行 CRC 计算，在数据发送模块为数据加上 SOF、CRC 和 EOF，最后通过对比特流进行曼彻斯特编码和第一次调制后，送入 RF 模块进行第二次调制和发送。

3．数字调制方式

从电子标签向阅读器传输数据时，使用负载调制副载波，电阻或者电容调制阻抗在副载波频率 fs 的时钟中连通或者断开。

可以根据数据传输方式使用 1 种或者 2 种副载波，这是由阅读器决定的。当使用一种副载波时，副载波频率 f_{s1} 应该是 $f_{c/32}$（423.75kHz）。当使用两种副载波时，副载波频率 f_{s1}、f_{s2} 分别应该是 $f_{c/32}$（423.75kHz）和 $f_{c/28}$（484.28kHz），这时两者之间应该存在连续相位关系。

电子标签支持两种调制方式，即 ASK 调制和 FSK（Frequency Shift Keying，频移键控）调制。使用单副载波时进行 ASK 调制，使用双副载波时进行 FSK 调制。同时电子标签支持两种传输速率，即低传输速率和高传输速率，两种传输速率的选择是由阅读器决定的。电子标签各种情况下的传输速率如表 6.5 所示。

表 6.5　电子标签的数据传输速率

	ASK	FSK
副载波频率	423.75kHz	423.75 kHz/484.28 kHz
低传输速率	6.62Kb/s	6.67Kb/s
高传输速率	26.48Kb/s	26.69Kb/s

6.3.5　RFID 技术的应用

资产管理程序从标签中收集位置信息，生成包含报告、警报和其他信息的完整的服务器分布图。安全方面的改善非常明显：标识所有物理设备的活动状况后，数据中心内的未授权访问和篡改将无所遁形。

数据中心资产跟踪可以为合规性或服务级别提供保障。例如，IT 经理可以追踪特定地理区域内的服务器上运行的工作负载情况。RFID 不再需要费时且容易出错的序列号和服务标签号码检查操作，可以自动完成 IT 资产清数据的采集和汇总。

活跃 RFID 标签可以用无线的方式报告服务器周围环境和能源情况，包括外壳是否打开以及温度、湿度、流量和功耗等。

DCIM 平台则整合资产和环境报告，提供当前数据中心的活动概览，帮助 IT 团队对未来系统利用率和资源增长作出规划。

1）用于病患监测的双接口无源 RFID 系统设计

病患监测设备通常用于测量病患的生命迹象，如血压、心率等参数；管理这些重要数据的要求远远超出了简单的库存控制范围，需要设备能够提供设备检查、校准和自检结果，与静态的标签贴纸不同，动态的双接口 RFID E^2PROM 电子标签解决方案能够记录测量参数，以备日后读取，还能把新数据输入系统。

2）基于 RFID 的物联网智能公交系统应用方案

基于物联网技术的公交停车场站安全监管系统，主要由车辆出入口管理系统、场站智能视频监控系统两部分组成，利用先进的“物物相联技术”，将用户端延伸和扩展到公交车辆、停产场站中的任何物品间进行数据交换和通信，全面立体地解决公交行业监管问题。

3）基于 RFID 技术的小区安防系统设计解决方案

在小区的各个通道和人员可能经过的通道中安装若干个阅读器，并且将它们通过通信线路与地面监控中心的计算机进行数据交换。同时在每个进入小区的人员车辆上放置安置有 RFID 电子标签的身份卡，当人员车辆进入小区，只要通过或接近放置在通道内的任何一个阅读器，阅读器即会感应到信号同时立即上传到监控中心的计算机上，计算机就可判断出具体信息（如是谁，在哪个位置，具体时间等），管理者也可以根据大屏幕上或电脑上的分布示意图点击小区内的任一位置，计算机即会把这一区域的人员情况统计并显示出来。同时，一旦小区内发生事故（如火灾、抢劫等），根据电脑中的人员定位分布信息就能马上查出事故地点周围的人员车辆情况，然后可再用探测器在事故处进一步确定人员准确位置，以便帮助公安部门准确快速地营救出遇险人员和破案。

6.4 VANET 技术在车载网络中的应用

交通状况的日益拥挤和交通事故的不断攀升是现代社会面临的重大挑战，汽车行业的发展带来的诸如此类的问题，其主要原因是汽车对外部环境信息的探测接收主要取决于驾驶者的生理感知能力，而驾驶员的感知能力通常有很大局限性。在被人们称为信息时代的今天，汽车已经发展到需要相互实时通信构成网络的时刻，构建一个智能交通系统（ITS，Intelligent Transportation Systems）从而缓解交通拥堵，提高行车安全，这必将翻开汽车工业发展新的篇章。

VANET（Vehicular Ad Hoc Networks，即车辆动态自组织网络）是实现车与车（Vehicle 2 Vehicle）、车与路边设备（Vehicle 2 Infrastructure）通信的网络。VANET 由移动自组织网络（MANET）发展而来，用以描述实际交通环境中某个区域内车辆或者地面接入点所构成的复杂而特殊的网络，具体如图 6.19 所示。

图 6.19　VANET 在车载网络中的应用

如上所述，VANET 网络的基本架构主要分为车辆与车辆（V2V）通信和车辆与基础设施（V2I）通信两种结构。V2V 通信可以使车辆实时监测到附近道路上其他车辆的相关信息，为行车安全及智能驾驶等提供一种高科技的解决手段。V2I 通信则可以使得车辆随时获悉周边各类设施的相关信息，提供各类服务信息及数据网络接入，其通信系统一般由车载单元（OBU）、路侧单元（RSU）以及专用短距离无线通信协议三部分组成。VANET 将自组网技术应用于车辆间通信，使得驾驶员能够在超视距的范围内获得其他车辆的状况信息（如车速、方向、位置、刹车板压力等）和实时路况信息。

VANET 网络体系架构主要包含安全应用和非安全应用，安全应用主要用于传输与安全有关和通信指令等信息，非安全应用则传输娱乐相关的数据。这一体系有多种实现形式，其中被广泛认可的一种形式是上层标准为 IEEE 1609 相关协议规定，下层标准则是 IEEE 802.11p，具体结构如图 6.20 所示。

其中，IEEE1609.2 主要负责安全服务，IEEE1609.3 主要负责网络服务，IEEE1609.4 主要负责 IEEE 802.11p 的多信道操作，即上层 MAC 标准的制定，而 IEEE802.11p 则负责下层 MAC 标准和物理层（PHY）标准的制定。

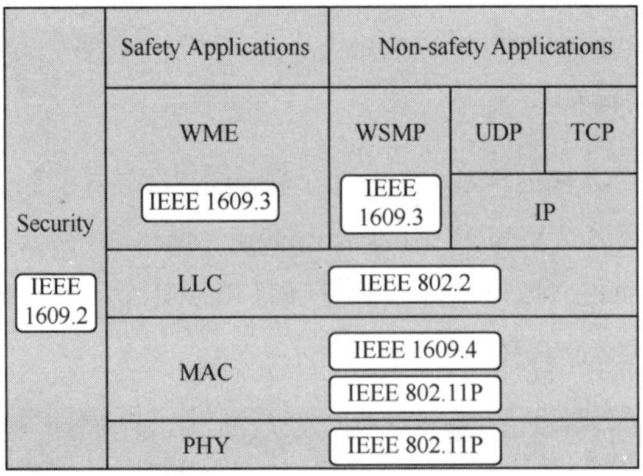

图 6.20　VANET 的协议组织框架

VANET 的另一种实现方式由 C2C 联盟制定。2005 年，欧洲成立了车辆间通信联盟（Car2Car communication consortium），致力于开发车载自组织网络（VANET）通信。联盟自己开发的基于 802.11p 之上的网络层协议，与 IEEE1609 协议一致，并且已经成为 ETSI TS（European Telecommunications Standards Institute Technical Specification，即欧洲电信标准化协会）协议标准。该网络通信体系如图 6.21 所示。

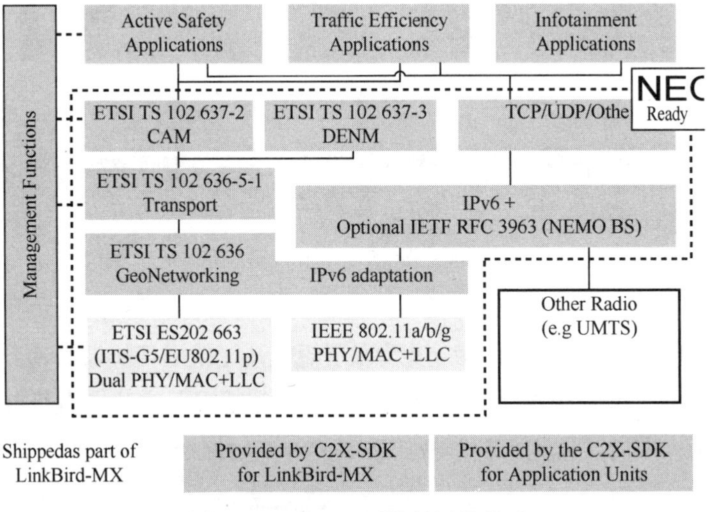

图 6.21　VANET 网络的通信体系

但是由于以联盟形式推广的协议具有一定的封闭性，一般只有加入组织，才能获取到全部协议，另一方面该体系架构还未成熟，尚处于不断完善之中，所以在国内并没有得到广泛研究推广。

6.4.1　车载自组织网络 VANET 的特点

VANET 是自组织网络的一种在交通领域支持动态、随机、多跳拓扑结构应用的特殊区域性网络，是一类特殊的移动自组织网络（MANET）。文献[2]认为真正纯粹的通用目的的MANET在现实世界中并不存在，而诸如VANET、MESH网络、机会式网络和无线传感器网络（WSN）这类具有实际应用背景的特殊移动自组织网络却获得了巨大的成功。VANET与通用目的的自组织网络相比，具有以下特点。

（1）VANET中节点的拓扑结构变化快，车辆的快速移动性决定了车载自组织网络中拓扑结构的频繁改变，使得两个车辆节点之间通信链路的生存时间大大缩短。通常的解决办法是通过提高发射功率来延长链路的生存时间，但发射功率提高、通信距离增加的同时又降低了网络的吞吐量。

（2）快速变化的拓扑结构给建立精确的邻居节点列表带来困难，而每个节点要获取维护整个网络的全局拓扑结构变得不现实，因此基于网络拓扑结构的协议不适用于车载自组织网络。

（3）车辆高速行驶带来信道的快速衰落、严重的多普勒效应，同时受道路情况、道路周围高大建筑物、树木的影响，无线信道质量很不稳定。

（4）虽然车辆节点的快速移动给车载自组织网络带来严重的挑战，但是由于车辆总是在道路上行驶，车辆节点的移动具有规律性，因此节点的拓扑结构变化具有规律，可以预测。

（5）车载自组织网络具有丰富的外部辅助设备。车载全球定位系统（GPS）可以为VANET提供精确的定时和车辆的位置信息，配合电子地图的使用，为VANET组网和路由协议设计带来便利。车辆上可安装各种功能的传感器，采集车辆节点的速度、加速度、方向等状态信息。

（6）通用MANET中通信模块由电池供电，所以节省能量成为协议设计过程中需要重点考虑的问题。而在车载自组织网络中，由车辆本身为各种设备提供电力，从而对通信设备的能耗和设备体积的要求降低。

6.4.2 车载自组织网络VANET的发展历史

VANET目前是专用自组织网络中研究和应用最为活跃的领域。全球有众多的科研机构、汽车制造商以及相关组织参与到车载自组织网络的科研项目、外场试验和标准化工作中。例如美国的Vehicle Safety Consortium、欧洲的Car-2-Car Communication Consortium、CarTALK 2000、FleetNet，日本的Advanced Safety Vehicle Program等。美国还启动了车载自组织网络的外场试验项目。

在标准化方面，专用短距离通信（DSRC）是主要用于 ITS 领域（如电子收费系统 ETC）、专为 ITS 而开发出的技术标准。国际标准化组织智能运输系统委员会 ISO/TC204 负责 DSRC 国际标准的制订工作。国际上 DSRC 标准制订主要有欧洲、美国和日本三大阵营。

欧洲 DSRC 标准化工作小组 CEN/TC278 第 9 工作组于 1994 年开始 DSRC 标准的起草工作，1997 年通过了 ENV12253“5.8 GHz DSRC 物理层”、ENV12795“DSRC 数据链路层”和 ENN12834“DSRC 应用层”标准。

1997 年日本 DSRC 标准化工作小组 TC204 委员会完成了 DSRC 标准制订工作，2001 年和 2004 年又分别发布了 ARIB STD-T75 和 ARIB STD-T88 两项标准。1998 年美国联邦通信委员会将 5.850～5.925 GHz（75 MHz）频段分配给运输服务领域的短程通信。

2002 年 ASTM 通过 DSRC 标准 E2213-02，2003 年通过其改进标准 E2213-03。在标准 E2213-03 的基础之上，IEEE 802.11p 和 IEEE 1609 工作小组开始制订车载环境下的无线通信标准。2006 年 IEEE 通过了 IEEE 1609.1—1609.4 系列标准。2010 年 7 月 IEEE 802.11p 标准正式发布，该标准是 DSRC 的物理层和 MAC 层标准，是针对 ITS 中的相关应用对 IEEE 802.11 标准的扩充延伸。

事实上，基于无线通信的汽车互连技术已经有一二十年的历史，目前，欧美等汽车行业比较发达的国家都启动了相关的大型科研项目，在车载自组网方面较为活跃的项目也很多，如由 6 家公司和 3 所大学为了推动车间通信发展而建立的 FleetNet(Internet on the Road）项目，奔驰开展的 simTD-安全智能交通德国测试区项目，此外还有美国的 VII 项目、美国马里兰州立大学的 TrafficView 项目、法国多个研究机构合作开展的 CIVIC 等。从汽车行业以及智能交通技术整体的发展趋势来看，VANET 也必将是国内各大整车厂最具有潜力和关键的研究方向，汽车工业和智能交通行业的发展也将步入新的发展阶段。

6.4.3 车载自组织网络 VANET 的体系结构

由于车辆自组网的网络节点具有高度移动性，车辆的分布相当复杂且变化多端。为了适应这种情况并揭示问题本质，本文提出 VANET 的信息描述模型，即在研究的地理区域内，考虑一多维数组并将它用 $n \times m$ 阶矩阵表示。将每一车辆有可能联网参与通信的设备均看成 $n \times m$ 阶矩阵中的一个“元素”，每一“元素”又都看作一个一维或者多维数组，可以包含位置信息、设备识别码、通信模式、优先等级、移动信息（例如速度方向等）、分组情况（所属的子集）、紧急情况标识（如危险等级、求救信息等）、能量信息、联网状态等，能够根据实际情况的变化而随时修正。

同样，根据需要矩阵中的“元素”可以表示为一维或多维数组（矩阵），即可得到一个用多重数组（矩阵）表示的信息描述模型。根据这个理论模型比较容易得到网络的拓扑结构进而研究其体系结构。如果考虑到车辆的移动（速度和方向等）以及道路状况，可以通过改变数组的类型和数值，把模型映射为状态和状态转移，从而得到状态图和状态转移图。同理可以将通信模式、联网状态（包括车辆间通信状态、车辆内设备协同工作状态、与外部网络的连接情况等）、优先等级、紧急情况标识、节点切换方法等，用这种多重数组表征，从而进行定量的分析。

用所提出的多维多层的理论模型进行 VANET 体系结构的研究能够提供高可扩展性，同时做到灵活、方便，使得组网变得容易。

在前面的内容中已经介绍过 VANET 的网络架构主要分为两大部分，一是车辆间的通信，即车车通信（IVC）或车对车（V2V）；二是车辆与固定设施（即路边节点）之间的通信，即路车通信（RVC）或车对基础设施（V2I），具体如图 6.22 所示。

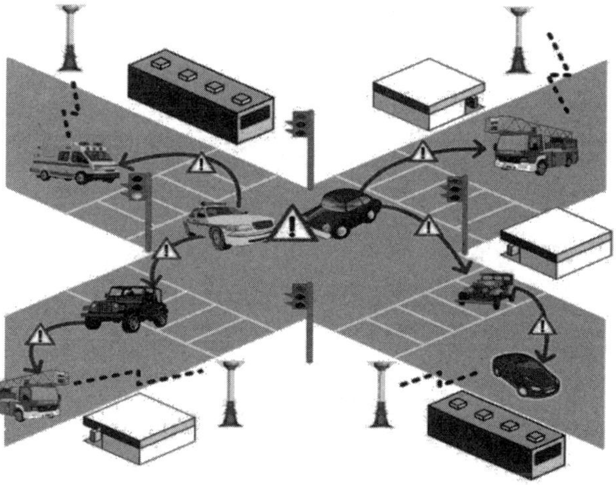

图 6.22　VANET 网络的通信体系

在图 6.22 中，车辆上装载有车载单元（OBU），车辆通过车载单元与外界通信。固定设施主要是指在道路边缘设置的路边单元（RSU）。车载单元中主要包括定位模块、车辆状态参数采集模块、车路通信模块、车间通信模块以及输入输出设备。

通常情况下，VANET 网络中移动节点的定位模块采用 GPS 接收机通过卫星获取车辆的位置信息。车辆状态参数采集模块通过车辆上安装的各种传感器实时采集车辆行驶过程中的各种状态，如速度、加速度、方向等。车路通信模块负责车辆与固定设施 RSU 的通信。车间通信模块负责车辆与车辆之间的信息交互。输入输出设备为车内人员提供了 VANET 的操作平台，可以向网络中输入信息，通过音频输出设备获取告警信息，也可以通过视频输出设备直观地获取 VANET 网络中车辆行驶状况。

从功能角度来看，沿道路设置的路边单元主要负责车辆与固定设施之间的通信，一方面负责车载单元的接入，另一方面与控制中心相连，将覆盖区域内的交通情况报告给控制中心，同时将控制中心的相关管理信息发布给接入的车辆。控制中心连接着管辖区域内的所有路边单元，将各个路边单元获取的车辆行驶信息汇总，实时监控道路交通状况，负责交通管理、紧急事件处理、收费管理、信息发布等。另外，车内乘客的通信电子设备也可以通过无线方式接入车载单元和路边单元，获取本车行驶状况、周围其他车辆的行驶状况、道路的整体交通状况等信息。

6.4.4 车载自组织网络 VANET 的通信协议

从总体结构上来看，VANET 的网络协议可以分为物理层、媒体接入控制层和路由层等。具体各个层次结构的描述如下所述。

1. 物理层

目前国际上所研究的车辆自组网所采用的物理层技术主要是 802.11 和 UTRA-TDD 技术。虽然 802.11 技术的性能比 UTRA-TDD 差，但是由于 802.11 无线模块目前应用普及、价格低廉、实现简单，而且工作在免费频段，所以现在车辆自组网的研究中大多数的物理层都是基于 802.11 技术的。相比之下，虽然 UTRA-TDD 性能较好，但是实现复杂、造价较高等因素制约其被广泛应用。IEEE 发布的 IEEE 802.11p 标准是在 802.11a 的基础上根据车辆节点高速移动的特点做出的改进，同样使用正交频分复用（OFDM）技术，但是为了降低多径扩展和多普勒频移所带来的码间干扰，时域的物理参数发生了变化。IEEE 802.11a 和 802.11p 物理层参数对比如表 6.6 所示。

表 6.6　物理层参数对比表

物理层参数	IEEE802.11a	IEEE802.11p
频段（GHz）	5.15～5.35，5.725～5.825	5.85～5.925
带宽（MHz）	20	10
最大传输速率（Mb/s）	54	27
最小传输速率（Mb/s）	5	3
最大节点数	52	52

2. MAC 层

在车辆自组网中，MAC 层技术主要可以分为两类，一类是以时分多址（TDMA）为代表的控制接入协议，另一类是以 ALOHA 和载波侦听多址接入（CSMA）为代表的随机接入协议。TDMA 协议中，每个车辆节点被指定了固定的时隙发送数据，优点是延时小，而且不会发生多个节点同时接入导致发生碰撞的情况。但是由于车辆自组网中车辆节点快速移动，网络拓扑结构变化频繁，使得更新车辆节点的分配时隙也相当频繁，带来巨大的网络开销。CSMA 协议已经被广泛应用于 IEEE 802.11 系列标准中，节点在发送自己消息之前先进行媒体侦听，如果媒体空闲便发送数据，如果媒体被占用则退避等待直到空闲。由于车辆自组网的动态特性，随机接入协议比较适用，但是接入碰撞、隐藏终端等问题依然存在。在无线局域网（WLAN）中，通信模式大都采用点对点的方式，而在 VANET 中大部分的信息需要通过广播的方式进行通信。因此，要针对 VANET 的特点设计 MAC 层协议。

1）优先级接入

VANET 中，典型的应用可以分为以下几类：安全预警，如车祸消息；协助驾驶，如超车变道消息；交通信息，如前方道路车辆流量信息的发布；乘客办公娱乐，如前方车位预约服务。对涉及生命安全的消息有必要保证其快速准确地发布出去，所以此类消息在接入信道时应被赋予较高的优先级；而乘客办公娱乐这类对实时性要求不高的消息，应该以较低的优先级接入信道。根据消息延时要求的不同，对不同类型的消息赋予不同的优先级，高优先级的消息接入信道时，设置较低的退避接入计数器最大值，较短的帧间间隔，保证高优先级的消息以较大可能先于低优先级消息接入信道。

2）多信道协调

在 IEEE 802.11p 标准中，将分配给 VANET 的带宽资源划分为 7 个信道，一个控制信道，负责安全消息的传输；另外 6 个服务信道，负责非安全性的服务消息的传输。

由于安全应用和非安全应用在 VANET 中是并存的，所以必须采取措施避免工作在服务信道上的车辆接收不到控制信道中传输的安全消息。部分文献中曾经提出了一种类似 802.11 机制中点协调功能（PCF）的接入点（AP）协调模式。该模式中存在服务接入点和协调接入点两类接入点。服务接入点在 RSU 提供非安全服务，而协调接入点负责协调覆盖范围内车辆的信息传输。文献[8]提出了一种基于令牌环的 MAC 协议（MCTRP）。通过自适应的令牌环协调，车辆消息的接入被工作在不同服务信道上的多个令牌环自治管理。该协议使得安全消息能够以更小的延时得以传输，同时非安全应用的网络吞吐量也得以提高。目前，VANET 中不少研究是针对 MAC 层多信道协调问题，希望在保证安全应用实时性的同时，提高服务信道中非安全应用的网络吞吐量。

3）广播

VANET 中传播的消息绝大多数都是安全性应用消息。这类消息的特性是消息简短，优先级高，主要通过广播或组播的方式发送，实时性要求高。保证广播消息可靠低延时的传输给 MAC 层协议设计带来不少挑战。

首先，车辆节点接收到广播消息后不会发出确认消息（ACK），因为将会造成严重的消息碰撞，引起 ACK 风暴问题。缺少 ACK 确认的广播机制，将不能检测到消息是否发送成功，也不能实现消息发送失败的重传机制。

其次，由于广播情况下缺少发送失败检测机制，竞争窗口（CW）的大小一旦确定后不能改变，当大量的节点竞争接入信道时，便会引起严重的碰撞。

第三，隐藏终端问题在 VANET 中更加突出，因为单播中的握手机制会造成广播中请求发送/准备接收（RTS/CTS）握手消息的泛滥。文献[10]提出了一种有向广播协议，使用 RTB/CTB 握手机制代替原有的 RTS/CTS 握手机制，根据车辆的位置信息，仅仅选择特定的车辆来完成转发和确认广播消息的任务。文献[11]充分利用了车辆节点的位置信息来设计多跳广播协议。一种分布式的广播协议 DV-CAST 已经被提出，将车辆节点密度引入到多跳广播协议的设计中。文献[13]采用了重复发送机制来保证可靠性，同时又使中继节点按概率转发广播消息，以此来减少消息的重复转发。

有效的多跳广播协议能减少重新广播的次数，减少竞争和碰撞，保证车辆自组网中安全消息的可靠低延时传输。在设计多跳广播协议时有必要综合考虑车辆位置信息、车辆节点密度、信号强度、信噪比、误码率等因素来选择转发消息的车辆节点，实现广播消息的可靠低延时传输。

3. VANET 路由协议

VANET 路由协议已经得到了广泛的研究，主要分为先应式路由协议和按需路由协议两大类。先应式路由协议需要维护路由信息表，因此又称为表驱动路由协议，每个节点采用周期性的路由分组广播交换路由信息，形成一张到达其他节点的路由表。当网络的拓扑结构发生变化时，节点发送更新消息，收到更新消息的节点将更新自己的路由表，及时维护准确的路由信息。当某节点有数据发送时，即可根据自己的路由表获取指向目的节点的路由。

另一类按需路由协议是根据数据的传输请求，被动地搜索从源节点到目的节点的路由，而当没有数据传输请求时，节点并不需要交换路由信息，因此也被称为被动型路由协议。按需路由协议是自组织网络特有的路由协议类型，它可以降低开销，提高网络的吞吐量，但是目的节点是否可达以及路由建立的延迟都具有不确定性。

针对 VANET 中车辆高速移动带来的网络拓扑结构的快速变化，如何设计有效的路由协议成为网络层研究的难点问题。GSR 协议试图克服 MANET 中利用位置信息的路由协议的缺点，进而应用于 VANET。例如，MANET 中的 GPSR 协议就是利用位置信息的一种贪婪转发协议，但缺点是会出现拓扑空洞问题。GSR 协议则利用了静态道路地图和每个车辆节点的位置信息来寻找到达目的节点的传输路径，从而解决了上述问题。

类似于 GSR 协议，SAR 协议利用外部设备获取的道路地图信息，为路径寻找构建了一个“空间模型”，从而能很好地预测并避免因为网络拓扑空洞造成的路由恢复问题。但是，SAR 协议的缺点是它并不知道被选中的道路上是否有车辆来完成转发任务，STAR 协议通过选择沿着有车辆行驶的道路寻找路由解决了该问题。

A-STAR 协议利用城市公交线路作为策略来寻找数据传输的高效路径，该协议适用于城市密集车流量的场景，而且基于公交车辆覆盖城市主要道路的假设。在 GSR 和 A-STAR 的基础上，GyTAR 协议则充分考虑了车辆行驶的方向、车辆密度、道路的多向性以及交通环境的改变等因素，使路由协议更加符合实际交通场景。

由于现实生活中道路情况错综复杂，车辆行驶状况也是千变万化，因此 VANET 中路由协议的设计要更加符合实际场景。目前而言，设计一种在各种场景下都能有效寻找传输路径的高效路由协议仍然是网络层研究的重大挑战。

6.5 VANET 在 Simulink 中的仿真

在 VANET 中，车对车（V2V）和车对路（V2R）的仿真是最常用的无线自组网通信技术。由于在 Simulink 仿真过程中，可以弱化甚至无须具体实现无线通信技术，包括蓝牙、RFID、WIFI 等技术细节，而只需模拟出相应的通信协议，因此能够大幅地缩短开发周期，降低相应的研发成本。以 Google 自主研发的智能汽车（Smart Vehicle）为例，前期的可行性验证、分析和部分仿真实验均是在 MATLAB 中实现的。

在针对 VANET 的仿真通信实验中，采用 V2V 的通信方式来模拟实现车载网络通信的基本性能，包括丢包、负载和延迟等。

为了使仿真结果更具有说服力，可以采用实际路况中车-车之间的丢包情况作为系统仿真的输入。在这里使用美国 Gatech/Vehicular Dataset 提供的路况信息。该信息主要包含了车与车之间的 GPS 位置信息以及车速、数据发送和接收状态等信息。

需要说明的是，由于该路况信息仅是记录了 2 辆车在高速路段上行驶的丢包情况，因此需要将其拓展为一个具有多辆汽车的 VANET 网络，即为 VANET 网络中的每辆车分配一个不同路况信息。这些不同的路况信息主要来自不同实验过程中，不同参数配置的结果。如不同的车-车之间的距离、不同的车速等，如图 6.23 所示。

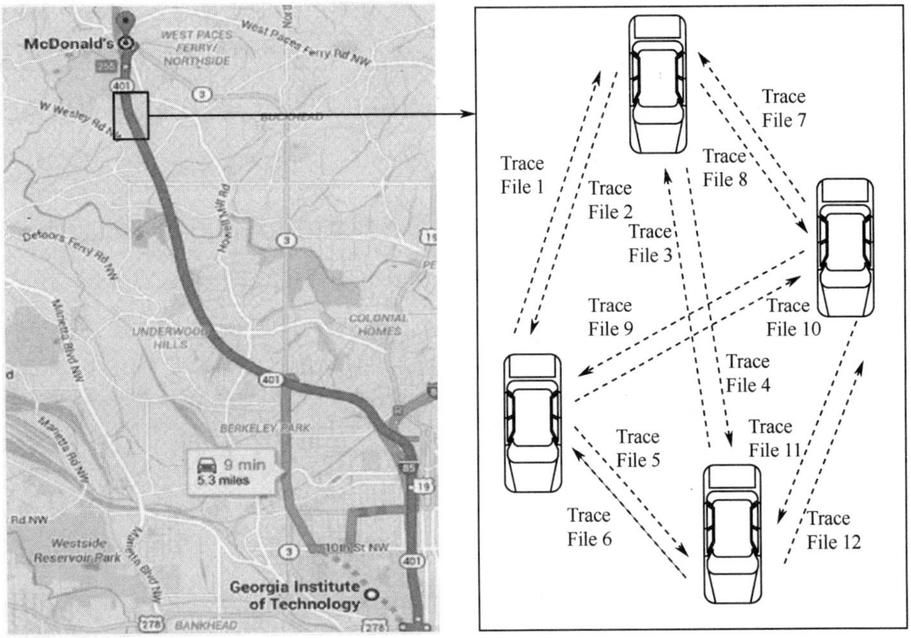

图 6.23　VANET 中的路况信息

从路况信息中可以看出，整个仿真数据具有相同的配置：所用车辆从（33.793176°N，84.390636°W）出发，于（33.824548°N，84.424085°W）停止。每个数据包在发送的过程中均不使用 ACK/NACK 等握手信息。

```
%%%%%%%%%%%%%%%%%%   Read  in  the  trace  file  %%%%%%%%%%%%%%%%%%%%%
%%%%%%%%%%%

lap201=xlsread('lap2_1');

% trace 202 was lost in the database
```

```
lap203=xlsread('lap2_3');
lap204=xlsread('lap2_4');
lap205=xlsread('lap2_5');
lap206=xlsread('lap2_6');
lap207=xlsread('lap2_7');
lap208=xlsread('lap2_8');
lap209=xlsread('lap2_9');
lap210=xlsread('lap2_10');
lap211=xlsread('lap2_11');
lap212=xlsread('lap2_12');
%--------------------------------
lap101=xlsread('lap1_1');
lap102=xlsread('lap1_2');
lap103=xlsread('lap1_3');
lap104=xlsread('lap1_4');
lap105=xlsread('lap1_5');
% trace 106 was lost in the database
lap107=xlsread('lap1_7');
lap108=xlsread('lap1_8');
lap109=xlsread('lap1_9');
lap110=xlsread('lap1_10');
% trace 111 was lost in the database
lap112=xlsread('lap1_12');
```

上述代码则是在 MATLAB 中为不同的车辆节点分配不同的路况信息。为了对不同的通信算法性能进行比较，仿真过程中采用了 4 种常见的 VANET 通信算法，即丢包重传 RF 算法、基于地理位置信息重传 LR、贪婪背包算法 GP 和自学习背包算法 MLP 进行比较。运行仿真后，可以得到如图 6.24 所示的仿真曲线。

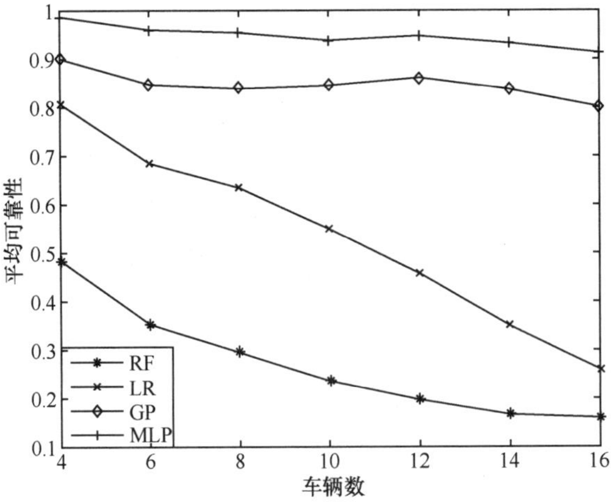

图 6.24 VANET 中不同车辆下的接收率

通过图 6.24 对上述仿真配置对丢包重传 RF 算法、基于地理位置信息重传 LR、贪婪背包算法 GP 和自学习背包算法 MLP 的分析对比中可以看出，不同的算法对于 VANET 网络中的丢包情况具有不同的性能。但总体而言，当 VANET 网络中车辆节点数增加时，整体的丢包率都呈现相应的增加趋势。

第 7 章　无线局部连接网络（WLAN）

随着汽车技术的不断进步，传统的车载网络技术已经不再能够满足现代新型汽车对车载网络的要求，因此新型的车载网络技术也随之诞生。典型的新型网络包括 WLAN 总线、MOST 总线、诊断总线和光纤技术等。

由于上述这些新型网络总线技术基本还处于理论研究和实验室应用的阶段，在实际汽车上的应用还有待进一步发展，但了解和掌握该领域的前沿技术对汽车行业特别是车载网络技术的发展具有重要的意义，也是学习前沿车载通信技术的基础。

本章主要介绍部分新型网络技术在汽车电子网络系统中的应用，围绕新型网络的概念和特征以及网络结构进行介绍。

【本章重点】

1．车载 WLAN 网络的基本结构；

2．车载 MOST 网络的基本结构；

3．车载 LIN 网络的数据传输。

【本章难点】

1．车载 WLAN 网络的层次结构；

2．车载 MOST 网络的传输原理；

3．车载 LIN 网络的仿真设计。

7.1　车载 WLAN 网络的基本概念

无线车载局域网（Wireless Local Area Network，LAN），又称无线车内网。指覆盖局部区域（车身系统）的无线汽车网络。按照无线网络覆盖的区域（距离）不同，其他的网络类型还包括单个车载局域网、城域车联网、广域车联网等。

从通用 WLAN 网络的具体概念来说，WLAN 是不使用任何导线或传输电缆连接的局域网，而使用无线电波作为数据传送的媒介，传送距离一般只有几十米。无线局域网的主干网路通常使用有线电缆，无线局域网用户通过一个或多个无线接取器接入无线局域网。无线局域网现在已经广泛应用在商务区，大学，机场及其他公共区域。

无线 WLAN 的发送/接收点如图 7.1 所示。

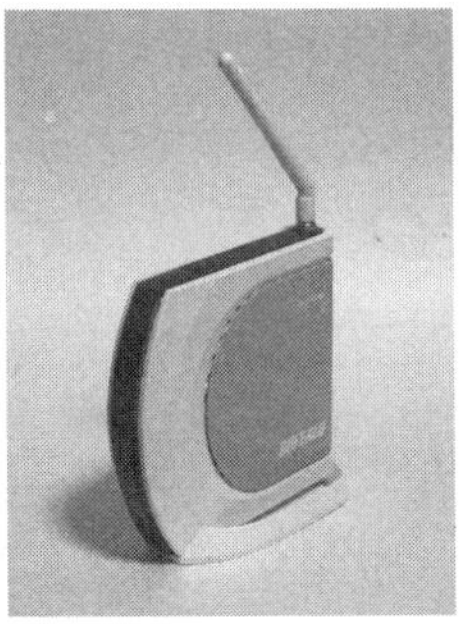

图 7.1　无线 WLAN 的发送/接收节点

准确意义上来说，日常所用的 WiFi 技术本质上也是 WLAN 在无线车载网络上的一种基本应用，即具有相同的通信协议。需要注意的是，WiFi 技术是 WLAN 技术的一种，而 WLAN 则涵盖了所有具有相同通信协议的无线通信技术。

无线局域网最通用的标准是 IEEE 定义的 802.11 系列标准，而早期的局域网网络技术都是各不同厂家所专有，互不兼容。后来，电机电子工程师学会推动了局域网技术的标准化，由此产生了 IEEE 802 系列标准。这使得车辆生产厂商在建设车载局域网时可以选用不同厂家的设备，并能保证其兼容性。这一系列标准覆盖了双绞线、同轴电缆、光纤和无线等多种传输媒介和组网方式，并包括网络测试和管理的内容。随着新技术的不断出现，这一系列标准仍在不断地更新变化。

以太网（IEEE 802.3 标准）是最常用的局域网组网方式。以太网使用双绞线作为传输媒介，在没有中继的情况下，最远可以覆盖 200m 的范围。最普及的以太网类型数据传输速率为 100Mb/s，更新的标准则支持 1000Mb/s 和 10 000Mb/s 的速率。

其他主要的局域网类型有令牌环和 FDDI（光纤分布数字接口，IEEE 802.8）。令牌环网络采用同轴电缆作为传输媒介，具有更好的抗干扰性；但是网络结构不容易改变。FDDI 采用光纤传输，网络带宽大，适于用作连接多个局域网的骨干网。

近两年来，随着 802.11 标准的制定，无线局域网的应用大为普及。这一标准采用 2.4GHz 和 5.8GHz 的频段，数据传输速度可以达到 11Mb/s 和 54Mb/s，覆盖范围为 100m。

局域网标准定义了传输媒介、编码和介质访问等底层功能。要使数据通过复杂的网络结构传输到达目的地，还需要具有寻址、路由和流量控制等功能的网络协议的支持。TCP/IP（传输控制协议/互联网络协议）是最普遍使用的局域网网络协议，也是互联网所使用的网络协议。其他常用的局域网协议包括 IPX、AppleTalk 等。

7.1.1 WLAN 网络的发展历程

无线局域网 WLAN 第一个版本发表于 1997 年，其中定义了介质访问接入控制层和物理层。物理层定义了工作在 2.4GHz 的 ISM 频段上的两种无线调频方式和一种红外传输的方式，总数据传输速率设计为 2Mb/s。两个设备之间的通信可以自由直接（ad hoc）方式进行，也可以在基站（Base Station）或者访问点（Access Point）的协调下进行。

1999 年，在原有 WLAN 协议的基础上，又加上了两个补充版本：802.11a 定义了一个在 5GHz 的 ISM 频段上的数据传输速率可达 54Mb/s 的物理层，802.11b 定义了一个在 2.4GHz 的 ISM 频段上数据传输速率高达 11Mb/s 的物理层。2.4GHz 的 ISM 频段为世界上绝大多数国家通用，因此 802.11b 得到了最为广泛的应用。苹果公司把自己开发的 802.11 标准起名叫 AirPort。1999 年工业界成立了 WiFi 联盟，致力解决符合 802.11 标准的产品的生产和设备兼容性问题。对 802.11 协议的具体补充和扩展如下所述。

- 802.11，1997 年，原始标准（2Mb/s 工作在 2.4GHz）。
- 802.11a，1999 年，物理层补充（54Mb/s 工作在 5GHz）。
- 802.11b，1999 年，物理层补充（11Mb/s 工作在 2.4GHz）。
- 802.11c，符合 802.1D 的媒体接入控制层（MAC）桥接（MAC Layer Bridging）。
- 802.11d，根据各国无线电规定做的调整。
- 802.11e，对服务等级（Quality of Service，QoS）的支持。
- 802.11f，基站的互连性（Interoperability）。
- 802.11g，物理层补充（54Mb/s 工作在 2.4GHz）。
- 802.11h，无线覆盖半径的调整，室内和室外信道（5GHz 频段）。
- 802.11i，安全和鉴权（Authentification）方面的补充。
- 802.11o，导入多重输入输出（MIMO）和 40Mb 通道宽度（HT40）技术，基本上是 802.11a/g 的延伸版。

值得一提的是，除了上面的 IEEE 标准及其补充扩展版本，另外有一个被称为 IEEE 802.11b+的技术，通过 PBCC（Packet Binary Convolutional Code）技术在 IEEE 802.11b（2.4GHz 频段）基础上提供 22Mb/s 的数据传输速率。但这事实上并不是一个 IEEE 的公开标准，而是一项产权私有的技术。

7.1.2 WLAN 网络的拓扑结构

通常而言，WLAN 网络结构主要包括以下几个部分：站点、基本服务单元、分配系统、接入点、扩展服务单元和关口，如图 7.2 所示。需要注意的是，WLAN 网络不是针对车辆的专属网络，但其自身的特性却在汽车上具有独特的应用场合，所以在分析网络结构的过程中，需要将其通用的体系结构与汽车上的网络节点进行对应。

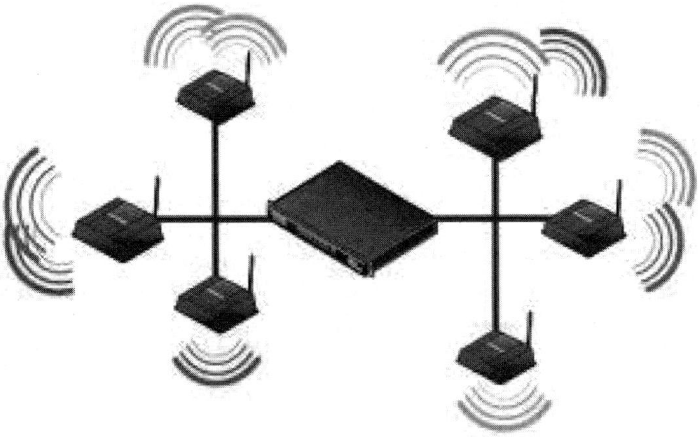

图 7.2 WLAN 网络的基本结构

（1）站点（Station）。网络最基本的组成部分，也是 WLAN 网络中的使用单元。对应车载网络中的设备节点。

（2）基本服务单元（Basic Service Set，BSS）。网络最基本的服务单元。最简单的服务单元可以只由两个站点组成。站点可以动态地联结到基本服务单元中。在车载网络系统中，基本服务单元对应于中心节点。

（3）分配系统（Distribution System，DS）。分配系统用于连接不同的基本服务单元。分配系统使用的媒介（Medium）逻辑上和基本服务单元使用的媒介是截然分开的，尽管它们物理上可能会是同一个媒介，例如同一个无线频段。在车载网络中，分配系统一般并不单独存在，而是从属或附属在基本服务单元中。

（4）接入点（Access Point，AP）。接入点是无线网和有线网的接口，既有普通站点的身份，又有接入到分配系统的功能。

（5）扩展服务单元（Extended Service Set，ESS）。由分配系统和基本服务单元组合而成。这种组合是逻辑上的，并非物理上的——不同的基本服务单元物有可能在地理位置上相去甚远。分配系统也可以使用各种各样的技术。

（6）关口（Portal）。也是一个逻辑成分，用于将无线局域网和有线局域网或其他网络联系起来。在车载网络中，关口则属于通信节点与其他车辆之间的通信接口。

需要注意的是，在 WLAN 系统中一般有 3 种媒介：站点使用的无线的媒介，分配系统使用的媒介，以及和无线局域网集成的其他局域网使用的媒介。物理上它们可能互相重叠。IEEE802.11 只负责在站点使用的无线的媒介上的寻址（Addressing）。分配系统和其他局域网的寻址不属无线局域网的范围。

7.1.3 WLAN 网络存在的问题

近年来手机等支持 WLAN 功能的移动智能终端设备的大规模普及，催生了数据业务的爆发式增长。很显然，各大运营商仅靠手中的 2G 和尚处于发展阶段的 3G 网络无法有效地满足用户的需要，同时考虑到 WLAN 在各类终端中极高的支持率以及 WLAN 网络建设相对低廉的成本，运营商们不约而同地将 WLAN 建设作为网络建设的重点。中国移动将 WLAN 定位为四网（GSM+TD+WLAN+LTE）协同发展的重要组成部分，中国电信计划要建成运营级的 WLAN 网络。而中国联通起步稍晚，但也在积极部署 WCDMA+WLAN。

业界普遍认为各运营商建设 WLAN 的主要目的是分流移动网络的数据流量，但就目前数据统计来看，WLAN 分流数据流量的作用还不明显，用户渗透率也还不高，分析认为有以下三大关键问题：有效覆盖不足，用户认证不方便，缺少应用。

1）有效覆盖不足

WLAN 的先天和后天缺陷使得其很难做到良好的覆盖。

在先天方面，WLAN 是一个工作频率在 2.4GHz/5.8GHz 非授权频段的系统，无须向国家相关部门申请即可使用，同时它本质上是一个无线局域网络，最大发射功率不能超过 27dBm，即 500mW，在室内环境下，覆盖范围不超过几个房间，在室外空旷环境下，最多也只能有效覆盖 100～200m（这里说的是有效覆盖，空旷环境下更远的区域当然也能有信号，不过传输速率不能得到保证）。

在后天方面，首先是各大运营商 WLAN 网络的建设刚刚起步，还没能在所有热点实现覆盖；其次是由于竞争导致的相互干扰，有时三大运营商都希望在同一个热点部署自己的 WLAN 网络，连同一些个人的 AP 信号，导致无线环境恶化，信号相互干扰，明明看到有很多 WLAN 接入点，但就是连接不上或者速率很慢；最后是人为的因素，也和各大运营商刚刚开始建设 WLAN 有关，都还没有建立完善的热点评估体系，有时热点建设下去，却没有数据流量，这类覆盖也不能称之为“有效的覆盖”。

2）用户认证不方便

目前普遍采用的是 portal 认证，认证问题直接影响到用户的体验，便捷的认证过程有助于用户养成使用 WLAN 网络的习惯。现阶段 WLAN 基于 SIM 卡或 PEAP 的鉴权认证试点工作已经在开展，相信很快就能实现 WLAN 无感知认证，到时终端可以自动搜索网络，发现 WLAN 网络后，可以自动登录，不需要人为参与。唯一的阻碍可能就是终端对于 SIM 卡或 PEAP 认证的支持率不高，根据部分省份的统计，目前 SIM 卡或 PEAP 认证的终端支持率在 70%～80%左右，所以无感知认证的全面实现还需要一段时间。

3）缺少应用

手机、平板电脑等终端，包括车载设备由于硬件和软件条件的限制，不可能像 PC 使用起来那么方便，因此是否有体贴实用的应用成为培养用户使用习惯的关键因素，而开发体贴实用的应用的根本在于找到成功的运营模式。运营商不可能贴钱运营，而用户基本上也希望 WLAN 网络可以免费使用，这是解决应用缺少问题的焦点。

7.1.4 WiFi 技术在车载网络中的应用

车载 WiFi 是面向公交、客车、私家车、游轮等公共交通工具推出的特种上网设备，WiFi 终端通过无线接入互联网获取信息、娱乐或移动办公的业务模式。国内已经开始全面建设无线城市，其中绝大部分已完成第一期工程建设。车载 WiFi 设备是指装载在车辆上的通过 3G/4G/5G to WiFi、无线射频等技术，提供 3G WiFi 热点的无线路由器。车载 WiFi 设备不同于消费级的移动 WiFi 设备，车规级的 WiFi 设备要在高速、高温、振动环境中工作，对设备的稳定性、灵敏度、抗恶劣环境能力等方面提出更苛刻的要求。

车载 WiFi 网络的通信体系如图 7.3 所示。

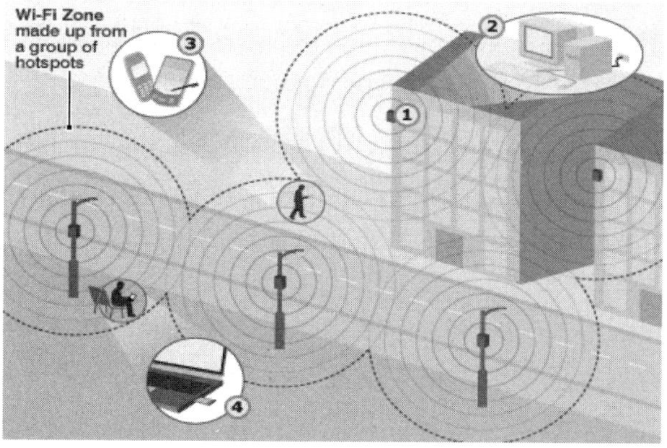

图 7.3　车载 WiFi 网络的通信体系

国家对物联网的重视以及政策支持是车联网发展的制度基础。当前，车联网项目已被列为国家重大专项（第三专项）中的重要项目，首期资金投入达百亿，而实施国家科技重大专项是科技工作的重中之重。《国家“十二五”科学和技术发展规划》中的重大专项第三项要求：加快突破移动互联网、宽带集群系统、新一代无线局域网和物联网等核心技术，推动产业应用，促进运营服务创新和知识产权创造，增强产业核心竞争力。而车联网项目作为物联网领域的核心应用，第一期资金投入达百亿级别，扶持资金将集中在汽车电子、信息通信及软件解决方案等领域。

汽车电子以及信息传输网络的发展为车联网奠定了技术基础。随着移动互联网、车联网及物联网的发展，一个智能汽车的时代正在到来，无线通信技术与汽车电子技术整合的趋势正在加速，通过配备电子车载 WiFi 产品，汽车等移动交通工具可以成为一个移动网络，让乘客享受到无处不在的信息服务。

7.1.5　车载 WiFi 的发展背景

无线城市的建设从 2004 年美国提出“无线费城”计划（Wireless Philadelphia）开始，越来越多的国家开始或计划建设无线宽带城域网以满足公共接入、公共安全和公共服务的需要。香港、台北在 2006 年就开始了无线城市计划，随后这股无线城市建设浪潮开始席卷中国大陆。截至 2013 年初已经有三十一个省已开始建设无线城市，其中绝大部分已完成第一期工程建设，包括北京、天津、广州、深圳、重庆、杭州、青岛、武汉、上海、南京、扬州、芜湖、成都、洛阳等。

2013 年 9 月，第四届中国国际物联网大会于无锡市国家传感网示范中心隆重举行，由工信部、发改委、科技部等六大部委联合主办，也是迄今为止物联网领域最高级别的国家级博览会。物联网产业作为国家未来战略的制高点也受到越来越多的人群关注。

自 2012 年北京移动与北京公交集团就建设“公交车无线上网服务系统”达成合作协议以来，为满足公交乘客在车上无线上网的需求，已经开始在北京的部分公交线路中进行 WiFi 信号的覆盖。目前“公交车无线上网服务系统”已在 1 路、52 路、57 路、300 路等 60 余条线路的 1800 余辆公交车上投放使用。依据公交集团的发展规划，北京市开通 WiFi 信号的公交车将超过一万辆，并将覆盖四环内大部分公交线路。

上海省际客运在 2013 年初开始试点推行长途客车车载 WiFi，目前从长途客运东站始发的上海-宁波的 5 辆车上已安装了相关设备，旅客旅途中可免费上网。而随着应用规模的不断扩大和推广，车载 WiFi 有望推广至绍兴、嘉兴、杭州等其他城市的客运线路上。

从技术角度来看，车载 WiFi 与常规的 WiFi 热点技术并无明显差别。但事实上，从具体的应用场景来看，车载 WiFi 设备在参数、规格和性能要求上都完全不同于消费级的移动 WiFi 设备；车规级的 WiFi 设备要在高速、高温、振动环境中工作，对设备的稳定性、灵敏度、抗恶劣环境能力等方面提出更苛刻的要求。

- 防震等级：3 重抗震（抗震结构设计，有效减缓外力冲击）；
- 工作温度范围：−45～105℃（非洲热带气候和俄罗斯寒冷天气均能正常工作）；
- 防火等级：B1 级难燃型；
- 防水等级：IP_5；
- 防尘等级：IP_5；
- AP 接入数/站点：30～50 人同时在线使用；
- 操作系统：定制化的嵌入式 Linux 系统；
- WiFi 特性：共享。

7.1.6 车载 WiFi 的体系结构

WiFi 的全称是 Wireless Fidelity（无线保真），笼统上来说日常生活中所提到的 IEEE 802.11b、IEEE 802.11g 等标准都属于 WiFi 标准，即是由一个名为“无线以太网相容联盟”（Wireless Ethernet Compatibility Alliance，WECA）的组织所发布的专业术语，中文翻译为“无线相容认证”。

WiFi 联盟成立于 1999 年，当时的名称叫做 Wireless Ethernet Compatibility Alliance（WECA）。在 2002 年 10 月，正式改名为 WiFi Alliance，其基本结构如图 7.4 所示。

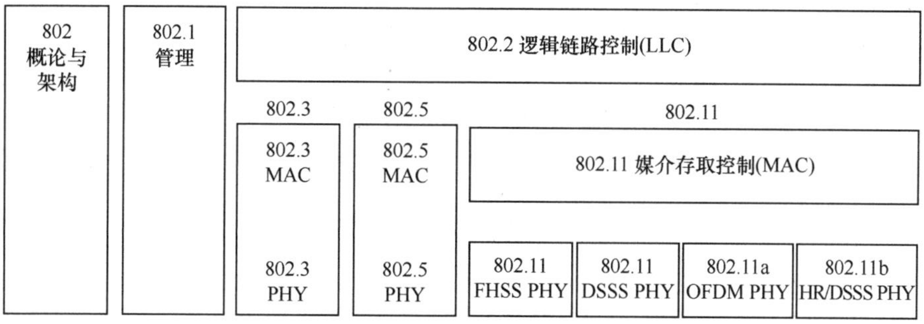

图 7.4　车载 WiFi 网络的通信体系

有关 WiFi 协议的相关特性，具体的参数配置如表 7.1 所示。

表 7.1　WiFi 技术参数对比表

WiFi 技术	技术方案	通信频段/GHz	最佳传输距离/m	最大数据传输速率/（Mb/s）
802.11a	SISO 单输入单输出	5	50	54
802.11b	SISO 单输入单输出	2.4	90	11
802.11g	SISO 单输入单输出	2.4	90	54
802.11n	MIMO 多输入多输出	5 或 2.4	200	600

按照定义，WiFi Direct 设备能够建立点对点连接，可支持基础设施网络或 P2P 连接。WiFi Direct 设备能够作为典型基站（STA）加入基础设施网络，而且必须支持 WiFi Protected Setup 加入功能。

WiFi Direct 设备通过建立小组的方式实现连接（采用一对一或一对多形式），其运行模式与基础设施 BSS 类似，由一部 WiFi Direct 设备负责小组事务，包括控制哪部设备加入小组，何时启动及终止小组等。该设备将充当传统客户设备的接入点，提供由基础设施接入点提供的常见服务，如 BSS 功能，WiFi Protected Setup 内部注册机功能以及小组内客户设备之间的通信等；也可提供与基础设施网络的同步（并发）连接、共享基础设施连接等可选特性。

需要注意的是，由于 WiFi Direct 设备并未完全复制基础设施网络接入点的全部功能，因此传统接入点仍是满足家庭、热点与企业静态多目标网络需求的最佳选择。

所有 WiFi Direct 设备都必须能够管理小组，且必须能够在与其他 WiFi Direct 设备组成小组时协商由哪部设备担任小组管理员。WiFi Direct 设备还必须支持强制要求的“发现”（Discovery）与“能源管理”（Power Management）机制。WiFi Direct 设备可支持多种可选特性，包括管理设备（Managed Device）机制与基础设施网络并发连接功能。

小组可同时包含 WiFi Direct 设备和传统设备（即不符合《WiFi 点对点规范》的 WiFi

CERTIFIED 设备）。传统设备在小组内只能充当客户设备。

在 WiFi 的管理机制中，主要包括设备发现、服务发现、小级构建（邀请和客户设备发现）和能源管理（节电模式、缺席通知和机会节能）等，具体见表 7.2。

表 7.2　WiFi 技术的管理机制

WiFi 管理机制	强制	可选
设备发现：发现 WiFi Direct 设备并交换设备信息的机制	否	
服务发现：发现更高级别服务的机制。可在建立 WiFi Direct 设备连接之前实施该机制		否
小级构建：确定由哪一部 WiFi Direct 设备管理小组事务的机制	否	
邀请：允许 WiFi Direct 设备邀请其他 WiFi Direct 设备加入现有小组的机制		否
客户设备发现：允许 WiFi Direct 设备发现现有小组中有哪些 WiFi Direct 设备的机制	否	
节电模式：采用传统的 Power Save 与 WMM-Power Save 机制，实现 WiFi Direct 设备的附加节能功能	否	
缺席通知：公告计划内缺席设备，帮助负责管理小组的 WiFi Direct 设备减少能耗	否	
机会节能（Opportunistic Power Save）：负责管理小组的 WiFi Direct 设备可在联网的 WiFi Direct 设备进入休眠状态后也进入休眠状态，以减少能耗	否	

1）设备发现

设备发现功能用于确认其他 WiFi Direct 设备，并建立连接。可使用与发现基础设施网络接入点类似的扫描技术实现该功能。用户可选择已发现的连接设备。如果目标不在小组内，则可建立新的小组。如果目标已经加入小组，则搜索该目标的 WiFi Direct 设备可尝试加入该小组。WiFi Protected Setup 用于获得证书，为搜索目标的 WiFi Direct 设备授权。

2）点对点服务发现

服务发现是一种可选特性，用于向其他 WiFi Direct 设备公告更高级别应用（如 Bonjour、UPnP、Web Service Discovery）支持的服务。可对任何被发现的 WiFi Direct 设备随时实施（甚至在建立连接之前）服务发现功能。

例如，如果用户需要打印照片，则打印应用可确认哪一部 WiFi Direct 设备可提供打印服务，并向用户显示兼容选项列表。这种功能有助于防止用户尝试连接不兼容打印机而造成不便。

3）建立小组

可由一部 WiFi Direct 设备建立小组。这种模式多见于连接一部传统设备的情况，也可用于需要创建小组以提供具体服务（如互联网连接共享）的情况。在两部 WiFi Direct 设备间建立连接时，可自动组建小组；在这种情况下，各设备将协商确定由哪一部设备负责管理小组。始终由负责管理小组的设备决定该小组属于临时（单一实例）还是永久（多次反复使用）小组。建立小组后，WiFi Direct 设备可邀请其他 WiFi Direct 设备加入小组。也可使用可选邀请机制请求重新启动此前使用过的永久小组。由受邀 WiFi Direct 设备决定是否接受邀请。利用客户发现功能，用户可以更轻松地定位及连接至具体设备或设备类型。例如，相机可要求查看网络内是否存在 WiFi Direct 设备。如图 7.5 所示。

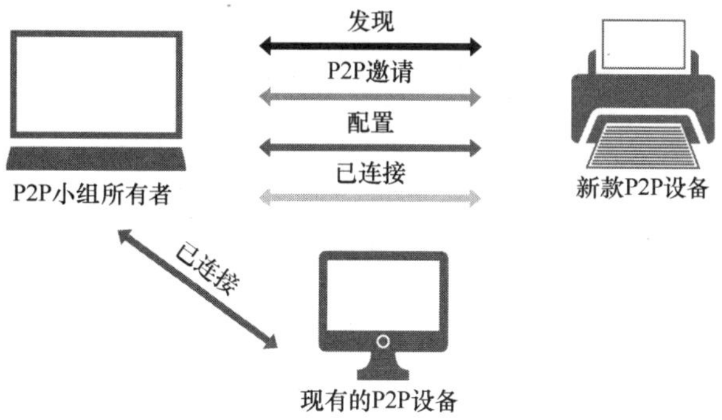

图 7.5　车载 WiFi 通过邀请位 P2P 小组增加设备

4）能源管理

能源效率对于便携式设备至关重要。P2P 规范包含能源管理机制，可减少小组内扮演不同角色的设备的能耗，同时维持重要的发现功能。所有 WiFi Direct 设备都实施这些机制，不过能否实现节能效益仍取决于设备在给定环境下的具体设置与互动。

部分能源管理功能以标准 WiFi Power Save 和 WMM-Power Save 为基础，采用了 P2P-PS 和 P2P-WMM-Power Save 等经过改进的节能机制。P2P 规范介绍了两种新型节能机制，允许负责管理小组的设备通过机会型节能（Opportunistic Power Save）与缺席通知（Notice of Absence）等机制实现节能。这些机制可结合使用，以延长设备的休眠时间。这是一种非常重要的功能，因为许多 WiFi Direct 设备都使用电池提供动力。

缺席通知机制可以就计划内缺席发出信号——包括一次性缺席或周期性缺席。在所有联网 WiFi Direct 设备进入休眠状态后，机会型节能机制允许管理小组的 WiFi Direct 设备也进入休眠状态以节约能源。为了在使用能源管理机制的同时保持设备发现功能，负责管理小组的 WiFi Direct 设备将定期退出休眠。搜索的设备知道小组可能在使用节能机制。能源管理机制仅用于只包括 WiFi Direct 设备的小组。如果小组内还包括传统设备，这些能源管理功能将无法使用。

7.2 车载 MOST 网络

汽车网络的发展主要受汽车电子的驱动。从汽车行业的总体发展来看，未来车辆中大约需要 20 多种多媒体设备。这类车载网络要求很高的数据传输速率，大致在 250Kb/s～400Mb/s 之间。

由于具有低成本、抗干扰、高带宽、实时同步高质量通信等优点，MOST（Media Oriented Systems Transport）协议在车载网络技术应用具有较为广阔的前景。

MOST 多媒体网络技术的产生，是为了新的多媒体设备应用在汽车上，以及其他诸如以流媒体传输效率为主要目标的市场而设计的。拥有智能高速网络的塑料光纤 MOST 协议可以解决众所周知的传统模式错综复杂的布线、繁琐的连接器、陈旧的控制以及厚重的铜线等不能满足现代汽车外围设备需要的矛盾。

MOST 技术具有较好的频率响应，从传输介质上来说，MOST 网络可以采用一根塑料光纤传输所有控制和信号信息。塑料光纤具有许多优点，如质量非常轻。一些现代轿车上有几千米长的布线，汽车传统的铜布线昂贵、复杂并且不可变。通过 MOST 网络，汽车上所有多媒体设备用单独的塑料光纤媒介传输各种信号，降低了成本，同时扩展了功能。当越来越多复杂的多媒体系统应用于汽车上时，MOST 使设备之间的高速数据交换成为可能，MOST 技术提供了一种分配多媒体信息和控制使用这些信息的手段。塑料光纤提供了一种成本极低的信息传输介质，同时数据不受电磁干扰的影响，也能够消除由于传统铜线传输数据造成的电磁干扰。

7.2.1 车载 MOST 的基本概念

媒体导向系统传输简称 MOST（Media Oriented Systems Transport），是一种车内网络界面标准，主要是为了让汽车或其他运输交通工具内的多媒体组件能够互连而设计。MOST 与原有的 Vehicle Bus 技术不同，它运用光纤来进行主干性的大量、高速传输，使得支末的总线连接在传输率上能远超越过去的 Vehicle-bus 技术。

MOST 由 MOST Cooperation 公司所研创，并由多家汽车制造业者共同支持为产业标准，包括福特汽车（Ford Motor Company）、宝马汽车（BMW）、戴姆勒-克莱斯勒汽车（Daimler AG）以及通用汽车（General Motors Corporation）等。

此外一线的车用电子供应业者，如英飞凌（Infineon Technologies）、Delco（通用汽车的一个部门）、电装（Denso，丰田汽车的博世的一个部门），以及视听设备的制造业者，如索尼、飞利浦、Linn Products 以及摩托罗拉等，都是 MOST 技术的支持者。另外，MOST 是 SMSC 公司的注册商标，MOST Cooperation 已获得授权许可，可免费使用此商标。

MOST 技术使硬件不再是多媒体应用发展的限制因素，所有各层的应用发展已经被定义和标准化，包括连接分配和控制多媒体信息的硬件和软件层。在软件方面，允许在不同的设备上交换信息。还定义了一种传输机制：在设备间建立了数据流的连接，这种连接仅需要很低的功耗，因此大部分带宽可以应用于真正需要传输的数据，所以网络利用率很高。在硬件方面，通过塑料光纤进行数据交流，使硬件设备成本降低。硬件的同步不需要在每个节点有缓存和信号处理，也不需要信息数据包处理，环状拓扑结构使网络的连接最少。

MOST 网络在车载网络中的应用如图 7.6 所示。

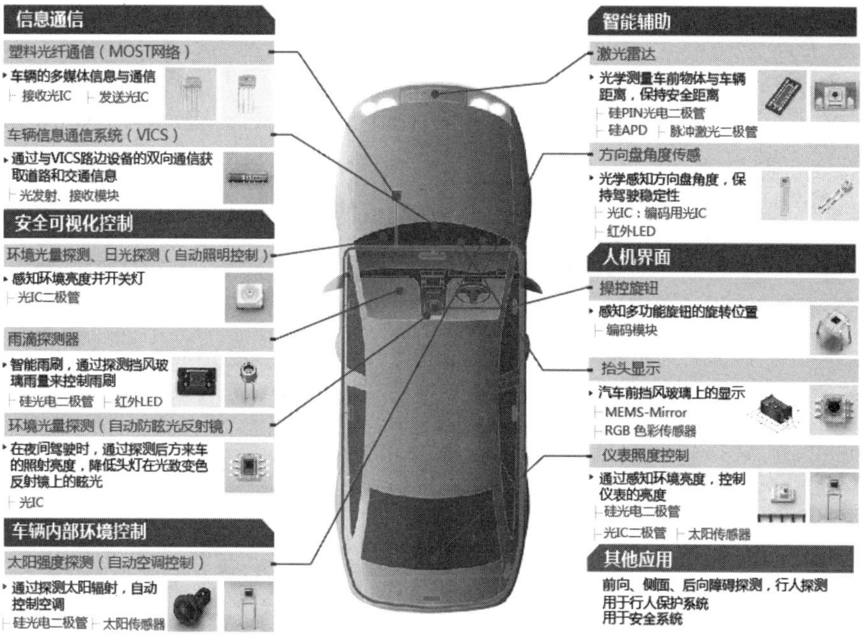

图 7.4　MOST 网络在车载网络中的应用

MOST 的资料通信标准、规范等规格制订上完全遵循实现 ISO/OSI 的网络七层参考模型。MOST 网络通常采用环状（Ring）的连接拓扑，不过若为了满足更严苛的应用需求，也可以采用星状（Star）或双环状（Double Ring）的连接拓扑。网络上最多可以连接 64 个装置或节点，且 MOST 具有随插即用的特性，允许随时增减节点数。

7.2.2　车载 MOST 的基本结构

MOST 网络（图 7.7）以光纤为载体，通常是环型拓扑。时钟和串行化数据是双相编码的，布线只需单根光纤。MOST 可提供高达 25Mb/s 的集合带宽，远远高于传统汽车网络。也就是说，可以同时播放 15 个不同的音频流。每个多媒体设备由环中的一个节点代表。常见的 MOST 网络有 3～10 个节点。一个时序主控者负责驱动系统时钟、生成帧数据即 6 字节序列数据。剩下的节点都充当从控者。一个节点充当用户控制界面或 MMI（人机界面），通常此节点也是时序主控者。

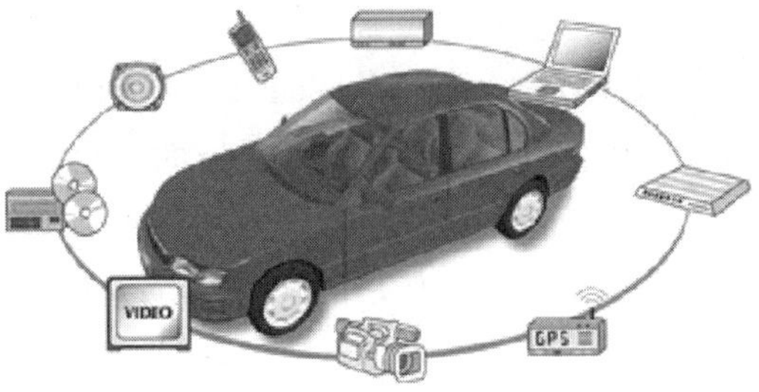

图 7.7　车载 MOST 网络

基本的 MOST 环主要有效载荷包含 6 字节帧里的 60 字节。此有效载荷由同步域和异步域组成。同步域用于传输连续数据，音频和视频属于此类别；异步域用于互联网访问、导航数据传输和通讯录同步等应用中的零散数据的传输。另外，此通道还可用于控制单元的固件升级。节点可在其指定的时隙发送或接收数据。一个时隙指的是有效载荷内的一个同步字节，它是在请求节点和时序主控者间动态分配的。通常，一个节点会将数据发送到时隙，同时任意数量的其他节点会从该时隙收集数据。同步和异步间的边界由时序主控者动态控制。在任意给定的帧内，同步域可能为 4～60 字节，而将该 60 字节中的剩余字节留做异步域。帧的剩余 4 字节分配给（帧）头、（帧）尾和控制信息。（帧）头含有帧对齐的前同步码。尾的作用之一是奇偶校验。控制域用于网络相关的消息，这些消息可以是低级别消息，如时隙的分配和重新分配，也可以是由操作符（如播放下一曲、音量控制或重复播放）发出的高级别应用消息。

在 64 个节点中，有一个时序主控者（Timing Master）节点负责持续送出资料讯框到环状连接中，时序主控者等于是担任资料闸门的角色工作。除此之外其他的节点为时序受控者（Timing Slave），受控者若处在闲置、休眠等状态，也会不断接收到来自主控者所发送出来的同序、信头。

MOST 的总带宽（包含串流资料与封包资料）达 23Mb/s，并有 60 个通道、15 个 MPEG-1 通道，这些可由设计者自行规划配置。

MOST 传输协议由分割成帧的数据块组成，每一帧包含流数据、分组数据和控制数据。在物理层上，传输介质本身是有塑料保护套、内芯为 1mm 的 PMMA（聚甲基丙烯酸甲酯）光纤，OEM 供应商可以将一束光纤像电线一样捆成光缆。光纤传输采用 650nm（红色）的 LED 发射器（650nm 是 PMMA 光谱响应中的低损耗“窗口”）。数据以 50Mbaud、双相编码的方式发送，最高数据速率为 24.8 Mb/s。